나만의 여행을 찾다보면 빛나는 순간을 발견한다.

잠깐 시간을 좀 멈춰봐.
잠깐 일상을 떠나 인생의 추억을 남겨보자.
후회없는 여행이 되도록
순간이 영원하도록
Dreams come true.

Right here.
세상 저 끝까지 가보게

KB014587

New normal

뉴 노멀^{New normal} 이란?

흑사병이 창궐하면서 교회의 힘이 약화되면서 중세는 끝이 나고, 르네상스를 주도했던 두 도시, 시에나(왼쪽)와 피렌체(오른쪽)의 경쟁은 피렌체의 승리로 끝이 났다. 뉴 노멀 시대가 도래하면 새로운 시대에 누가 빨리 적응하느냐에 따라 운명을 가르게 된다.

전 세계는 코로나19 전과 후로 나뉜다고 해도 누구나 인정할 만큼 사람들의 생각은 많이 변했다. 이제 코로나 바이러스가 전 세계로 퍼진 상황과 코로나 바이러스를 극복하는 인간의 과정을 새로운 일상으로 받아들여야 하는 뉴 노멀New normal 시대가 왔다.

'뉴 노멀New normal'이란 시대 변화에 따라 과거의 표준이 더 통하지 않고 새로운 가치 표준이 세상의 변화를 주도하는 상태를 뜻하는 단어이다. 2008년 글로벌 금융위기를 겪으면서 세계 최대 채권 운용회사 핌코PIMCO의 최고 경영자 모하마드 엘 에리언Mohamed A. El-Erian이 그의 저서 '새로운 부의 탄생When Markets Collide'에서 저성장, 규제 강화, 소비 위축, 미국 시장의 영향력 감소 등을 위기 이후의 '뉴 노멀New normal' 현상으로 지목하면서 사람들에게 알려졌다.

코로나19는 소비와 생산을 비롯한 모든 경제방식과 사람들의 인식을 재구성하고 있다. 사람 간 접촉을 최소화하는 비대면을 뜻하는 단어인 언택트Untact 문화가 확산하면서 기업, 교육, 의료 업계는 비대면 온라인 서비스를 도입하면서 IT 산업이 급부상하고 있다. 바이러스가 사람간의 접촉을 통해 이루어지므로 사람간의 이동이 제한되면서 항공과 여행은 급제동이 걸리면서 해외로의 이동은 거의 제한되지만 국내 여행을 하면서 스트레스를 풀기도 한다.

소비의 개인화 추세에 따른 제품과 서비스 개발, 협업의 툴, 화상 회의, 넷플릭스 같은 홈 콘텐츠가 우리에게 다가오고 있으며, 문화산업에서도 온라인 콘텐츠 서비스가 성장하고 있다. 기업뿐만 아니라 삶을 살아가는 우리도 언택트Untact에 맞춘 서비스를 활성화하고 뉴 노멀New normal 시대에 대비할 필요가 있다.

뉴 노멀(New Normal) 여행

뉴 노멀New Normal 시대를 맞이하여 코로나 19이후 여행이 없어지는 일은 없지만 새로운 여행 트랜드가 나타나 우리의 여행을 바꿀 것이다. 그렇다면 어떤 여행의 형태가 우리에게 다가올 것인가? 생각해 보자.

▦ 장기간의 여행이 가능해진다.

바이러스가 퍼지는 것을 막기 위해 재택근무를 할 수 밖에 없는 상황에 기업들은 재택근무를 대규모로 실시했다. 그리고 필요한 분야에서 가능하다는 사실을 알게 되었다. 재택근무가 가능해진다면 근무방식이 유연해질 수 있다. 미국의 실리콘밸리에서는 필요한 분야에서 오랜 시간 떨어져서 일하면서 근무 장소를 태평양 건너 동남아시아의 발리나 치앙마이에서 일하는 사람들도 있다.

이들은 '한 달 살기'라는 장기간의 여행을 하면서 자신이 원하는 대로 일하고 여행도 한다. 또한 동남아시아는 저렴한 물가와 임대가 가능하여 의식주가 저렴하게 해결될 수 있다. 실리콘밸리의 높은 주거 렌트 비용으로 고통을 받지 않지 않는 새로운 방법이 되기도 했다.

자동차 여행으로 떨어져 이동한다.

유럽 여행을 한다면 대한민국에서 유럽까지 비행기를 통해 이동하게 된다. 유럽 내에서는 기차와 버스를 이용해 여행 도시로 이동하는 경우가 대부분이었지만 공항에서 차량을 렌트하여 도시와 도시를 이동하면서 여행하는 것이 더 안전하게 된다.

자동차여행은 쉽게 어디로든 이동할 수 있고 렌터카 비용도 기차보다 저렴하다. 기간이 길면 길수록, 3인 이상일수록 렌터카 비용은 저렴해져 기차나 버스보다 교통비용이 저렴해진다. 가족여행이나 친구간의 여행은 자동차로 여행하는 것이 더 저렴하고 안전하다.

■ 소도시 여행

여행이 귀한 시절에는 유럽 여행을 떠나면 언제 다시 유럽으로 올지 모르기 때문에 한 번에 유럽 전체를 한 달 이상의 기간으로 떠나 여행루트도 촘촘하게 만들고 비용도 저렴하도록 숙소도 호스텔에서 지내는 것이 일반적이었다. 하지만 여행을 떠나는 빈도가 늘어나면서 유럽을 한 번만 여행하고 모든 것을 다 보고 오겠다는 생각은 달라졌다.

유럽을 여행한다면 유럽의 다양한 음식과 문화를 느껴보기 위해 소도시 여행이 활성화되고 있었는데 뉴 노멀New Normal 시대가 시작한다면 사람들은 대도시보다는 소도시 여행을 선호할 것이다. 특히 유럽은 동유럽의 소도시로 떠나는 여행자가 증가하고 있었다. 그 현상은 앞으로 증가세가 높을 가능성이 있다.

■ 호캉스를 즐긴다.

타이완이나 동남아시아로 여행을 떠나는 방식도 좋은 호텔이나 리조트로 떠나고 맛있는 음식을 먹고 나이트 라이프를 즐기는 방식으로 달라지고 있다. 이런 여행을 '호캉스'라고 부르면서 젊은 여행자들이 짧은 기간 동안 여행지에서 즐기는 방식으로 시작했지만 이제는 세대에 구분 없이 호캉스를 즐기고 있다. 유럽에서는 아프리카와 가까운 지중해의 몰타가 호캉스를 즐기기 좋은 곳으로 유럽여행자들에게 인기를 끌고 있다.

코로나 바이러스로 인해 많은 관광지를 다 보고 돌아오는 여행이 아닌 가고 싶은 관광지와 맛좋은 음식도 중요하다. 이와 더불어 숙소에서 잠만 자고 나오는 것이 아닌 많은 것을 즐길 수 있는 호텔이나 리조트에 머무는 시간이 길어졌다. 심지어는 리조트에서만 3~4일을 머물다가 돌아오기도 한다.

UPPER WARD

ROYAL APARTMENTS & DAVID'S TOWER

ST MARGARETS CHAPEL

CROWN SQUARE

HALF MOON BATTERY & CASTLE WELL

TOILETS & CASTLE SHOP

LANG STAIRS & WAY OUT

어디를 갈까?

스코틀랜드에 가면 위스키 증류 공장, 스코틀랜드의 여러 작은 섬, 영국에서 가장 높은 산, 괴물이 나온다는 로크 네스 호수 등은 꼭 가봐야 한다. 화강암으로 이루어진 높은 산봉우리, 암벽이 늘어선 해안선, 운하, 호수, 절벽 꼭대기에 자리한 성 등 스코틀랜드는 멋진 풍경으로 가득 차 있다. 대도시에서 머문다면 스코틀랜드의 일반적인 생활을 느낄 수 있다. 스코틀랜드에는 세계적으로 유명한 갤러리와 박물관은 물론 놀라운 역사적 유물과 다양한 문화 행사도 많다.

많은 관광객은 스코틀랜드에서 먼저 수도인 에든버러부터 여행을 시작한다. 구시가지의 로열 마일Royal Miles을 따라 에든버러 성Edinbourgh Castle까지 올라가 보면서 에든버러 Edinbourgh를 알기 시작한다. 이곳에서는 메리 드 기스Merry De Gis 여왕의 대관식에 사용되었던 왕관 보석을 볼 수 있다. 세계 최초로 복제된 포유동물인 복제양 돌리가 있는 스코틀랜드 국립 박물관도 역사적인 장소이다. 에든버러Edinbourgh의 유명 대로인 프린스 스트리트에서는 쇼핑을 즐기면 좋다. 가장 많은 관광객이 에든버러를 찾는 8월에 가면 세계 최대 규모의 예술 축제인 에든버러 축제를 참가할 수 있다.

에든버러에서 서쪽으로 1시간 정도 차로 가면 글래스고Glasgow가 나온다. 한때 공업 중심지였지만 현재 문화 중심지로 변화하였다. 켈빈그로브 미술관 / 박물관, 글래스고 과학 센터, 글래스고 경찰 박물관 등의 박물관과 갤러리가 대표적이다. 도시 한복판에 위치한 조지 광장George Square에는 여러 동상과 기념 건축물이 있다.

도시를 벗어나 전원으로 이동하면 멋진 풍경 속에서 산책과 모험을 즐기게 된다. 영국 제도에서 가장 높은 산인 1,344m 높이의 벤네비스에 올라가 보면 케언 곰 국립공원의 등산로를 따라 걸으면서 붉은 날다람쥐와 살쾡이 등도 볼 수 있다. 괴물이 나온다는 로크 네스 호수에서 괴물에 대한 전설도 들어볼 수 있다. 혹시 정말 괴물을 볼 수도 있지 않을까?

스코틀랜드의 가장 인기 높은 수출 상품인 위스키는 관심이 없어도 여행 중에 생기게 되는 이상한 술이다. 인버네스와 에버딘 사이의 몰트 위스키 트레일을 따라가 여러 위스키 증류 공장을 견학하면서 독특한 맥아 맛도 직접 맛볼 수 있다.

스코틀랜드는 곳곳에 오래된 성이 많은 곳으로도 유명하다. 에버딘 시티 & 샤이어에 가서 캐슬 트레일을 참가하면 둔노타르 성을 비롯한 17개의 성을 볼 수 있다. 발모럴 성은 스코틀랜드에서 엘리자베스 여왕 2세가 살던 곳이다. 시간의 여유가 있다면 스카이Skye, 뷰트 Viet, 멀Muel 등의 스코틀랜드 섬에서 신기한 야생 생물과 해변, 마을 등에서 마음의 여유를 찾을 수 있다.

Contents

Intro

때 묻지 않은 자연에 평화로움이 깃든 땅이 있다. 그들이 만들어낸 백파이프와 스카치 위스키는 세계인들을 불러 모으고 있다. 역사와 전통이 살아 숨 쉬고 친절한 사람들이 살고 있는 곳, 영국 안에서 쌓아올린 독특한 문화가 있는 스코틀랜드로 떠나자.

영국 본토를 가리키는 크레이트 브리튼Great Britain 섬, 이 섬의 북부 지역이 스코틀랜드(Scotland)이다. 국도를 따라 가다보면 잉글랜드England와 스코틀랜드Scotland의 경계지점이 나온다. 이 지점에 잉글랜드의 국기와 스코틀랜드의 국기가 동시에 나부끼고 있다. 분명 같은 영국 안에 있는데 다른 나라의 국경을 통과하는 것 같다. 푸른 주단을 끝없이 풀어놓은 듯 나즈막한 구릉과 평원이 펼쳐지고 국토의 98%가 농촌으로 이루어진 전원적인 풍경이다.

영국 안에 있는 또 다른 나라, 스코틀랜드의 수도는 에든버러Edinburgh이다. 스코틀랜드 왕가의 기품이 깃든 에든버러는 스코틀랜드 여행을 시작하기에 좋은 도시다. 스코틀랜드를 축소해놓은 완벽한 장소이기 때문이다. 고풍스러운 석조 건물과 하늘을 찌를 듯 솟아 있는 첨탑 · 음악 · 연극 · 문학 등의 예술 분야가 총망라된 에든버러 페스티벌 등 스코틀랜드 왕이 거주하던 에든버러는 문화적 자부심으로 똘똘 뭉쳐있으니 다른 도시에서 시작할 수 없다.

현재, '영국'이라는 나라로 묶여 있지만 스코틀랜드인에게 잉글랜드가 그들의 나라가 아니듯 '런던'은 스코틀랜드의 수도가 아니다.

'유니언 잭' 깃발 아래 하나의 나라로 합쳐져 한 국왕을 모시고 있는 스코틀랜드와 잉글랜드는 역사와 문화, 풍습 등이 서로 다른 민족이며 1,000년이 넘는 세월 동안 서로 다른 나라로 지내왔다. 원래 영국 땅의 토착민이었던 켈트족을 스코틀랜드로 몰아낸 앵글로 색슨족이 지금의 잉글랜드를 차지했던 역사적인 배경을 알면 스코틀랜드가 지금도 지속적으로 독립을 하기 위해 '독립투표'를 하는 이유를 알 수 있을 것이다. 두 민족 간에는 결코 섞일 수 없는 물과 기름과 같은 민족적 앙금이 남아 있기도 하다.

스코틀랜드 인구는 잉글랜드의 10분의 1밖에 안되지만, 골프와 스카치위스키의 원조이자 민속악기인 백파이프와 특이한 타탄으로 만들어진 전통의상 킬트 등 자신들만의 전통을 고유한 정체성으로 확립시킨 스코틀랜드인의 고집은 충분히 가치가 있다.

험준한 암산에 성이 솟아 있는 에든버러는 자주독립의 자랑과 독자적 전통을 고집스럽게 지켜오는 스코틀랜드의 자랑스러운 수도로서 군림하고 있다. 도시에는 중세 그대로의 옛 풍경과 뉴 타운의 세련된 도시의 두 가지 이미지가 공존한다. 스코틀랜드는 거의 모든 지역이 아름다움을 간직하고 있는 땅으로 세계적으로 손꼽히는 장관을 가진 지역이지만 이상하게 과소평가되어 있는 곳이다. 해리포터로 관심을 끌면서 전 세계의 관광객을 끌어 모으는 스코틀랜드는 아직 우리에게 덜 알려져 있다.

스코틀랜드인들의 긍지와 자존심은 자신들의 수도 에든버러 곳곳에 어디에서도 볼 수 없는 독특한 자신들의 역사와 개성을 뚜렷하게 새겨놓았다. 에든버러는 18세기에 구시가지의 인구가 급격히 팽창하면서 신시가지를 계획적으로 조성했다. 중세와 근대를 넘나드는 전통적 건축물로 가득 찬 에든버러 거리의 모습은 다양한 문화유산을 원형 그대로 간직하고 있어 '북쪽의 아테네' 혹은 '근대의 아테네'로 불리기도 한다. 이런 호응은 거대 제국 로마에 대한 완강한 저항과 숙명의 이웃 잉글랜드와의 길고도 길었던 투쟁에도 문화의 가치를 깨닫고 지켜낸 스코틀랜드인에게 어울리는 단어이다.

ABOUT
스코틀랜드

영국을 이루는 4개 지방(스코틀랜드, 잉글랜드, 북아일랜드, 웨일스) 중 하나로 유럽의 북서쪽에 위치한다. 중심 섬인 그레이트브리튼 섬, 북부의 1/3을 차지하고 있다. 동쪽에는 북해에 마주하고 있으며, 북쪽과 서쪽은 대서양에 면해있다.

스코틀랜드는 영국 연방 중 하나로 1707년 잉글랜드와 연합법을 통해 서로의 자치권을 보장하며 합병하였기 때문에 각종 제도를 비롯하여 많은 면에서 스코틀랜드와 잉글랜드는 분리되어 있고 자신들도 다르다고 생각하고 있다. 종교도 잉글랜드는 성공회, 스코틀랜드는 장로회로 다르고 자체 의회와 행정부, 국화(엉겅퀴)와 비공식적이지만 '플라워 어브 스코틀랜드'라는 국가도 가지고 있다.

Scotland

에든버러 & 스코틀랜드 사계절

서해안과 동해안은 상대적으로 온화하지만, 북쪽 하이랜드High Land는 맑았다 금방 흐리고 비바람이 몰아치기도 하는 등 종잡을 수 없는 기후다. 변화무쌍한 날씨에 대비하기 위해 봄ㆍ가을에도 추위와 비를 막아줄 외투는 필수다.

봄
Spring

온난하여 평균 15~20도의 기온을 보인다. 건조한 편이지만 비와 안개가 자주 보인다. 하일랜드에만 겨울에 눈이 올뿐 나머지 지역은 5도 정도이다. 연중 1,000mm정도의 강수량을 보인다.

여름
Summer

여름은 평균 25℃ 내외로 선선한 편이며, 오히려 북대서양 해류의 영향으로 겨울이 같은 위도의 다른 곳에 비해 온난하다. 한여름 최고 기온이었다가 몇 시간 후에 바로 스웨터를 꺼내 입어야 할 만큼 비가 오기도 하는 변화무쌍한 날씨를 나타내기도 한다. 그래서 스코틀랜드에서는 날씨를 미리 확인하고 옷차림을 확인하여 하루의 여행을 떠나는 것이 좋다.

가을
Autumn

위도가 높은 스코틀랜드의 가을은 의외로 꽤 추운 편이다. 비가 많이 오고 축축한 날씨로 체감온도가 낮다.

여름은 평균 25℃ 내외로 선선한 편이기 때문에 겨울에 상당히 추울 것 같지만, 오히려 북대서양 해류의 영향으로 겨울이 같은 위도의 다른 곳에 비해 온난하다.

한눈에 보는 스코틀랜드

▶ **국명** │ 스코틀랜드(스코틀랜드라는 나라의 이름은 잉글랜드 북부 땅을 통일했던 스코트
인(Scots)의 이름에서 비롯되었다.)

▶ **위치** │ 그레이트 브리튼 섬의 북쪽

▶ **인구** │ 약 530만 명

▶ **대사업무** │ 현재 주 노르웨이 대사가 업무 겸임

▶ **면적** │ 약 10만㎢ (한반도와 면적이 비슷함)

▶ **수도** │ 에든버러

▶ **종교** │ 장로회

▶ **화폐** │ 파운드(£)

스코틀랜드 내에는 영국 파운드가 아닌 스코틀랜드 파운드가 유통되고 있다.
환전율은 파운드와 같으나 외화 환전이 불가능하니 미리 환전해야 한다.

▶ **언어** │ 영어

▶ **공휴일** │ 1월 1일 I 새해(New Year's Day)　　　8월 4일 I Summer Bank Holiday

1월 2일 I Bank Holiday　　　　　　12월 25일 I Christmas Day

3월 28일 I Good Friday　　　　　　12월 26일 I Boxing Day

5월 5일 I May Day Bank Holiday　　12월 31일 I Hogmanay Day

5월 26일 I Spring Bank Holiday

스코틀랜드 행정구역

브리튼Britain 섬의 북쪽에 위치하고 있으며 잉글랜드England와 국경을 마주하고 있다. 서쪽으로 아이리시 해Irish Sea가 있고 동쪽과 북동쪽에 북해North Sea, 서쪽과 북서쪽에 대서양 Atlantic이 있다. 스코틀랜드는 4개 지역으로 구분되는데 낮은 산과 계곡이 이어지는 잉글랜드와 접하고 있는 남쪽 고지대, 초록색 구릉과 비옥한 경작지가 많고 인구가 모여 있는 중앙 농지, 그리고 헤브리즈, 셰덜랜드, 오크니와 같은 섬들이 있는 노던 아일랜드의 4곳이다.

산이 많고 석탄이 많이 나는 지형으로 북쪽에는 하이랜드Highland라고 부르는데 네스 호가 관광지로 유명하다. 신기가지와 구시가지가 모두 유네스코 세계문화유산에 등재된 도시 에든버러는 해리포터의 마법사라도 만날 것만 같은 신비로움이 가득한 스코틀랜드 수도이다.

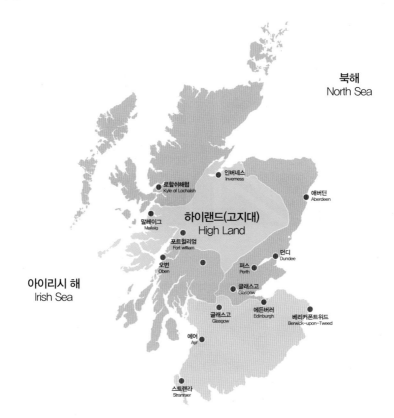

국기

영국은 원래 잉글랜드, 스코틀랜드, 북아일랜드의 3개 왕국과 웨일스 공국이 합쳐져서 이루어진 나리이다. 국기가 만들어질 때 웨일스는 잉글랜드에 속해 있었기 때문에 웨일스를 제외한 세 왕국의 국기를 합쳐서 만들었다. 유니언잭은 1603년 스코틀랜드 국왕이 잉글랜드ㆍ아일랜드 왕위를 물려받고 제임스 1세 로 즉위하면서 유래됐다. 이후 1707년 스코틀랜드가 잉글랜드에 병합되고 1801년 북아일랜드를 상징하는 디자인이 추가되며 현재의 유니언잭이 됐다.

한편 영국연방을 구성하는 웨일스의 상징인 붉은 용의 경우, 13세기 말경에 이미 웨일스가 잉글랜드에 병합되었기 때문에 유니언잭이 만들어질 당시 잉글랜드와 웨일스는 하나의 국가로 인식되어 유니언잭에서 빠져 있다.

영국국기

잉글랜드   스코틀랜드   아일랜드

■ 인종과 지형이 영국과 다르다.

스코틀랜드는 지리적, 문화적으로 남부 고지대, 중앙 저지대, 고지대인 하일랜드의 세 지역으로 나누어진다. 북쪽의 하일랜드 지역이 스코틀랜드 국토의 2/3를 차지하여 대부분의 인구는 남부 고지대에 도시를 이루어 살고 있다.

스코틀랜드인들은 같은 잉글랜드의 섬 안에 살 뿐이지 잉글랜드인과 웨일스인과는 다른 종족으로 스스로를 영국인이라고 생각하지 않는다. 스코틀랜드의 강한 민족적인 자긍심은 대단하다.

켈트(Celt)족의 투쟁의 역사

스코틀랜드의 역사는 독립국가로 남기 위해 펼치는 투쟁의 역사였다. 일찍이 켈트Celt족이 로마와 노르웨이 바이킹의 침략을 격퇴하기 위해 이용하려 했던 전략적 요충지인 하일랜드가 있는 스코틀랜드는 가난한 나라였음에도 불구하고 영국 왕들이 11세기 이후 계속 노리는 곳이었고 서로간의 힘겨루기에서 잉글랜드에 밀려 대영제국에 합병되었다.

우리가 아는 영국은 잉글랜드, 스코틀랜드, 웨일스, 북아일랜드의 4개 나라가 합쳐진 나라이다. 잉글랜드는 1536년, 헨리 8세 때에 웨일스를, 1707년에 앤 여왕 시대에 스코틀랜드를 통합했고, 100년 후 1801년에 다시 아일랜드와 통합하여 대영제국Great Britain을 이루었다.

영국의 국기인 유니언 잭은 성 조지기인 하얀 바탕에 빨간 십자가, 스코틀랜드의 성 안드레아 기인 파란 바탕에 하얀 빛 십자가를 기본으로 아일랜드의 성 안드레아 기인 하얀 바탕에 빨간 빛 십자가를 합쳐 만들어졌다. 하지만 스코틀랜드와 잉글랜드 두 나라는 역사와 문화, 풍습 등이 서로 다르고 1,000년이 넘는 세월동안 서로 다른 나라로 살아왔다.

스코틀랜드는 1707년, 잉글랜드와 공식 통합되었음에도 불구하고, 킬트나 백파이프 이상가는 그들만의 독립적인 국가 정체성을 유지하고 있다. 스코틀랜드는 켈트족, 잉글랜드는 앵글로 색슨 족이어서 민족의 구성도 달라 스코틀랜드의 독립하고자 하는 열망은 항상 있어왔다. 독립적인 기질과 호전적인 평판은 중앙집권적인 국가 구조에 익숙하지 않아 지금도 대영제국에 합병된 상태에서 자치를 인정받고 있다.

월드컵에 4개의 나라로 출전하는 영국

이렇듯 'Great Birtain'이라는 영국은 잉글랜드, 스코틀랜드, 웨일즈, 북아일랜드의 4개 민족이 하나로 합쳐진 나라이지만 아직도 이들의 의식 속에는 서로 다른 민족, 다른 나라라는 생각이 월드컵에서 더 확연하게 드러난다. 이들은 대외적으로는 분명 한 나라이기 때문에 올림픽 경기 등 다른 국제 스포츠 대회에는 유니언 잭 깃발 아래 단일 팀으로 출전하고 있지만, 축구 경기만큼은 그렇지 않다.

영국에서 처음 시작된 축구 경기라 국제 축구 위원회에서도 축구의 발상지에 대한 예우와 오랫동안 다른 나라로 지내 온 역사적인 배경을 감안해 잉글랜드, 스코틀랜드, 웨일즈, 북아일랜드 팀이 따로 출전하도록 국제적으로 인정하는 배려를 하고 있다. 그래서 월드컵에서 이들 팀의 축구 대결이나 응원전은 우리의 한, 일전 이상으로 치열하다.

이러한 역사적 배경 때문에 스코틀랜드인들은 자의식이 강하고 외국인들이 잉글랜드와 스코틀랜드를 동일시하는 것을 상당히 불쾌하게 생각한다. 스코틀랜드의 아름다운 경치를 보는 것도 좋지만 복잡한 역사적인 배경을 이해하고 떠난다면 스코틀랜드 여행이 더 재미있게 될 것이다.

스코틀랜드 여행이 매력적인 8가지 이유

▨ 역사를 이어나가는 도시

대영제국이 해가지지 않는 나라가 된 18세기 이후에 스코틀랜드의 에든버러도 항상 앞서 나가는 첨단 도시였다. 2차 세계대전 이후에 유럽의 조그만 나라로 돌아왔지만 스코틀랜드는 역사를 이어나가며 전통을 지키고 새로운 첨단을 각 도시에 입히고 있다.

길을 걷다보면 역사가 100년은 훌쩍 넘은 상점들과 시장들의 옆에는 도시를 상징하는 첨단 건축물들이 계속 세워지고 있고 도시를 걷다보면 셀 수 없이 많은 전통을 칼튼 힐, 스콧기념탑 등을 품은 건축물을 보게 된다. 문을 열고 들어가면 내부는 고풍스럽고 아늑하며, 첨단 건물에서는 앞서나가는 스코틀랜드를 느낄 수 있다.

▨ 많은 도시 공원들

어디든 문을 나가서 조금만 걸어 다니면 작은 공원부터 홀리루드 공원 같은 커다란 공원까지 에든버러는 공원의 도시이다. 아침 일찍 숙소를 나가서 생각을 비우고 천천히 흙을 밟으며 공원을 조깅하다보면 나무의 싱그러운 냄새를 맡게 되면서 시민들과 걷는 아침에 나무들 사이로 비추는 햇볕을 보게 되면 도시밖으로 멀리 가게 된 것 같은 느낌이다.

에든버러는 매우 바쁜 도시지만 바쁜 일상에 여유를 느끼게 해주는 시민들에게 어디서든 휴식을 찾도록 해준다. 매일 공원을 찾는 에든버러 시민처럼 여행 중 피곤한 몸과 마음을 풀게 해준다.

■ 누구에게나 문화를 즐길 수 있는 권리가 있다.

스코틀랜드 박물관, 내셔널갤러리, 현대미술관 등 에든버러의 박물관과 미술관들은 방대한 미술작품이나 자연사박물관에서 폭넓은 분야의 지구의 모습들을 빈부격차에 상관없이 즐길 수 있다. 여행자들에게 에든버러가 가장 매력적인 점은 시민처럼 이 많은 박물관들을 무료로 즐길 수 있어서다. 루브르박물관이나 오르세미술관 등 세계의 많은 박물관이나 미술관들은 대부분 유료이다. 작품들이 너무 많아 유료인 것은 당연할 것이다. 하지만 스코틀랜드는 무료이다.

▨ 안전한 치안

유럽에서 치안이 불안한 나라들도 꽤 있다. 하지만 에든버러는 밤 늦게 올드타운을 보고 칼튼 힐의 야경을 보고 숙소로 돌아가더라도 안전하다. 소매치기도 별로 없어 에든버러는 유럽에서 안전한 도시순위에 항상 올라있다. 여행을 하다보면 보게 되는 취객, 소매치기, 여행객에게 물건 파는 잡상인들을 찾기는 쉽지 않다.

▓ 에든버러 국제 페스티벌

매년 8월 마지막 2주와 9월 첫째 주에 개최되는 에든버러 페스티벌은 모든 예술인들에게 꿈의 축제이다. 연극, 영화, 뮤지컬, 오페라, 재즈 등 장르를 가리지 않고 공연이 열리는데, 그 문화의 풍요로움이 부럽다. 다양한 공연 가운데 에든버러 성 입구 광장에서 열리는 '밀리터리 타투'가 가장 인기있는 공연이다.

수백명이 넘는 연주단이 타탄 체크 무늬 의상을 입고 백파이프와 드럼으로 전통 음악을 연주하며 퍼레이드를 펼친다. 밀리터리 타투 입장권은 두세 달 앞서 예매가 끝난다. 이뿐만 아니라 축제기간에는 에든버러의 수많은 숙박업소가 완전 동이 나기 때문에 여행을 계획하면 서둘러야 한다.

최고의 문화를 만드는 프린지 페스티벌

축제를 직접 체험하며 즐긴다면 문화를 느낄 수 있는 기회를 가질 수 있을 것이다. 축제의 성지가 에든버러이다. 다양한 연극부터 뮤지컬 보면서 세계적인 축제를 체험할 수 있다. 8월에 로열마일 거리에서 많은 티켓박스에서는 다양한 공연 티켓을 구입해 재미있는 공연을 볼 수 있는 에든버러의 밤은 아름답다.

▨ 다양한 볼거리

에든버러의 회색빛 건물들을 보면 처음부터 숨이 가빠진다. 우리나라와 도로의 좌우가 바뀌어 도로에 보게 되는 'Look Left'도 생경하다. 거리를 다니면 보는 빨강색의 공중전화박스는 덤이다. 로열마일 거리를 걸어다니면 에든버러 성과 칼튼 힐에서 에든버러의 심장부를 볼 수 있다. 에든버러 골목에서 느끼는 에든버러만의 좁은 골목은 목적지를 찾아가기는 힘들지만 여행이 재미있어지는 이유이다.

축구와 펍

잉글랜드 인들에게 축구는 일상이다. 축구선수들과 관련된 기사는 연예인을 능가하는 인기를 누리고 연예 스포츠면의 1면을 가십기사가 장식한다. 스코틀랜드도 잉글랜드 못지않다. 주말에는 자신이 좋아하는 팀의 경기를 보러가는 것이 자연스럽다. 축구를 보고 나서 펍(Pub)에서 축구와 일상이야기를 하는 스코틀랜드 사람들은 일상의 피로를 축구와 펍(Pub)의 맥주에서 풀고 있다.

스코틀랜드 여행 잘하는 방법

스코틀랜드는 우리에게 생소한 나라이다. 당연히 스코틀랜드 여행을 어떻게 해야 할지 모르겠다는 질문을 받게 된다. 스코틀랜드는 잉글랜드 섬 북부에 있다. 잉글랜드의 1/3을 차지하는 땅이지만 북부는 높은 산으로 둘러싸인 하이랜드로 비가 자주오고 겨울에는 추우며, 높은 지대로 인해 농사를 지을 수 없다. 여행도 높은 지대 때문에 여행의 방식을 달리해야 한다. 이런 스코틀랜드를 여행하는 것은 기존의 유럽여행과는 여행의 방식이 다르다. 여행을 떠나기 전 감이 잘 오지 않는 여행지가 스코틀랜드일 수 있다. 스코틀랜드 여행을 잘하는 방법을 알아보자.

▨ 스코틀랜드는 거점도시인 에든버러에서 여행루트가 시작된다.

스코틀랜드는 에든버러 공항이 있지만 대한민국에서 직접 오는 항공사는 없다. 영국의 수도인 런던으로 입국해 다시 저가항공을 타고 에든버러로 이동을 하든지, 런던 시내로 이동해 기차를 타고 약 4시간 정도를 달려 에든버러 웨이버리 역에 도착하는 방법이 일반적이다. 코치버스를 타고 스코틀랜드로 이동하는 방법이 있지만 영국의 유학생들이 저렴하게 야간도깨비 여행을 하지 않는다면 선호되는 수단은 아니다.

에든버러로 이동해 여행을 하려고 해도 며칠 정도의 여행 기간으로 여행해야 할지 모르겠다는 이야기를 많이 한다. 먼저 여행 일정이 정해져야 한다. 그래야 여행하는 도시와 여행 코스가 정해진다.

■ 여행자의 숙소는 에든버러 구시가지에 정하자.

에든버러에서 살아가는 현지인과 여행자는 위치가 다르다. 현지인이 살아가는 곳은 도시
가 개발되면서 도시 외곽의 새롭게 형성된 뉴타운New Town에 집을 구하는 것이 대부분이
다. 여행자는 도시를 여행해야 하기 때문에 도시의 중심부에 숙소가 있어야 여행을 쉽게
할 수 있다. 그러므로 숙소는 걸어서 관광지를 여행할 수 있는 위치에 정해야 여행경비도
줄일 수 있다.

■ 스코틀랜드 각 도시는 걸어서 여행할 수 있다.

에든버러와 글래스고가 대도시라고 해도 도시의 규모가 생각보다 크지 않다. 스코틀랜드
에서 가장 큰 도시인 에든버러도 시내 중심은 대부분 걸어서 다닐 수 있는 거리에 있다.
에든버러의 웨이버리Waively역에서 시내 중심부인 로열마일Royal Mile을 지나 에든버러까지
약 40~50분 정도면 갈 수 있을 정도이다. 각 도시의 대부분을 2~3시간 이내에 도시를 걸
어서 다닐 수 있기 때문에 걸어서 여행하는 코스를 준비해 다니면 어렵지 않다.

▧ 마트를 이용해 여행경비를 절감할 수 있다.

스코틀랜드의 물가는 대한민국보다 상당히 비싸다. 같은 영국에 속해 있으므로 물가도 영국과 비슷하다고 생각하면 이해가 쉽게 된다. 숙박은 되도록 현지인의 아파트에서 숙박하면서 대형마트에서 미리 여행물품을 구입해 냉장고에 두고 활용하면 여행경비가 줄어들 수 있다. 외국음식이 특히 입맛에 맞지 않는 여행자라면 미리 한국음식을 준비해 오는 것이 좋다.

▧ 도시 근교를 여행하는 또 다른 방법은 렌트카를 이용해야 한다.

요즈음 늘어나는 것이 렌트카를 이용해 여행하는 것이다. 하지만 운전방향이 다른 스코틀랜드에서의 운전은 처음에 조심해야 한다. 대한민국 관광객이 스코틀랜드에서 운전은 쉽지 않을 수도 있다. 운전방향이 익숙해지면 도시 근교의 여행지는 렌트카로 여행하는 것이 투어상품을 이용하는 것보다 훨씬 저렴하다. 버스를 이용해 여행하는 것이 쉽지 않고 시간이 상당히 오래 소요되므로 렌트카가 편리하다.

■ '관광지 한 곳만 더 보자는 생각'은 금물

스코틀랜드의 각 도시는 크지 않다. 물론 사람마다 생각이 다르겠지만 도시를 여행하면서 바쁘게 다니지 않아도 된다. 스코틀랜드의 각 도시 전체를 관광하는 것은 여유롭게 관광지를 보아도 다 볼 수 있다.

자신에게 주어진 휴가 기간만큼 행복한 여행이 되도록 여유롭게 여행하는 것이 좋다. 허둥지둥 서둘러 보다가 소지품을 잃어버리거나 다시 런던으로 돌아가 대한민국으로 귀국하는 비행기를 놓치는 경우도 발생한다. 한 곳을 덜 보겠다는 심정으로 여행한다면 오히려 더 여유롭게 여행을 하고 만족도도 더 높을 것이다.

■ 아는 만큼 보이고 준비한 만큼 만족도가 높다.

스코틀랜드 여행은 각 도시의 특징과 관광지에 대한 기본적인 기초 역사 지식이 필요하다. 여행 중에 보는 도시와 관광지에 대한 정보를 알고 여행하는 것이 만족도가 높다. 스코틀랜드의 독특하고 이국적인 장엄한 자연을 보면서 힐링Healing을 한다고 오랜 시간 한 장소에 머무는 대한민국 여행자는 많지 않다. 또 아무런 준비 없이 와서 여행을 제대로 못했다고 푸념을 한다고 해결되지 않는다.

여행하는 도시와 관련한 정보는 습득하고 여행을 떠나는 것이 준비도 하게 되고 아는 만큼 만족도가 높은 여행지가 스코틀랜드이다.

스코틀랜드
여 행 에
꼭필요한
INFO

민족 & 언어

민족

잉글랜드 인은 '앵글로색슨족'이지만 스코틀랜드 인은 아일랜드와 프랑스 북부 브르타뉴, 스페인 북부 갈리시아와 같은 '켈트족'이기 때문에 잉글랜드와 문화도 다르며, 국민성도 다르기 때문에 처음부터 적대적이었다.

언어

언어는 원래 영어와 다른 스코틀랜드 게일어, 그리고 스코트어를 사용하였으나 영어의 영향과 스코틀랜드 문화에 대한 탄압으로 지속적으로 사용인구가 줄어들어 지금은 영어만 사용하고 있다.

스코트어

영어와 계통이 같은 게르만어파로서 중세영어의 모습을 많이 보존하고 있다. 스코틀랜드 사람들의 영어도 스코트어가 혼합되어 있는데, 발음도 잉글랜드 발음과 많이 다르다. 예를 들어 잉글랜드 사람들은 모음 다음에 나오는 알(R)을 발음하지 않는 반면 스코틀랜드 사람들은 미국이나 캐나다 사람들처럼 알(R)을 분명히 발음한다.

스코틀랜드 게일어

게르만어파와 전혀 다른 켈트어파에 속하는 켈트족의 순수한 언어로서 현재 사용인구가 1000여명밖에 남아있지 않아 언어가 사라질 위기에 있어 2005년에 공용어로 지정하였다.

스코틀랜드의 역사

스코틀랜드 최초의 정착민

6천 년 전의 사냥꾼과 어부라고 한다. 그 이후에는 켈트족 중에 하나인 픽트 족이 하이랜드의 씨족 구조로 18세기까지 스코틀랜드에 살았다. 그들은 한 번도 로마인들에게 굴복하지 않았으며, 후퇴하여서 하드리아 성벽을 건설했다.

새 켈트 부족인 게일족은 6세기 북아일랜드에서 유입되었다. 이들은 결국 9세기 북쪽 섬 지방과 서해지역을 점령한 스칼디나비아인들의 위협에 대처하기 위해 픽트 족과 결합했다. 노르만족이 영국 땅을 밟을 때까지 스코틀랜드의 대부분은 캔모어^{Canmare}왕족의 통치 하에서 약하게 결속되어 있었다.

중앙집권국가로 성장하지 못한 켈트족

노르만족은 몇몇 약한 왕들에게 영향력을 행사하였음에도 불구하고 스코틀랜드를 한 번도 정복하지 못했다. 비옥한 땅이 많은 중요한 로우랜드 저지대는 북부 잉글랜드에서 온 프랑스어 사용 귀족들이 다스렸다. 하이랜드 씨족들은 굳건하게 켈트족으로 이어지고 북부 군도는 노르웨이와 밀접한 관계를 유지하고 있어 권력은 중앙으로 모아지지 못했다. 끊임없는 국경 분쟁에도 불구하고 캔 모어 왕가의 왕위 계승 분쟁 때가 되어서야 비로소 에드워드 1세에 의해 스코틀랜드 정복이 시도되었다. 결국 1296년, 시작된 이 분쟁은 1328년에 로버트 브루스가 영국군을 격파하여 독립국가로 인정받아 왕이 되면서 매듭이 지어졌다. 사실 그의 조상을 살펴보면 스코틀랜드 인보다 노르만족이지만 프랑스와 동맹을 더욱 확고히 하여 정치세계를 복잡하게 만들었다.

14~16세기

1371년, 왕권이 피트자란^{Fitzalan}가문으로 바뀌었다. 정복자 윌리엄공과 그 후손들이 재정담당자로 일하면서 스튜어트가문은 왕족 가문의 한 부분을 차지하게 되었다. 1503년, 제임스 4세는 튜더가와 스튜어트가의 관계를 돈독히 하고자, 튜더왕계의 첫 군주였던 잉글랜드의 헨리 7세의 12살 딸과 결혼하였다. 그러나 이러한 노력도 프랑스가 제임스로 하여금 그의 처가를 쳐부수려고 하는 전쟁을 일으키면서 수포로 돌아갔다. 그는 약 만 명의 부하들과 함께 한 플로든 힐 전투에서 사망한다. 16세기까지 스코틀랜드는 유럽과는 가까이 지내고 잉글랜드와는 앙숙이었던 민족 중심의 사회였다.

16세기 메리 여왕

1542년, 제임스 5세가 2주밖에 안된 딸인 메리를 여왕의 자리에 앉혀 놓고 죽는다. 잉글랜드의 헨리 8세는 메리를 그의 며느리로 삼으려고 군대를 파견하였다. 스코틀랜드인들은 이것을 '강제 구혼'이라 한다. 메리가 15살이 되었을 때 프랑스 황태자와 결혼해 스코틀랜드 여왕이자 프랑스 여왕이 되었다. 더 나아가 그녀는 신교도 사촌인 엘리자베스 여왕의 정통성도 자기에게 있다고 주장하였다. 구교도인 메리가 프랑스에 있는 동안 스코틀랜드 개혁이 존 녹스의 주도하에 진행되었다. 1560년에 스코틀랜드 의회는 라틴 미사와 교황권을 폐지시키고 로마와 군주로부터 독립된 프로테스탄트 교회를 등장시켰다.

메리의 죽음과 왕위

절세미인이었던 메리는 18세가 되었을 때 남편의 사망으로 스코틀랜드로 돌아오게 되었다. 에든버러에서 그녀는 헨리 단리와 결혼해 아들을 낳았다. 그러나 가정적인 행복은 오래가지 못했다. 믿을 수 없을 정도로 계속해서 일어나는 사건 중에 남편 단리가 메리의 이탈리아 비서 리찌오의 살인에 연루가 되자, 남편 헤리도 살해되는 사건이 터졌다. 이 일로 메리는 퇴위를 당하고 감옥에 갇히게 되었다.

메리는 탈출을 하고 엘리자베스에게 피신하였지만 위협을 느낀 엘리자베스는 메리를 런던 타워에 가두어버렸다. 결국 19년이 지난 후, 44세 나이에 메리는 엘리자베스를 죽이려 했다는 음모로 참수를 당한다. 1603년, 자식이 없는 엘리자베스가 죽으면서 메리의 아들이 잉글랜드의 제임스 1세, 그리고 스코틀랜드의 제임스 8세로 왕에 오르면서 스코틀랜드와 잉글랜드 왕위가 최초로 연합되었다.

인물

로버트 브루스

1018년에 잉글랜드 왕국을 확장했을 때부터 잉글랜드와의 투쟁이
시작되었다. 수많은 전쟁을 치른 후 처음에는 왕위가, 1707년에는
의회가 합병되어 지금에 이르고 있지만 처음으로 독립을 쟁취한
인물이 로버트 브루스이다. 로버트 브루스는 프랑스와 동맹을 맺고
윌리엄 월레스와 로버트 브루스가 잉글랜드에 저항하였고 1285년
이후에 30년간 독립을 위해 투쟁하였다.

1314년, 배녹번 전투의 승리로 스코틀랜드의 독립을 쟁취한 후 왕위에 올라 로버트 1세가
되었다.

윌리엄 월레스(William Wallace)

스코틀랜드의 기사이자 독립영웅으로 스코틀랜드 독립 전쟁에서
활약하였다. 그의 활약상을 볼 수 있는 영화가 1995년에 개봉한
'브레이브 하트Brave Heart'이다. 스털링 다리전투에서 잉글랜드군
을 패배시키고 스코틀랜드의 수호자로 임명되어 폴커크 전투까지
공식적으로 임무를 수행하였다.

폴커크 전투에서 잉글랜드의 에드워드 1세에게 패배한 후, 7년간
숨어 지내다가 스코틀랜드의 귀족이 배신하여 발각되면서 잡혀 잉글랜드의 런던으로 넘
겨져 처형되었다. 윌리엄은 15세기 소설인 '윌리엄 월레스'라는 소설을 통해 유명하게 되
었다.

로버트 브루스 ┐   ┌ 윌리엄 월레스

에든버러 성 입구

애덤 스미스(Adim Smith)

스코틀랜드의 글래스고 대학에서 최초의 근대적인 경제학을 저술한 '국부론'을 썼던 최초의 경제학자이다.

경제활동의 자유를 허용하는 것이 도덕의 한 형태하고 확신하고 소비자의 이익을 옹호하여 소비자의 욕구, 생산, 시장, 경쟁, 노동 분업이 국가의 부를 창출하는 동력이라고 생각했다.

월터 스콧(Walter Scot)

에든버러 역을 나오면 61m높이의 검은 색 스콧 기념탑이 가장 먼저 보인다. 에든버러 한복판인 프린세스 거리Pricess Street에 세워진 이 기념탑은 에든버러에서 태어난 스코틀랜드가 낳은 대문호인 아이반호의 작가 월터 스콧의 기념탑이다.

스콧의 글을 통해 스코틀랜드는 세상에 아름다운 풍경을 가진 나라로 알려졌고 스코틀랜드인들이 깨닫지 못한 아름다움 을 발견하게 되어 스코틀랜드인들은 스콧을 자랑스럽게 생각한다. 슈베르트의 아베마리아는 1825년 슈베르트가 월터 스콧의 서사시인 '호수의 여인Lady on the Lake' 중 6번 '엘렌의 노래'에 곡을 붙여 만들었다.

조지 스티븐슨(Stephenson)

영국 증기기관차의 방명가로 1814년에 블루허 호를 시운전하고 개량을 계속해 1823년에 세계 최초의 기관차 공장을 설립하였다. 스톡턴과 달링턴 사이에 세계 최초의 여객용 철도를 건설해 산업혁명이 아버지로도 불린다.

윌리엄 피트(William Pitt)

24세의 나이로 수상에 오른 정치가로 재정의 건전성과 의회 제도의 개혁, 노예제도의 폐지 등을 실행하였다. 프랑스 혁명이 발발하자 혁명의 파급을 방지하려고 혁명적인 제도를 시행한 인물로 알려져 있다.

스코틀랜드 밑그림 그리기

우리는 여행으로 새로운 준비를 하거나 일탈을 꿈꾸기도 한다. 여행이 일반화되기도 했지만 아직도 여행을 두려워하는 분들이 많다. 스코틀랜드는 각 도시마다 기차나 버스로 2~3시간정도면 이동할 수 있어 여행계획만 잘 짜면 효율적으로 여행을 할 수 있다. 지금부터 스코틀랜드 여행을 쉽게 한눈에 정리하는 방법을 알아보자. 스코틀랜드 여행준비는 절대 어렵지 않다. 단지 귀찮아 하지만 않으면 된다. 평소에 원하는 스코틀랜드 여행을 가기로 결정했다면, 준비를 꼼꼼하게 하는 것이 중요하다.

일단 관심이 있는 사항을 적고 일정을 짜야 한다. 처음 해외여행을 떠난다면 스코틀랜드 여행도 어떻게 준비할지 몰라 당황하게 된다. 먼저 어떻게 여행을 할지부터 결정하자. 아무것도 모르겠고 준비를 하기 싫다면 패키지여행으로 가는 것이 좋다. 스코틀랜드 여행은 주말을 포함해 최소 3일 이상은 가야 한다. 패키지여행상품도 9일 정도의 여행이 가장 일반적이다. 그러나 가장 일반적인 에든버러, 글래스고, 에버딘, 하이랜드의 3개 이상 도시를 여행하려면 1주 정도는 있어야 제대로 된 여행을 할 수 있다. 해외여행이라고 이것저것 많은 것을 보려고 하는 데 힘만 들고 남는 게 없는 여행이 될 수도 있으니 욕심을 버리고 준비하는 게 좋다. 여행은 보는 것도 중요하지만 같이 가는 여행의 일원과 같이 잊지 못할 추억을 만드는 것이 더 중요하다.

다음을 보고 전체적인 여행의 밑그림을 그려보자.

1	패키지여행? 자유여행? (여행의 형태 결정)		7	얼마나 쓸까? 리스트 작성! (여행경비 산출하기)
2	나의 가능한 여행기간, 비용은? (여행 기간 & 예산 짜기)		8	영어를 알면 편리한데? (간단한 베트람어 익히기)
3	스코틀랜드 여행? 항공권부터 알아보자. (항공권티켓 /성수기여행은 빨리 구입)		9	파운드? 달러는 사용불가능? (환전하기)
4	성수기 숙소가 부족한 스코틀랜드 숙박부터 알아보자! (숙소의 예약가능 확인)		10	왜 이리 필요한 게 많지? (여행가방싸기)
5	보고 싶고 먹고 싶은 게 많아요? (여행지 정보 수집)		11	11. 인천공항으로 이동
6	스코틀랜드 여행은은 꼼꼼한 일정은 필수! (여행 일정 짜기)		12	12. 드디어 여행지로 출발!

결정을 했으면 일단 항공권을 구하는 것이 가장 중요하다. 전체 여행경비에서 항공료와 숙박이 차지하는 비중이 가장 크지만 너무 몰라서 낭패를 보는 경우가 많다. 평일이 저렴하고 주말은 비쌀 수밖에 없다. 저가항공인 라이언 에어와 이지젯이 런던이나 유럽의 각 도시에서 에든버러로 가는 항공권을 저가에 발매하고 있다. 항공료, 숙박, 현지경비 등 편리하게 확인이 가능하다.

패키지여행 VS 자유여행

전 세계적으로 스코틀랜드로 여행을 가려는 여행자가 늘어나고 있다. 하지만 아직까지 대한민국의 여행자는 많지 않다. 그래서 누구나 고민하는 것은 여행정보는 어떻게 구하지? 라는 질문이다. 그만큼 스코틀랜드에 대한 정보가 매우 부족한 상황이다. 그래서 처음으로 스코틀랜드를 여행하는 여행자들은 패키지여행을 선호하거나 여행을 포기하는 경우가 많았다.

해리포터로 궁금증이 폭발한 에든버러로 20~30대 여행자들이 늘어남에 따라 패키지보다 자유여행을 선호하고 있다. 런던을 여행하고 주말을 이용한 1박2일, 조금 더 긴 기간의 3~5일이나, 일주일 이상의 여행 등 새로운 형태의 여행형태가 늘어나고 있다. 이들은 호스텔을 이용하여 친구들과 여행하면서 단기여행을 즐기고 있다.

편안하게 다녀오고 싶다면 패키지여행

스코틀랜드가 뜬다고 하니 여행을 가고 싶은데 정보가 없고 나이도 있어서 무작정 떠나는 것이 어려운 여행자들은 편안하게 다녀올 수 있는 패키지여행을 선호한다. 다만 아직까지 많이 가는 여행지는 아니다 보니 패키지 상품의 가격이 저렴하지는 않다. 여행일정과 숙소까지 다 안내하니 몸만 떠나면 된다.

연인끼리, 친구끼리, 가족여행은 자유여행 선호

런던을 여행한 후 야간 기차나 버스를 이용한 1박2일, 2박3일이 많지만 3박4일이상의 긴 여행으로 다녀오고 싶은 여행자는 패키지여행을 선호하지 않는다. 특히 유럽을 다녀온 여행자는 스코틀랜드에서 자신이 원하는 관광지와 맛집을 찾아서 다녀오고 싶어 한다.

여행지에서 원하는 것이 바뀌고 여유롭게 이동하며 보고 싶고 먹고 싶은 것을 마음대로 찾아가는 연인, 친구, 가족의 여행은 단연 자유여행이 제격이다.

스코틀랜드 숙소에 대한 이해

스코틀랜드 여행이 처음이고 자유여행이면 숙소예약이 의외로 쉽지 않다. 자유여행이라면 숙소에 대한 선택권이 크지만 선택권이 오히려 난감해질 때가 있다. 스코틀랜드 숙소의 전체적인 이해를 해보자.

1. 스코틀랜드 시내에서 관광객은 구시가Old Town와 로열마일Royal Mile 거리에 주요 관광지가 몰려있어서 숙박의 위치가 중요하다. 시내에서 떨어져 있다면 짧은 여행에서 이동하는 데 시간이 많이 소요되어 좋은 선택이 아니다. 반드시 로열마일Royal Mile 거리에서 얼마나 떨어져 있는지 먼저 확인하자.

2. 스코틀랜드 숙소는 몇 년 전만해도 호텔과 호스텔이 전부였다. 하지만 에어비앤비를 이용한 아파트도 있고 다양한 숙박 예약 앱도 생겨났다. 가장 먼저 고려해야 하는 것은 자신의 여행비용이다. 항공권을 예약하고 남은 여행경비가 2박 3일에 20만 원 정도라면 호스텔을 이용하라고 추천한다. 에딘버러와 각 도시에는 많은 호스텔이 있어서 호스텔도 시설에 따라 가격이 조금 달라진다. 한국인이 많이 가는 호스텔로 선택하면 문제가 되지는 않을 것이다.

3. 호텔은 비용도 10~40만 원 정도로 다양하다. 호텔의 비용은 우리나라호텔보다 비싸지만 그렇다고 시설이 좋지는 않다. 오래된 건물에 들어선 호텔이 대부분이기 때문에 룸 내부의 사진을 확인하고 선택하는 것이 좋다.

4. 에어비앤비를 이용해 아파트를 이용하려면 시내에서 얼마나 떨어져 있는지를 확인하고 숙소에 도착해 어떻게 주인과 만날 수 있는지 전화번호와 아파트에 도착할 수 있는 방법을 정확히 알고 출발해야 한다. 아파트에 도착했어도 주인과 만나지 못해 아파트에 들어가지 못하고 1~2시간만 기다려 화도 나고 기운도 빠지기 때문에 여행이 처음부터 쉽지 않아진다.

5. 유럽여행에서 민박을 이용한 여행자는 스코틀랜드에 한국인이 운영하는 민박을 찾고 싶어 하는데 에든버러에만 주로 민박이 있다. 민박보다는 호스텔이나 게스트하우스에 숙박하는 것이 더 좋은 선택이다.

숙소 예약 사이트
부킹닷컴(Booking.com)
에어비앤비와 같이 전 세계에서 가장 많이 이용하는 숙박 예약 사이트이다. 스코틀랜드에도 많은 숙박이 올라와 있다.

에어비앤비(Airbnb)
전 세계 사람들이 집주인이 되어 숙소를 올리고 여행자는 손님이 되어 자신에게 맞는 집을 골라 숙박을 해결한다. 어디를 가나 비슷한 호텔이 아닌 현지인의 집에서 잠을 자도록하여 여행자들이 선호하는 숙박 공유 서비스가 되었다.

알아두면 좋은 스코틀랜드 이용 팁

1. 미리 예약해야 싸다.
일정이 확정되고 호텔에서 머물겠다고 생각했다면 먼저 예약해야 한다. 임박해서 예약하면 같은 기간, 같은 객실이어도 비싼 가격으로 예약을 할 수 밖에 없다.

2. 후기를 참고하자.
호텔의 선택이 고민스러우면 숙박예약 사이트에 나온 후기를 잘 읽어본다. 특히 한국인은 까다로운 편이기에 후기도 우리에게 적용되는 면이 많으니 장, 단점을 파악해 예약할 수 있다.

3. 미리 예약해도 무료 취소기간을 확인해야 한다.
미리 호텔을 예약하고 있다가 나의 여행이 취소되든지, 다른 숙소로 바꾸고 싶을 때에 무료 취소가 아니면 환불 수수료를 내야 한다. 그러면 아무리 할인을 받고 저렴하게 호텔을 구해도 절대 저렴하지 않으니 미리 확인하는 습관을 가져야 한다.

4. 냉장고와 에어컨 없는 호텔이 많다.
스코틀랜드는 여름에도 비가 오면 쌀쌀하기 때문에 에어컨이 없는 호텔이 많다. 또한 냉장고도 없는 기본 시설만 있는 호텔이 대부분이다. 하지만 스코틀랜드도 여름에 더운 날이 많이 발생해 특히 여름에는 에어컨과 냉장고가 있는지 확인하여야 고생하지 않는다.

스코틀랜드 여행 물가

스코틀랜드 여행에서 큰 비중을 차지하는 것은 항공권과 숙박비이다. 항공권은 영국의 런던까지 가는 항공을 저렴하게 구할 수 있다면 런던에서 에든버러까지 저가항공인 라이언에어나 이지젯을 8~15만원 사이에 있다.

숙박은 저렴한 호스텔이 원화로 2만 원대부터 있어서 항공권만 빨리 구입해 저렴하다면 숙박비는 큰 비용이 들지는 않는다. 하지만 좋은 호텔에서 머물고 싶다면 더 비싼 비용이 들겠지만 유럽보다 호텔의 비용은 비싼 편이다.

▶ 왕복 항공료 : 83~188만 원
▶ 저가항공 : 8~29만 원
▶ 런던에서 에든버러 기차패스 : 20~40만 원
▶ 숙박비(1박) : 2~50만 원
▶ 한 끼 식사 : 5천~10만 원
▶ 교통비 : 2~5천 원

구분	세부 품목	6박 7일	8박 10일
항공권	저가항공, 대한항공	830,000~1,880,000원	
공항버스, 공항기차	버스	약 8,600원	
숙박비	호스텔, 호텔, 아파트	22,000~500,000원	33,000~750,000원
식사비	한 끼	8,000~100,000원	
시내교통	버스	80~820원	
입장료	박물관 등 각종 입장료	10,000~80,000원	
		약 1,570,000원~	약 2,190,000원

스코틀랜드 여행 계획 짜기

1. 주중 or 주말

스코틀랜드 여행도 일반적인 여행처럼 비수기와 성수기가 있고 요금도 차이가 난다. 7~8월의 성수기를 제외하면 항공과 숙박요금도 차이가 있다. 비수기나 주중에는 할인 혜택이 있어 저렴한 비용으로 조용하고 쾌적한 여행을 할 수 있다. 주말과 국경일을 비롯해 여름 성수기에는 항상 관광객으로 붐빈다. 황금연휴나 여름 휴가철 성수기에는 몇 달 전부터 항공권이 매진되는 경우가 허다하다.

2. 여행기간

스코틀랜드 여행을 안 했다면 "스코틀랜드가 어디야?"라는 말을 할 수 있다. 하지만 일반적인 여행기간인 2박3일의 여행일정으로는 모자란 관광명소가 된 도시가 에든버러이다. 에든버러 여행은 대부분 2박3일이 많지만 스코틀랜드의 깊숙한 면까지 보고 싶다면 1주일 여행은 가야 한다.

3. 숙박

성수기가 아니라면 스코틀랜드의 숙박은 비싸지 않다는 점이다. 숙박비는 저렴하고 가격에 비해 시설은 좋지 않다. 주말이나 숙소는 예약이 빠르게 완료된다. 특히 여름 성수기에는 숙박은 미리 예약을 해야 문제가 발생하지 않는다.

4. 어떻게 여행 계획을 짤까?

먼저 여행일정을 정하고 항공권과 숙박을 예약해야 한다. 여행기간을 정할 때 얼마 남지 않은 일정으로 계획하면 항공권과 숙박비는 비쌀 수밖에 없다. 특히 에든버러처럼 뜨는 여행지는 유럽 내에서의 항공료가 상승한다. 저가항공이 라이언에어와 이지젯 항공이 취항하고 있으니 저가항공을 잘 활용한다. 숙박시설도 호스텔로 정하면 비용이 저렴하게 지낼 수 있다. 유심을 구입해 관광지를 모를 때 구글맵을 사용하면 쉽게 찾을 수 있다.

5. 식사

한 끼 식사는 하루에 한번은 비싸더라도 제대로 식사를 하고 한번은 스코틀랜드 시민처럼 저렴하게 한 끼 식사를 하면 적당하다. 시내의 관광지는 거의 걸어서 다닐 수 있기 때문에 투어비용은 하이랜드 투어와 글래스고를 갈 때만 교통비가 나온다.

추천여행 일정

에든버러를 돌아보는 가장 좋은 방법은 도보로 하나하나 보는 것이다. 도시의 크기도 걸어서 관광하기에 딱 좋은 사이즈이다. 선로가 달리는 골짜기를 경계로 북은 뉴 타운, 남쪽의 언덕에 펼쳐진 올드 타운으로, 지리도 간단해서 이해하기 쉽다. 올드 타운의 볼거리를 빠짐없이 돌고 나면 다음은 뉴 타운에서 쇼핑을 하자. 에든버러는 1일에 걸쳐 즐기도록 하자. 중심부에서 해변과 주변 관광지까지 가보려면, 승하차 자유의 관광버스와 시내버스를 이용하자.

추천 여행 일정
에든버러는 스코틀랜드의 수도이지만 런던에 비해 규모가 작다. 볼거리는 에든버러 성을 중심으로 한 로열 마일에 몰려 있고 쇼핑가는 신도시 지역의 프린스 거리를 중심으로 밀집해 있다. 일반 여행자들은 하루 코스로 돌아본다. 에든버러 성은 핵심 관광코스, 도시 중심에 자리 잡은 중세를 대표하는 위풍당당한 성이다.

에든버러 시내 위주의 여행코스

저가항공을 이용해 13만 원정도의 비용으로 주말을 이용해 다녀온다면 에든버러 시내만을 집중적으로 둘러봐야 한다. 도착하는 날에 에든버러공항에서 시내에 가면 웨이버리Waively 역 근처에 숙소를 잡는 것이 좋다. 로열마일 거리를 걸어서 갈 수 있는 곳이기 때문이다. 시내에 숙소를 정하여 걸어서 다닐 수 있어야 한다. 처음에 로열마일 거리에서 시작해 뉴타운 거리 위주로 여행코스를 정한다.

▶1일차

홀리루드 궁전 → 로열마일 거리 → 성 자일스 대성당 → 에든버러 성 → 프린세스 스트리트 → 스콧 기념탑 → 칼튼 힐

홀리루드 궁전　　　　로열마일 거리　　　　성 자일스 대성당　　　　에든버러 성

칼튼 힐　　　　　스콧 기념탑　　　　프린세스 스트리트

▶2일차

시내의 주요 볼거리를 첫날에 보았다면 아서 시트Arther's Seat에 오르거나 시내의 쇼핑을 한다. 해리포터를 쓴 카페인 엘리펀트 하우스에서 해리포터를 느껴보는 것도 좋은 방법이다. 더 많은 곳을 보고 싶다면 하이랜드 투어를 해도 좋다. 다만 하이랜드 투어는 가끔 늦게 투어를 끝내고 돌아오는 경우가 있어 유의해야 한다.

에든버러와 글래스고 위주의 여행코스

2박을 할 수 있다면 에든버러와 글래스고를 집중적으로 둘러봐야 한다. 도착하는 날에 에든버러공항에서 시내에 갈 때의 시간이 늦었다면 차라리 글래스고를 다녀오고 2일차에 에든버러 시내를 천천히 둘러보는 것이 좋다. 역시 숙소는 웨이버리Waively 역 근처에 잡는다.

▶1일차

글래스고 센트럴 역 → 퀸 스트리트역 → 글래스고 대성당 → 현대 예술 센터

글래스고 센트럴 역   퀸 스트리트역   글래스고 대성당   현대 예술 센터

▶2일차

로열마일 거리를 중심으로 뉴타운과 칼튼 힐을 둘러본다. 시내에 숙소를 정하여 걸어서 다닐 수 있어야 한다. 처음에 로열마일 거리에서 시작해 뉴타운 거리 위주로 여행코스를 정한다.

홀리루드 궁전 → 로열마일 거리 → 성 자일스 대성당 → 에든버러 성 → 프린세스 스트리트 → 스콧 기념탑 → 칼튼 힐

홀리루드 궁전   로열마일 거리   성 자일스 대성당   에든버러 성

칼튼 힐   스콧 기념탑   프린세스 스트리트

▶3일차

시내의 주요 볼거리를 첫날에 보았다면 아서 시트Arther's Seat에 오르거나 시내의 쇼핑을 한다. 해리포터를 쓴 카페인 엘리펀트 하우스Elepant House에서 해리포터를 느껴보는 것도 좋은 방법이다. 더 많은 곳을 보고 싶다면 하이 랜드High Land투어를 해도 좋다. 다만 하이 랜드(High Land) 투어는 가끔 늦게 투어를 끝내고 돌아오는 경우가 있어 유의해야 한다.

▶1일차

에든버러 여행의 핵심은 로열 마일Royal Mile 거리로 올드 타운의 중심인 남단의 에든버러 성과 동쪽의 홀리루드 하우스 궁전을 연결하고 있는 로열마일을 따라 여행을 시작하면 된다.

로열 마일(Royal Mile) → 서쪽의 캐슬 힐 Castlehill → 론마켓 → 하이 스트리트 High St. → 캐논게이트 Canongate (올드 타운의 관광 포인트는 이 곳에 집중되고 있다) → 웨벌리 브리지 → 에든버러 성 → 홀리루드 하우스 궁전 → 엘리펀트 카페 → 야간 도깨비 투어

▶2일차

동쪽에 솟아 잇는 조금 높은 언덕, 에든버러 시내를 한눈에 볼 수 있는 칼튼 힐에서 아름다운 에든버러 시내를 보고 뉴 타운 북쪽의 퀸 스트리트 가든은 오피스와 갤러리 등이 들어서 있는 번화한 거리이다. 본 고장 사람들에게 인기 있는 레스토랑은 많은 곳에서 현재의 에든버러를 바라본다. 오후에는 에든버러 인근의 스코틀랜드 최대 공업도시인 글래스고를 기차로 여행하고 돌아온다.

칼튼 힐 → 뉴 타운의 북쪽 끝인 퀸 스트리트 가든 → 글래스고(Glasgow)

▶3일차

하이랜드 투어(HighLand Tour)

호수와 고성이 산재한 하일랜드는 스코틀랜드 자연을 맛보는 최고의 장소이다. 17세기의 불행한 역사를 간직한 글렌코 주변의 협곡은 하일랜드의 웅대한 경관의 하나이다. 서쪽의 거점이 되는 도시가 포트 윌리엄. 영국 최고봉인 벤 네비스를 바라보는 리니 호도 있으며, 여름에는 스코틀랜드 자연의 진면목을 돌아보는 트래킹을 즐기려는 트래커들로 붐빈다.

▶4일차

에든버러 근교

스코틀랜드의 2번째 도시인 글래스고를 다녀온다.

스코틀랜드 발자취를 찾는 여행코스

▶1~2일차

저가항공을 이용해 13만 원정도의 비용으로 주말을 이용해 다녀온다면 에든버러 시내만을 집중적으로 둘러봐야 한다. 도착하는 날에 에든버러공항에서 시내에 가면 웨이버리^{Waively} 역 근처에 숙소를 잡는 것이 좋다. 로열마일 거리를 걸어서 갈 수 있는 곳이기 때문이다. 시내에 숙소를 정하여 걸어서 다닐 수 있어야 한다. 처음에 로열마일 거리에서 시작해 뉴타운 거리 위주로 여행코스를 정한다.

홀리루드 궁전 → 로열마일 거리 → 성 자일스 대성당 → 에든버러 성 → 프린세스 스트리트 → 스콧 기념탑 → 칼튼 힐

▶3일차

글래스고를 다녀오고 2일차에 에든버러 시내를 천천히 둘러보는 것이 좋다. 역시 숙소는 웨이버리^{Waively} 역 근처에 잡는다.

글래스고 센트럴 역 → 퀸 스트리트역 → 글래스고 대성당 → 현대 예술 센터

▶4일차

하이 랜드^{High Land}투어를 해도 좋다. 다만 하이 랜드^{High Land} 투어는 가끔 늦게 투어를 끝내고 돌아오는 경우가 있어 유의해야 한다.

▶5일차

에버딘^{Abverdeen}, 스털링^{Stirling}이나 세인트 엔드류스^{St. Andrews}를 다녀온다. 철도패스를 소지하고 있다면 무료도 철도를 이용해 다녀올 수 있다.

▶6일차

스카이 섬은 에든버러에서 멀다. 그래서 글래스고에서 다녀오는 것이 좋기 때문에 글래스고와 연계하여 여행코스를 계획해야 한다.

동, 식물

헤어리 카우(Hairy Cow)
일명 스코틀랜드의 소라고 부르는 헤어리 카우
Hairy Cow는 스코틀랜드의 대표적인 동물이다.
겨울이 추운 고지대인 하이랜드Highland 지방에
살고 있어 같은 소라고 해도 축 늘어진 털이 덮
은 헤어스타일이 인상적이다. 털 복숭이 소는
추위를 막아주는 곱슬거리는 머리의 털이 스코
틀랜드에서 추위에서 어떻게 살아남았는지 알
수 있다. 힘도 세서 일도 잘하고 고기까지 제공

해주는 유용한 가축이다. 현재는 쇠고기를 공급해주기 위해 기르지 않고 관광객에게 보여
주기 위해 기르고 있다. 주로 황토색 털을 띠지만 검거나 붉은 털을 가진 소도 있다.

퍼핀(Pupin)
많은 관광객들이 아이슬란드에서만 볼 수 있는
'새'로 '퍼핀Pupin'을 이야기한다. 하지만 퍼핀
Pupin은 아이슬란드에만 있는 것은 아니다. 북유
럽(페로제도 포함)에도 일부 서식하고 스코틀랜
드 북부와 아일랜드에도 서식하고 있다. 다만
아이슬란드에 전 세계 퍼핀Pupin의 60%가 살고
있다고 한다. 퍼핀Pupin은 하늘을 잘 날지 못하
고 땅에 곤두박질치는 경우도 많다.

퍼핀Pupin은 바다쇠오리의 한 종류로 물속에 있는 모래장어를 먹고 살기 때문에 물 에서 여
유롭게 지낼 수 있다. 그래서 옛날에는 물고기의 종류라고 생각하던 때도 있었다고 한다.

엉겅퀴
스코틀랜드의 나라꽃이었던 엉겅퀴가 있다. 나
라꽃까지 된 이유는 강하고 사자의 발톱처럼 날
카로워 보이기 때문이다. 스코틀랜드인들은 엉
겅퀴를 매우 소중하게 여긴다.

에든버러 축제

에든버러 프린지 페스티벌

에든버러에서 매년 8월 첫 주부터 3주 동안, 수백 개의 공연이 무대에 올라간다. 에든버러 축제를 보기위해 에든버러로 몰려드는 관광객이 수백만 명에 이른다. 공연은 에든버러 성 앞에 에든버러 축제센터를 비롯, 어셔홀, 퀸즈홀, 에든버러 플레이하우스, 로스 극장 등에서 이루어지지만 지금은 로열마일거리에서 비공식적인 공연도 100개가 넘는다.

축제 기간 중 인기공연은 밀리터리 타투Military Tattoo이다. 스코틀랜드의 전통복장인 남성용 치마, 퀼트를 입은 수백 명이 백파이프와 북을 연주하며 군악 퍼레이드를 벌이는 공연은 1950년 부대행사로 처음에는 조그맣게 시작되었다. 지금은 에든버러 축제의 오픈을 알리는 공연이자 오픈 공연은 암표가 있을 정도로 관광객들이 관람하는 주요 행사로 자리 잡았다. 8월 첫째 주, 밤에 고색창연한 에든버러 성 광장의 특설무대에서 진행되고 매일 화려한 축제가 끝나면 아쉬운 발걸음을 옮길 수밖에 없을 것이다.

쇼핑

에든버러의 쇼핑은 대부분 뉴타운에서 이루
어진다. 메인 스트리트인 프린즈 스트리트
에는 전통 있는 백화점 '제너스'와 '막스 &
스펜서' 등 대형 상점이 즐비하며, 북쪽의
조지 스트리트에는 브랜드 상점이 늘어서
있다. 레스토랑이 집중되어 있는 것은 남쪽
의 로스 스트리트, 서쪽으로 가면 갈수록 저
렴한 가게들이 많다.

생활용품을 구입하려면 세인즈버리Sainsbury
나 테스코Tesco, 세이프웨이Safeway와 같은
대형 쇼핑 센터로 가는 것이 저렴하다. 페인
트 등의 집수리 제품은 'Do IT All', 가구나 가
전제품은 루이스Lewis, 장난감은 토이저러스
를 주로 사용한다.

펍(Pub) 문화

스코틀랜드에서 맥주는 영국과 동일하다. 라거 맥주$^{Lager\ Beer}$, 에일^{Ale}, 흑맥주^{Porter}, 독한 흑맥주^{Stout}, 씁쓸한 맥주^{Bitter}, 마일드^{Mild} 등 여러 종류가 있는데 술집에서 맥주를 주문할 때 종류를 확실히 해야 한다. 펍(Pub)에서는 살균 병맥주$^{Bottled\ Beer}$와 캔맥주$^{Tinned\ Beer}$, 생맥주$^{Draught\ Beer}$를 팔고 있는데 생맥주가 가장 인기가 좋다. 각자 먹을 술을 각자가 계산한 후 주량대로 사서 마시고 간단한 안주류도 펍^{Pub}에서 살 수 있는데 술값은 싸다.

맥주 중 알콜 함량이 3%대인 라거$^{Lager\ Beer}$는 옅은 색이며 냉장 없이 마신다. 알콜 함유량이 4~5%로 특히 옅은 색인 에일 맥주는 라거$^{Lager\ Beer}$보다 강하고 흑맥주^{Porter}보다는 약한 맥주이다. 알콜 함유량이 평균 5%로 흑갈색 흑맥주인 독한 흑맥주^{Stout}는 거의 시꺼먼 색으로 병맥주보다 더 많이 찾는다.

달라지는 스코틀랜드 술 문화? 줄어드는 펍(Pub)

영국과 스코틀랜드를 한 번에 생각나는 것은 펍Pub문화일 것이다. 이러한 영국인들의 '펍 사랑'에도 불구하고 지역 주요 위치에 자리 잡은 펍의 임대료가 치솟으면서 문을 닫는 곳이 늘어나고 있다고 한다. 2012년 1월 이후 영국 전역에서 2천 300곳의 펍(Pub)이 문을 받았다. 이는 전체의 10%에 해당하는 숫자로 특히 런던과 스코틀랜드 지역의 펍(Pub)이 많이 준 것으로 나타났다. 프랜차이즈 식당이나 커피 전문점, 대형마트 등이 목 좋은 곳에 있는 '펍'에 눈독을 들이고 있기 때문이다.

영국 최대의 커피전문점인 '코스타(Costa)'나 편의점인 '테스코 익스프레스(Tesco Express)'가 펍(Pub)이 있던 자리를 빠르게 대체하고 있다. 부동산 업자들도 펍Pub을 매입한 뒤 주택단지 등으로 재개발하기도 한다. 이처럼 영국의 전통을 유지하는 펍이 바bar나 커피숍 등으로 대체되자 영국 정부는 2012년 9월 '지방주의법(Localism Act)'을 도입했다.

맥주

술중에서 가장 유명한 스카치위스키뿐만 아니라 스코틀랜드 맥주도 양질이다. 도수가 높고 씁쓸하지만 고소한 맛이 나는 다크 아일랜드$^{Dark\ Island}$ 가장 유명하다. 그러나 스코틀랜드는 중소규모 지역 양조장들이 많이 있어 펍^{Pub}에서 마시는 수제 맥주가 일품이다.

테넌트나 이니스&건, 벨헤븐 같은 맥주가 잘 팔린다. 영국의 다른 지방에 비해 일인당 주류 섭취량과 알콜 중독율이 훨씬 높다.

위스키

위스키는 맥주나 와인처럼 우리가 쉽게 마실 수 있는 술은 아니다. 하지만 유럽의 스코틀랜드에 왔다면 결코 빼놓지 말고 마셔봐야 할 술이다. 우리가 흔히 위스키나 브랜디, 진 등 값나가는 서양의 술들은 그냥 통칭하여 '양주'라고 부르지만 다른 술이다. 위스키는 맥주와 와인 등과 다른 증류주이다. 맥주와 같이 곡물을 원료로 한 양조주를 다시 증류하면 위스키나 보드카, 진 등이 되고 포도로 만든 와인을 다시 증류하면 브랜디가 되는 것이다.

증류는 맥주와 와인 등 양조주(발효주)를 가열하면 증발하여 나오는 기체를 모아 적절한 방법으로 냉각시키면 본래의 양조주보다 알코올 농도가 훨씬 높은 액체를 얻게 되는데, 이러한 과정을 통해 얻은 술을 '증류주'라고 한다. 그러므로 포도가 많이 나는 지방에서는 와인을 증류하여 브랜디를 만들고 곡류가 풍부한 지방에서는 위스키나 보드카, 진 등을 만들고, 사탕수수가 많은 곳에서는 럼주를 생산한다. 곡물을 발효시킨 양조주를 증류하면 무색 투명한 술을 얻게 되는데 이것을 나무통에 넣어서 오랜 기간 동안 숙성시킨 것이 위스키이다.

숙성 기간 중 나무 통의 성분이 우러나와서 술은 호박색으로 변하고 동시에 향도 좋아져서 맛있는 술로 변한다. 똑같은 증류주라고 할지라도 보드카나 진처럼 나무 통의 숙성 과정이 있으면 위스키라고 할 수 없다. 위스키 제조에서는 나무통도 중요한 재료가 된다. 위스키는 원래의 향취보다 나무통의 영향을 더 많이 받는다. 숙성된 민감한 술이라 최소 3년 이상 숙성시켜야만 위스키라는 이름을 붙일 수 있다. 위스키는 세계 곳곳에서 만들어지고 있지만 그 중에서도 스코틀랜드에서 만들어지는 '스카치 위스키'가 위스키를 대표한다.

위스키의 탄생과 발전
18세기, 산업혁명이 영국에서 일어나면서 영국은 해가지지 않는 나라가 되면서 웨일스, 아일랜드, 스코틀랜드를 합병시켜 대영제국으로 태어났다. 합병된 스코틀랜드에 영국식의 세금부과 방식이 적용되면서 맥아세가 생겨나고 세금이 많이 오르기 시작하였다.
스코틀랜드 서민들은 그 동안 마시던 술에 세금을 많이 부과하였지만 그렇다고 위스키를 마시지 않을 수 없었다. 정부 단속의 눈을 피해 하이랜드 산간 지방에 숨어서 밀주를 만들기 시작했다. 하지만 이들은 증류시킬 연료가 부족해 석탄의 한 종류인 피트(무연탄보다 지이 낮은 석탄)를 대신 사용하였고, 용기의 사용도 쉽지 않아 와인을 담았던 오크통을 사용해 밀주를 저장하였다. 술의 판매도 정부의 통제를 피해 산속의 작은 집에 숨겨 놓아 오랜 시간을 저장하게 되었다.

나중에 밀매를 하기 위해 열어 보니 원래 무색이었던 술이 맑은 갈색을 띠고 코끝을 감도는 짙은 향기를 내는 맛좋은 술로 변해 있었다. 더구나 맛과 풍미 또한 이전보다 훨씬 뛰어났다. 결국 궁여지책으로 숙성이라는 공정이 만들어져 위스키 풍미 향상에 기여하여 오늘날 최고의 위스키로 통하는 스카치 위스키를 탄생시킨 것이다.

그 후에 진하고 독한 몰트 위스키와 밀과 귀리 등을 발효기켜 만든 그레인 위스키로 혼합하는 기술이 발달하면서 스카치 위스키는 영국은 물론 전세계적으로 이름을 알리게 되었다. 이때부터 스카치 위스키는 피트를 이용해 만들고 나무통에서 장기간 숙성하는 전통을 가지게 되었다. 지금은 스카치 위스키의 메이커만도 3천여 개가 넘고 가업을 이어받은 양조장이 늘어나면서 독특하고 전통 있는 위스키로 명성을 지켜 나가고 있다.

위스키의 종류
조니워커(Johnnie Walker)
우리나라에도 잘 알려진 스카치 위스키로 1820년, 농민 출신인 존 워커가 마을의 조그마한 잡화점을 인수하여 술을 판매하면서 시작되었다. 1908년, 그의 손자인 알렉산더 워커가 할아버지의 애칭을 새로운 위스키의 이름으로 사용하였고, 미술가에게 의뢰하여 신제품에 마크를 정해 넣었다.

실크 모자를 비스듬히 쓰고 지팡이를 든채 당당하게 걷는 멋쟁이 신사의 그림은 쾌활하면서도 의젓한 사업가의 모습으로 받아들여져 전 세계 사업가들의 애주가 되었다. 조니워커 위스키는 레드 레이블과 블랙 레이블 올드 하모니 등 3가지가 있는데, 그 중 레드 레이블은 스카치 위스키 중에서 가장 많이 팔리는 스카치 위스키의 표본으로 되어 있다.

시바스 리갈(Chivas Regal)
시바스 가문의 왕이라는 뜻의 술로 '스카치 위스키의 왕자'라는 평을 받고 있는 술이다. 시바스 리갈의 고급 위스키인 로열 살루트(Rogal Salute)는 현 영국 여왕 엘리자베스 2세가 즉위한 1952년에 발매한 한정판 술이다.
국왕을 영접할 때 쓰는 예포라는 뜻의 로열 살루트는 21발이 울리는 것을 기념하여 21년동안 숙성한 위스키를 도자기로 된 병에 넣어 판매하고 있다.

패스포트(Passport)
1968년에 발매한 위스키로 고대 로마의 통행증을 본떠 디자인한 명주이다.

썸씽 스페셜(Something Special)
영국 왕실에 납품하는 위스키로 우리에게도 친숙하다.

발렌타인(Ballantine's)
1827년, 조지 발렌타인이 에든버러에 세운 식료품가게에서 시작해 위스키를 판매하면서 번창하기 시작했다. 숙성기간에 따라 12, 17, 30년 등이 있다. 유럽에서 항상 상위에 랭크되는 판매량을 자랑한다.

스카치위스키 헤리테지 센터
스코틀랜드의 스카치위스키 제조 과정을 체험할 수 있는 장소로 에든버러 성으로 가는 마지막 부분에 위치해 있다. 익살스럽게 만든 스카치위스키를 담는 술통 모양의 트레일러 차를 타고 스카치위스키 제조 과정을 체험할 수 있다. 각 마을로 떠나는 위스키 투어에 대한 정보도 제공한다.

▶ Open : 10~17(6~8월 : 9시30분~17시30분)
▶ 요금 : 9£

여행 준비물

1. 여권
여권은 반드시 필요한 준비물이다. 의외로 여권을 놓치고 당황하는 여행자도 있으니 주의하자. 유효기간이 6개월 미만이면 미리 갱신하여야 문제가 발생하지 않는다.

2. 환전
파운드를 현금으로 준비하는 것이 가장 효율적이다. 예전에는 은행에 잘 아는 누군가에게 부탁해 환전을 하면 환전수수료가 저렴하다고 했지만 요즈음은 인터넷 상에 '환전우대권'이 많으므로 이것을 이용해 환전수수료를 줄여 환전하면 된다.

3. 여행자보험
물건을 도난당하거나 잃어버리든지 몸이 아플 때 보상 받을 수 있는 방법은 여행자보험에 가입해 활용하는 것이다. 아플 때는 병원에서 치료를 받고 나서 의사의 진단서와 약을 구입한 영수증을 챙겨서 돌아와 보상 받을 수 있다. 도난이나 타인의 물품을 파손 시킨 경우에는 경찰서에 가서 신고를 하고 '폴리스리포트'를 받아와 귀국 후에 보험회사에 절차를 밟아 청구하면 된다. 보험은 인터넷으로 가입하면 1만원 내외의 비용으로 가입이 가능하며 자세한 보상 절차는 보험사의 약관에 나와 있다.

4. 여행 짐 싸기
짧은 일정으로 다녀오는 스코틀랜드 여행은 간편하게 싸야 여행에서 고생을 하지 않는다. 돌아올 때는 면세점에서 구입한 물건이 생겨 짐이 늘어나므로 가방의 60~70%만 채워가는 것이 좋다. 주요물품은 가이드북, 카메라(충전기), 세면도구(숙소에 비치되어 있지만 일부 호텔에는 없는 경우도 있음), 수건(해변을 이용할 때는 큰 비치용이 좋음), 속옷, 상하의 1벌, 신발(운동화가 좋음)

5. 한국음식

각종 캔류   즉석밥   라면

6. 준비물 체크리스트

분야	품목	개수	체크(V)
생활용품	수건(수영장이나 바냐 이용시 필요)		
	썬크림		
	치약(2개)		
	칫솔(2개)		
	샴푸, 린스, 바디샴푸		
	숟가락, 젓가락		
	카메라		
	메모리		
	두통약		
	방수자켓(우산은 바람이 많이 불어 유용하지 않음)		
	트레킹화(방수)		
	슬리퍼		
	멀티어뎁터		
	패딩점퍼(겨울)		
식량	쌀		
	커피믹스		
	라면		
	깻잎, 캔 등		
	고추장, 쌈장		
	김		
	포장 김치		
	즉석 자장, 카레		
약품	감기약, 소화제, 지사제		
	진통제		
	대일밴드		
	감기약		

스코틀랜드 여행 복장

스코틀랜드는 하루에도 몇 번씩 계절이 바뀌기도 하는 변화무쌍한 날씨를 자랑한다. 특히 비가 온다면 잠시 기다렸다가 이동하는 것이 좋다. 여름여행은 반팔을 입고 여행을 하려고 하는데 비가 오는 것에 대비해 방수가 되는 옷을 입는 것이 좋다. 일반적인 여름 스코틀랜드 여행이라면, 반팔 옷보다 가을복장으로 준비해야 한다. 긴팔로 준비를 하고, 출발할 때에 반팔 복장이라면 겉옷을 따로 준비해 다니는 것이 좋다. 비가 많이 올 때를 대비해 얇은 경량 패딩 정도는 가지고 가는 것이 추울 때 도움이 된다.

1. 방풍 방수점퍼와 폴리스 자켓정도를 미리 준비해 비올 때 입어야 한다. 우산은 바람이 강해 도시를 벗어나면 필요없다.
2. 신발은 운동화 혹은 등산화를 신고 다니는 것이 편안하다. 많은 관광명소가 걸어서 다녀야 하는 길을 걸어야 하는 관광지이다.
3. 히트텍 같은 속옷과 핫팩은 매우 유용하다.
4. 걸어서 하이랜드High Land나 등산을 하려고 하면 인적이 드문 장소를 걸을 수 있으므로 제대로 갖춰 입어야 한다. 반드시 등산화를 가져가야 신발 때문에 고생을 안 한다. 시간이 된다면 미리 등산화를 신고 하루정도는 신어서 발이 걸을 때 아프지 않은지 확인하면 좋다.
5. 고급 레스토랑을 가려고 한다면 복장에 신경을 써야 한다. 고급 레스토랑은 우리나라도 마찬가지로 복장이 중요한 것처럼 스코틀랜드 인들도 복장에 민감하다. 만약 고급 레스토랑에서 멋진 저녁을 할 계획이 있다면 정장은 아니어도 차려 입어야 한다.
6. 11월~4월의 겨울 스코틀랜드를 여행한다면 기온이 낮지 않지만 바람 때문에 체감온도는 더 낮게 느껴질 수도 있으므로 방한대책을 제대로 갖춰야 한다.

킬트(Kilt)

영국 연방은 스코틀랜드와 웨일스, 북아일랜드가 합쳐진 나라이다. 그 중에서도 스코틀랜드는 영국인으로 불리기를 거부하는 스코틀랜드인들이 많다. 스코틀랜드를 대표하는 도시인 에든버러를 가면 남자가 치마를 입고 파이프를 연주하는 경우를 보게 된다. 또한 매년 8월에 에든버러 페스티벌에서는 단체로 치마를 입고 연주하는 장면을 볼 수 있다.

스코틀랜드의 전통의상을 "킬트Kilt"라고 부른다. 세로로 주름이 잡힌 느슨한 치마인데 허리 주변에 걸치고 허리에서 무릎까지 덮고 가운데에 조그만 가죽 주머니를 장식으로 달고 있다.

킬트는 원래 집안이나 신분을 나타내는 용도로 만들어졌지만 군인들은 부대의 상징으로 입었다. 그래서 지금도 킬트는 스코틀랜드의 군복으로 이용되고 있다. 허리의 가죽 주머니는 식량을 담기 위해 만들어졌지만 시간이 지나면서 단순한 장식으로 변경되었다. 지금은 관광 상품화 된 킬트는 아직도 연주회를 하고 스코틀랜드인들의 자부심을 상징하고 있다.

여권 분실 및 소지품 도난 시 해결 방법

여행에서 도난이나 분실과 같은 어려움에 봉착하면 당황스러워지기 마련이다. 여행의 즐거움은커녕 여행을 끝내고 집으로 돌아가고 싶은 생각만 든다. 따라서 생각지 못한 도난이나 분실의 우려에 미리 조심해야 한다. 방심하면 지갑, 가방, 카메라 등이 없어지기도 하고 최악의 경우 여권이 없어지기도 한다.

이러한 상황에 당황하지 말고, 그에 대한 대처를 잘 한다면 여행이 중단되는 일은 없다. 해외에서 분실 및 도난 시 어떻게 해야 할지를 미리 알고 간다면 여행을 잘 마무리할 수 있다. 너무 어렵게 생각하지 말고 해결방법을 알아보자.

여권 분실 시 해결 방법

여권은 외국에서 신분을 증명하는 신분증이다. 그래서 여권을 분실하면 다른 나라로 이동할 수 없을뿐더러 비행기를 탈 수도 없다. 여권을 잃어버렸다고 당황하지 말자. 절차에 따라 여권을 재발급 받으면 된다. 먼저 여행 중에 분실을 대비하여 여권 복사본과 여권용 사진 2장을 준비물로 꼭 챙기자.

여권을 분실했을 때에는 가까운 경찰서로 가서 폴리스 리포트Police Report를 발급 받은 후에 대사관 여권과에서 여권을 재발급 받으면 되는데, 이때 여권용 사진과 폴리스 리포트, 여권 사본을 제시해야 한다.

재발급은 보통 1~2일 정도 걸린다. 다음날 다른 나라로 이동해야 하면 계속 부탁해서 여권을 받아야 한다. 부탁하면 대부분 도와준다. 나 역시 여권을 잃어버려서 사정을 이야기했더니 특별히 해준다며 반나절만에 여권을 재발급 받은 적이 있다. 절실함을 보여주고 화내지 말고 이야기하자. 보통 여권을 분실하면 화부터 내고 어떻게 하냐는 푸념을 하는데 그런다고 해결되지 않는다.

여권 재발급 순서
1. 경찰서에 가서 폴리스 리포트 쓰기
2. 대사관 위치 확인하고 이동하기
3. 대사관에서 여권 신청서 쓰기
4. 여권 신청서 제출한 후 재발급 기다리기

여권을 신청할 때 신청서와 제출 서류를 꼭 확인하여 누락된 서류가 없는지 재차 확인하자. 여권을 재발급 받는 사람들은 다 절박하기 때문에 앞에서 조금이라도 오랜 시간을 지체하면 뒤에서 짜증내는 경우가 많다. 여권 재발급은 하루 정도 소요되며, 주말이 끼어 있는 경우는 주말 이후에 재발급 받을 수 있다.

소지품 도난 시 해결 방법
해외여행을 떠나는 여행객이 늘어나면서 도난사고도 제법 많이 발생하고 있다. 이러한 경우를 대비하여 반드시 필요한 것이 여행자보험에 가입하는 것이다. 여행자보험에 가입한 경우 도난 시 대처 요령만 잘 따라준다면 보상받을 수 있다.
먼저 짐이나 지갑 등을 도난당했다면 가장 가까운 경찰서를 찾아가 폴리스 리포트를 써야 한다. 신분증을 요구하는 경찰서도 있으니 여권이나 여권 사본을 챙기도록 하고, 영어권이 아닌 지역이라면 영어로 된 폴리스 리포트를 요청하자. 폴리스 리포트에는 이름과 여권번호 등 개인정보와 물품을 도난당한 시간과 장소, 사고 이유, 도난 품목과 가격 등을 자세히 기입해야 한다. 폴리스 리포트를 작성하는 데에는 약 1시간 이상이 소요된다.

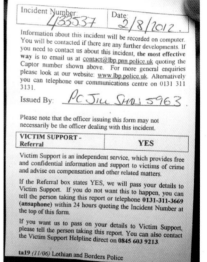

에든버러 폴리스 리포트 예 : 지역에 따라 양식은 다를 수 있다. 그러나 포함된 내용은 거의 동일하다.

폴리스 리포트를 쓸 때 도난stolen인지 단순분실lost인지를 물어보는데, 이때 가장 조심해야 한다. 왜냐하면 대부분은 도난이기 때문에 'stolen'이라고 경찰관에게 알려줘야 한다. 단순 분실의 경우 본인 과실이기 때문에 여행자보험을 가입해도 보상받지 못한다. 또한 잃어버린 도시에서 경찰서를 가지 못해 폴리스 리포트를 작성하지 못했다면 여행자보험으로 보상받기 어렵다. 따라서 도난 시에는 꼭 경찰서에 가서 폴리스 리포트를 작성하고 사본을 보관하도록 하자.
여행을 끝내고 돌아와서는 보험회사에 전화를 걸어 도난 상황을 이야기한 후, 폴리스 리포트와 해당 보험사의 보험료 청구서, 휴대품신청서, 통장사본과 여권을 보낸다. 도난당한 물품의 구매 영수증이 있으면 보상받는 데 도움이 된다. 없어도 상관은 없다.

보상금액은 여행자보험에 가입할 당시의 최고금액이 결정되어 있어 그 금액 이상은 보상이 어렵다. 보통 최고 50만 원까지 보상받는 보험에 가입하는 것이 일반적이다. 보험회사 심사과에서 보상이 결정되면 보험사에서 전화로 알려준다. 여행자보험의 최대 보상한도는 보험의 가입금액에 따라 다르지만 휴대품 도난은 1개 품목당 최대 20만 원까지, 전체 금액은 80만 원까지 배상이 가능하다. 여러 보험사에서 여행자보험을 가입해도 보상은 같다. 그러니 중복 가입은 하지 말자.

런던의 한국대사관

여름과 겨울의 스코틀랜드

여름 피서

피서지로 에든버러에서 즐기는 경우는 많지 않다. 스코틀랜드 최고의 휴양지는 스카이 섬이다.

에든버러에서 프린지 페스티벌을 즐기러 오는 관광객이 대단히 많다. 여름 축제의 대표적인 도시가 에든버러이기 때문에 여름 숙소는 1달 전에는 예약해야 한다. 프린지 페스티벌 기간에는 숙소가 없는 경우가 많다.

위도가 한국보다 높아 덥지 않고 서늘하며 7월초~8월초에 해가 10시정도에 지기 때문에 활동시간이 길어진다.

겨울나기

에든버러는 위도가 높지만 해류가 맥시코 난류가 흐르기 때문에 추위가 심하지 않다. 그러나 비가 자주오기 때문에 '으실으실' 추운 느낌이 들고 숙소의 난방이 좋지 않으면 감기에 걸리기 쉽다. 위도가 높아 얼음낚시 같은 것이 있을까 기대를 할 수 있지만 스코틀랜드인들은 축구관람에 집중한다.

스코틀랜드
자동차 여행

Scotland

스코틀랜드에서 자동차로 여행하기

영국과 스코틀랜드에서는 다양한 렌터카 업체들이 영업을 하고 있다. 사전에 예약을 하면 공항에 도착하자마자 공항 내 영업소에서 차량을 빌릴 수 있다. 영국으로 입국했다면 런던 공항에서 렌터카를 이용하고, 스코틀랜드에서 렌터카를 받으려면 에든버러에서 자동차를 운전하면 된다.

런던이나 에든버러 어디든 렌터카 업체들이 데스크를 열고 있다. 미리 예약을 못했다고 공항에 도착해서 각 업체에 문의를 하면 차량을 이용할 수 있다. 물론 성수기에는 예약하지 않으면 차를 빌릴 수 없거나 원하는 차량을 빌리지 못할 수도 있다. 따라서 렌터카는 출발 전에 미리 예약을 해놓는 것이 비용도 저렴하고 안전하다.

▨ 반납과 대여 장소가 달라도 된다.

스코틀랜드는 글로벌 업체가 아니라도 반납과 대여 장소가 달라도 가능하다. 스코틀랜드는 국토의 면적이 작기 때문에 입국과 출국이 같은 도시에서 이루어지는 경우가 많다. 하지만 런던에서 자동차여행을 시작해 에든버러에서 마치기 때문에 들어오고 나가는 공항이 다르면 여행 일정이 효율적으로 짤 수 있기 때문이다. 문제는 대여료가 비싸지는 것이 문제이다. 대여와 반납 장소가 다르면 대여료가 비싸진다.

주행거리 제한과 보험 확인은 필수

렌트를 할 때 반드시 확인해야 하는 사항이 2가지 있다. 렌터카에 주행거리 제한이 있는가와 보험적용이 되는지 여부이다. 대부분의 나라에서 주행거리 제한 여부에 따라 대여료가 달라지는 경우가 있다. 또 대인 대물만 보험에 포함되고 자차보험은 추가로 들어야 하는 경우도 있다. 따라서 가급적 주행거리 제한이 없고 보험이 모두 적용된 차량을 빌려야 만약에 발생할 수 있는 사고에 대비할 수 있다.

차량의 외관도 꼼꼼하게 확인

현지 렌터카 업체에서 렌트를 하게 되면 차량의 외관도 꼼꼼하게 확인해야 한다. 글로벌 업체들은 약간의 흠집은 차량 반납할 때에 문제를 삼지 않는데 로컬업체들은 문제가 될 수 있기 때문에 미리 사진이나 동영상을 찍어놔야 차량반납이 쉽게 이루어질 수 있다.

로드킬(Roadkill)은 주의하자

스코틀랜드에서 운전을 하면서 밤에는 로드킬이 발생할 수 있다. 특히 하이랜드 지역은 야생의 환경 그대로 노출되어 야생동물을 치는 로드킬은 종종 일어난다. 되도록 저녁이후에는 운전을 하지 말고 되도록 서행하면서 운전을 해야 한다.

달라도 너무 다른 스코틀랜드 자동차 여행

유럽에서 특별한 휴가를 보내고 싶다면, 최근에 유럽에서 인기를 끌고 있는 스코틀랜드, 시간이 멈춘 곳으로 영국인 듯, 영국이 아닌 스코틀랜드만의 문화가 특별한 분위기를 자아내는 스코틀랜드를 자동차로 여행하는 관광객이 많아지고 있다. 사방에 꽃으로 새로운 시작이 되었다는 즐거움. 대한민국이 미세먼지로 숨 쉬는 것조차 힘들어 조심스러워 외부출입이 힘들지만 스코틀랜드에는 좀처럼 미세먼지가 없다. 한 여름에도 그늘만 들어서면 시원하게 불어오는 바람을 맞을 수 있고, 뜨거운 햇빛이 비추는 해변에서 나에게 비춰주는 따뜻한 마음이 살아 있는 스코틀랜드가 당신을 기다리고 있다.

우리가 알고 있던 유럽 여행과 전혀 다른 느낌을 보고 느낄 수 있으며, 초록이 뭉게구름과 함께 피어나는, 깊은 숨을 쉴 수 있도록 쉴 수 있고, 마음대로 자동차를 타고 여행하는 것이 더 편리한 곳이 스코틀랜드이다. 스코틀랜드의 대중교통은 상당히 비싸다. 그래서 자동차로 스코틀랜드를 여행하는 것은 최적의 조합이라고 할 수 있다. 더운 여름에도 필요한 준비물은 아침, 저녁으로 긴 팔을 입고 있던 바다부터 따뜻하지만 은은한 빛이 나를 감싸는 스코틀랜드의 자갈 해변 모습이 생생하게 눈으로 전해온다.

스코틀랜드 자동차 여행 잘하는 방법

출발 전

▨ 동유럽 지도를 놓고 여행코스와 여행 기간을 결정한다.

스코틀랜드를 여행한다면 어느 나라를 어느 정도의 기간 동안 여행할지 먼저 결정해야 한
다. 사전에 결정도 하지 않고 렌터카를 예약할 수는 없다. 그러므로 사전에 미리 이탈리아
지도를 보면서 여행코스와 기간을 결정하고 나서 항공권부터 예약을 시작하면 된다.

▨ 기간이 정해지면 IN / OUT 도시를 결정하고 항공권을 예약한다.

기간이 정해지고 어느 도시로 입국을 할지 결정하고 나서 항공권을 찾아야 한다. 대부분의
여행자는 영국 런던에서 들어오고 나가는 항
공권을 구입하게 된다. 항공권은 여름 여행이
면 3월 초부터 말까지 구입하는 것이 가장 저
렴하다. 겨울이라면 9월 초부터 말까지가 가
장 저렴하다. 최소한 60일 전에는 항공기 티
켓을 구입하는 것이 항공기 비용을 줄이는 방
법이다. 아무리 렌터카 비용을 줄인다 해도
항공기 비용이 비싸다면 여행경비를 줄일 수
있는 방법은 없게 된다.

■ 항공권을 결정하면 렌터카를 예약해야 한다.

렌터카를 예약할 때 글로벌 렌터카 회사
로 예약을 할지 로컬 렌터카 회사로 예약
을 할지 결정해야 한다.

안전하고 편리함을 원한다면 당연히 글
로벌 렌터카 회사로 결정해야 하지만 짧
은 기간에 1개 나라 정도만 렌터카를 한
다면 로컬 렌터카 회사도 많이 이용한다.
특히 스코틀랜드는 도시를 이동하는 기
차시간이 많지 않고 버스가 불편한 나라
라서 렌터카로 여행하는 것이 더 효율적
일 경우가 많다.

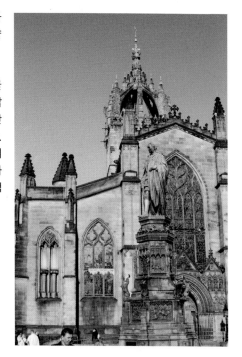

■ 파운드는 사전에 소액은 준비해야 한다.

공항에서 시내로 이동하려고 할 때 렌터
카로 이동하면 상관없지만 고속도로를
이용한다면 통행료나 휴게소 이용할 때
현금을 이용해야 할 때가 있으니 사전에
미리 준비해 놓자.

■ 심(Sim)카드를 가장 먼저 구입해야 한다.

공항에서 차량을 픽업해도 자동차 여행에서 가장 중요한 것은 스마트폰이다. 스마트폰은 네비게이션 역할도 하지만 응급 상황에서 다양하게 통화를 해야 할 수도 있다. 그래서 차량을 픽업하기 전에 미리 심^{Sim}카드를 구입하고 확인한 다음 차량을 픽업하는 것이 순서이다.

심(Sim)카드

크로아티아뿐만 아니라 유럽 전체에 나라에 상관없이 이용할 수 있는 심(Sim)카드는 보다폰(Vodafone)이 가장 널리 이용되고 있다. 2인 이상이 같이 여행을 한다면 2명 모두 심(Sim)카드를 이용해 같이 구글 맵을 이용하는 것이 전파가 안 잡히는 지역에서 문제해결에 도움을 받을 수 있다.

■ 공항에서 자동차의 픽업까지가 1차 관문이다.

최근에 자동차 여행자가 늘어나면서 각 공항에서는 렌터카 업체들이 공동으로 모여 있는 장소가 있다. 영국이나 스코틀랜드는 모두 자동차 여행을 위해 공동의 장소에서 렌터카 서비스를 원스톱 서비스를 지원하고 있다. 런던의 공항이 크지만 표시가 정확해 렌터카 영업소를 쉽게 찾을 수 있다. 그러므로 어디로 이동할지 확인하고 사전에 예약한 서류와 신용카드, 여권, 국제 운전면허증, 국내 운전면허증을 확인해야 한다.
공항 왼쪽으로 이동하면 바로 찾을 수 있다. → 이동하면 렌터카를 한 번에 같이 이용할 수 있는 서비스를 제공하고 있다.

■ 보험은 철저히 확인한다.

스코틀랜드의 수도인 에딘버러나 영국의 수도인 런던에서 렌터카를 픽업해서 스코틀랜드를 여행한다면 사전에 어디를 얼마의 기간 동안 여행할지 직원은 질문을 하게 된다. 이때 정확하게 알려준다면 직원이 사전에 사고 시에 안전하게 도움을 받을 수 있는 보험을 제안하게 된다. 그렇게 되면 사고가 나더라도 보험으로 커버를 하게 되므로 큰 문제가 발생하지 않는다. 하지만 대부분의 여행자는 스코틀랜드만을 여행하는 경우가 많다. 그런데 스코틀랜드 밑의 영국까지 여행하면 3주가 넘는 시간이 필요할 수도 있다.

■ 차량을 픽업하게 되면 직원과 같이 차량을 꼼꼼하게 확인한다.

차량을 받게 되면 직원이 차량의 상태를 잘 알려주고 확인을 하지만 간혹 바쁘거나 그냥 건너뛰려는 경우가 있다. 그럴 때는 직접 사전에 꼼꼼하게 확인을 하고 픽업하는 것이 좋다. 또한 스코틀랜드 에든버러 공항이나 시내에서는 혼자서 차량을 받을 때도 있다. 그렇다면 처음 차량을 받아서 동영상이나 사진으로 차량의 전체를 찍어 놓고 의심이 가는 곳은 정확하게 찍어서 반납 시에 활용하는 것이 좋다.

■ 공항에서 첫날 숙소까지 정보를 갖고 출발하자.

차량을 인도받아서 숙소로 이동할 때 사전에 위치를 확인하고 출발해야 한다. 구글 지도나 가민 네비게이션이 있다면 반드시 출발 전에 위치를 확인하자. 도로를 확인하고 출발하면서 긴장하지 말고 천천히 이동하는 것이 좋다.

급하게 긴장을 하다보면 사고로 이어질 수 있으니 조심하자. 또한 도시로 진입하는 시간이 출, 퇴근 시간이라면 그 시간에는 쉬었다가 차량이 많지 않은 시간에 이동하는 것이 첫날 운전이 수월하다.

■ '관광지 한 곳만 더 보자는 생각'은 금물

유럽여행은 쉽게 갈 수 있는 해외여행지가 아니다. 그래서 한번 오는 스코틀랜드 여행이라고 너무 많은 여행지를 보려고 하면 피로가 쌓이고 사고로 이어질 수 있으므로 잠은 충분히 자고 안전하게 이동하는 것이 중요하다. 또한 운전 중에도 졸리면 쉬었다가 이동하도록 해야 한다.

쉬운 말처럼 들릴 수 있지만 의외로 운전 중에 쉬지 않고 이동하는 운전자가 상당히 많다. 피로가 쌓이고 이동만 많이 하는 여행은 만족스럽지 않다. 자신에게 주어진 휴가기간 만큼 행복한 여행이 되도록 여유롭게 여행하는 것이 좋다. 서둘러 보다가 지갑도 잃어버리고 여권도 잃어버리기 쉽다. 허둥지둥 다닌다고 한 번에 다 볼 수 있지도 않으니 한 곳을 덜 보겠다는 심정으로 여행한다면 오히려 더 여유롭게 여행을 하고 만족도도 더 높을 것이다.

■ 아는 만큼 보이고 준비한 만큼 만족도가 높다.

스코틀랜드의 많은 관광지는 역사와 관련이 있다. 그런데 아무런 정보 없이 여행한다면 재미도 없고 본 관광지는 아무 의미 없는 장소가 되기 쉽다. 사전에 스코틀랜드에 대한 정보는 습득하고 여행을 떠나는 것이 준비도 하게 되고 아는 만큼 만족도가 높은 여행이 될 것이다.

■ 감정에 대해 관대해져야 한다.

자동차 여행은 주차나 운전 중에 스트레스를 받을 수 있다. 난데없이 차량이 끼어들기를 한다든지, 길을 몰라서 이동 중에 한참을 헤매다 보면 자신이 당혹감을 받을 수 있다.

그럴 때마다 감정통제가 안 되어 화를 계속 내고 있으면 자동차 여행이 고생이 되는 여행이된다. 그러므로 따질 것은 따지되 소리를 지르면서 따지지 말고 정확하게 설명을 하면 될 것이다.

스코틀랜드의 운전

대한민국과 스코틀랜드의 운전은 다르다. 스코틀랜드에서 운전하기가 처음에는 그리 만만치 않다. 우선 차량의 핸들 위치와 도로의 진행 방향이 대한민국과 반대이기도 하지만 그보다 대한민국에서 보기 힘든 양보 정신이 필요하기 때문이다. 운전하면서 조심해야 할 사항을 알아보자.

1 스코틀랜드에서 처음으로 버스나 택시를 타면 이상한 점을 발견한다. 자동차의 핸들이 우측에 달렸고 자동차가 중앙선을 기준으로 좌측통행을 한다. 수십 년간 한국에서 좌측 핸들과 우측통행에 익숙해진 우리는 어쩐지 어색하다. 차량 운전석 바퀴가 중앙선을 밟고 간다는 생각을 가지고 운전하면 금방 익숙해질 것이다.

2 자동차의 편의장치를 조작하는 방향이 대한민국과 반대로 되어 있어 혼선을 빚는 경우가 다반사다. 가장 대표적인 것이 방향지시등과 와이퍼이다. 그래서 처음 운전할 때는 방향등을 켜야 하는데 와이퍼를 작동시키는 실수를 많이 한다. 수동변속기를 대부분 사용하는 스코틀랜드는 기어를 왼손으로 조작해야 하는 것도 낯설다.

3 큰 도로에서 폭이 좁은 도로로 진입할 때 우회전하려면 반대편에서 좌회전하는 차가 먼저 진입해야 하는 규정이 있다. 즉 우회전 차향이 양보를 해야 한다. 에든버러는 출퇴근 시간에 교통 체증이 조금 있지만 그 외에는 그리 붐비지 않는다. 대부분의 시내 도로는 평지로 이루어져 오르막과 내리막이 없어서 편리하지만 좁고 굽은 도로들이 많아서 시내에서는 운전에 조심해야 한다.

4 시내에서 우리나라 운전자들은 좌우 회전할 때 방향 지시등을 켜지 않는 운전자가 있는데 이곳에서는 좌우 회전할 때 방향 지시등을 켜지 않으면 경찰에 단속 당하기 쉽다.

5 이면 도로 네거리를 통과할 때는 정지한 후 좌우를 살피고 진행해야 하지만 진행하던 도로 바닥에 정지선이 없으면 정차하지 않고 바로 주행해야 한다. 만약 일시정지를 하면 큰 사고로 이어지거나 뒤따라오는 차에게 방해를 줄 수 있다. 이것은 차가 많이 다니는 번잡한 도로에 우선적으로 차량을 통행하게 하기 위하여 정한 규칙이다. 그리고 주거 지역의 제한속도는 별로의 표지판이 없는 한 시속 50㎞이다.

6 시내를 벗어나면 100㎞로 달릴 수 있다. 하지만 곡선 부분을 통과할 때 노란색으로 70, 80~90㎞ 등이 표시되어 있으면 속도를 지키지 않아서 벌금을 물겠지만 이보다는 과속을 하다가 차가 바깥으로 튕겨 나갈 위험이 있으므로 가급적이면 안전 속도를 지키라는 것이다.

⑦ 시골로 가면 아주 가끔 1차선 교량을 만난다. 요즈음은 이런 곳에 신호등이 설치되어 그나마 불편함이 줄어들었지만 어떤 곳에서는 안내판을 보고 진행해야 한다. 전방의 안내판에 적색 화살표가 보인다면 일단 양보를 해야 하고 청색 화살표가 크게 보이면 그대로 직진해도 된다.

⑧ 차량 탑승자는 앞좌석이든 뒷좌석이든 반드시 전원이 안전벨트를 착용해야 하며 음주운전은 절대 허용되지 않는다. 스코틀랜드의 겨울은 생각보다 춥기 때문에 그늘진 곳에는 빙판이 있을 수 있으니 조심해야 한다.

⑨ 시골길을 달리면 가끔 가축을 만나는데 이때는 지나갈 때까지 기다리는 것이 안전하다. 특히 야간에는 야생동물이 지나가기도 하므로 더욱 주의를 해야 한다.

⑩ 시골로 가서 주유소가 보이면 기름을 넣는 것이 좋고 화장실이 보이면 들어가서 볼일을 보는 것이 좋다. 왜냐하면 지도에 표시가 되어 있어도 막상 가보면 주유소가 없거나 있다고 해도 무인주유소이거나 오후에 문을 닫은 곳도 있다.

▦ 라운드 어바웃(Round About)인 회전교차로

차를 타고 스코틀랜드를 다니다 보면 도로에서 생소하기도 하지만 많이 접하는 교통 시설이 라운드 어바웃^{Round About}이다. 이것을 우리말로 회전교차로라고 하는데 우리나라도 최근에 회전교차로를 도입하고 있다. 라운드 어바웃^{Round About}의 가장 큰 장점은 신호등이 없지만 차가 물 흐르듯이 흐른다는 점이다.

나보다 먼저 로터리에 도착하거나 진입하는 차에게 통행의 우선권을 주는 것이다. 하지만 반드시 지켜야 하는 규칙이 있다. 네거리 쪽으로 진입할 때 나의 오른쪽 도로에서 차가 보이는 내 차는 무조건 정지하여 그 차가 먼저 지나갈 수 있도록 양보해야 한다. 반면에 내가 라운드 어바웃^{Round About}으로 가까이 다가가고 있다면 나의 왼쪽에서 차가 정지하고 내가 지나갈 때까지 기다려야 한다.

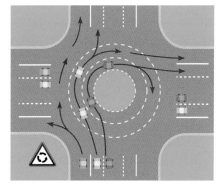

만약 라운드 어바웃^{Round About}이 없다면 4거리 주변에 신호등을 최소한 4~6개 설치해야 할 뿐만 아니라 차가 없는데도 신호등 때문에 멈춰 서 있어야 하는 불편함이 따른다. 사거리에 진입할 때 좌우를 살피면서

머뭇거리든가 이리저리 눈치를 보면서 진입해야 한다. 그러다가 교통사고라도 나면 정말 난처하다.

우측핸들이 된 이유는?

자동차가 생기기 전 영국에서는 마차를 타고 다녔는데, 이때 마부는 말고삐와 채찍을 흔들면서 운행하였다. 대부분의 사람들이 오른손잡이였기 때문에 마부 역시 채찍을 오른손에 들고 있었다. 오른손에 채찍을 들고 흔들 때 마부는 말을 기준으로 우측으로 앉아야 채찍이 뒷좌석의 승객의 몸에 맞지 않는다. 그래서 영국에서는 자동차의 핸들이 자연스럽게 오른쪽에 위치하게 된 것이라고 한다.

또한 좁은 도로에서 마차끼리 서로 교차하거나 추월할 때 좌측통행이 편리했다는 설도 있다. 허리에 칼을 찬 기사들도 대부분이 오른손잡이이기 때문에 칼을 왼쪽 허리에 비스듬히 차게 되는데, 그때 칼끝도 왼쪽으로 튀어나오게 된다. 이때 말을 탄 두 사람이 교차하여 지나갈 때 좌측통행을 하면 칼끝과 칼끝이 서로 부딪치지 않는데 이것이 자동차가 좌측통행하게 된 계기라고 한다.

■ 스코틀랜드의 운전이 어렵지 않은 이유

① 일부 대도시를 제외하고 통행량이 많지 않아 수월하다.
② 운전자 간 양보 운전이 생활화돼 있어 외국인도 편안하게 운전할 수 있다.
③ 대부분의 운전자들이 신호 및 교통법규를 철저하게 준수한다.
④ 2일 정도만 운전하면 반대 운전이 적응된다.

스코틀랜드의 차들은 사이드 미러를 접는 기능이 거의 없다. 차 뒤에 붙이는 후사경도 거의 사용하지 않는다. 이것은 스코틀랜드가 도시를 벗어나면 도로의 폭이나 주차장 등을 여유롭게 설계했기 때문이다. 여유 공간이 많다는 것은 주차 및 운전이 까다롭지 않다는 말이다.

스코틀랜드
한 달 살기

Scotland

솔직한 한 달 살기

즈음, 마음에 꼭 드는 여행지를 발견하면 자꾸 '한 달만 살아보고 싶다'는 이야기를 많이 듣는다. 그만큼 한 달 살기로 오랜 시간 동안 해외에서 여유롭게 머물고 싶어 하기 때문이다. 직장생활이든 학교생활이든 일상에서 한 발짝 떨어져 새로운 곳에서 여유로운 일상을 꿈꾸기 때문일 것이다.

최근에는 한 달, 혹은 그 이상의 기간 동안 여행지에 머물며 현지인처럼 일상을 즐기는 '한 달 살기'가 여행의 새로운 트렌드로 자리잡아가고 있다. 천천히 흘러가는 시간 속에서 진정한 여유를 만끽하려고 한다. 그러면서 한 달 동안 생활해야 하므로 저렴한 물가와 주위

에 다양한 즐길 거리가 있는 도시들이 한 달 살기의 주요 지역으로 주목 받고 있다. 한 달 살기의 가장 큰 장점은 짧은 여행에서는 느낄 수 없었던 색다른 매력을 발견할 수 있다는 것이다.

사실 한 달 살기로 책을 쓰겠다는 생각을 몇 년 전부터 했지만 마음이 따라가지 못했다. 우리의 일반적인 여행이 짧은 기간 동안 자신이 가진 금전 안에서 최대한 관광지를 보면서 많은 경험을 하는 것을 하는 것이 자유여행의 패턴이었다. 하지만 한 달 살기는 확실한 '소확행'을 실천하는 행복을 추구하는 것처럼 보였다. 많은 것을 보지 않아도 느리게 현지의 생활을 알아가는 스스로 만족을 원하는 여행이므로 좋아 보였다. 내가 원하는 장소에서 하루하루를 즐기면서 살아가는 문화와 경험을 즐기는 것은 좋은 여행방식이다.

하지만 많은 도시에서 한 달 살기를 해본 결과 한 달 살기라는 장기 여행의 주제만 있어서 일반적으로 하는 여행은 그대로 두고 시간만 장기로 늘린 여행이 아닌 것인지 의문이 들었다. 현지인들이 가는 식당을 가는 것이 아니고 블로그에 나온 맛집을 찾아가서 사진을 찍고 SNS에 올리는 것은 의문을 가지게 만들었다. 현지인처럼 살아가는 것이 아니라 풍족하게 살고 싶은 것이 한 달 살기인가라는 생각이 강하게 들었다.

현지인과의 교감은 없고 맛집 탐방과 SNS에 자랑하듯이 올리는
여행의 새로운 패턴인가, 그냥 새로운 장기 여행을 하는 여행자일 뿐이 아닌가?

현지인들의 생활을 직접 그들과 살아가겠다고 마음을 먹고 살아도 현지인이 되기는 힘들다. 여행과 현지에서의 삶은 다르기 때문이다. 단순히 한 달 살기를 하겠다고 해서 그들을 알 수도 없는 것은 동일할 수도 있다. 그래서 한 달 살기가 끝이 나면 언제든 돌아갈 수 있다는 것은 생활이 아닌 여행자만의 대단한 기회이다. 그래서 한동안 한 달 살기가 마치 현지인의 문화를 배운다는 것은 거짓말로 느껴졌다.

시간이 지나면서 다시 생각을 해보았다. 어떻게 여행을 하든지 각자의 여행이 스스로에게 행복한 생각을 가지게 한다면 그 여행은 성공한 것이다. 그것을 배낭을 들고 현지인들과 교감을 나누면서 배워가고 느낀다고 한 달 살기가 패키지여행이나 관광지를 돌아다니는 여행보다 우월하지도 않다. 한 달 살기를 즐기는 주체인 자신이 행복감을 느끼는 것이 핵심이라고 결론에 도달했다.

요즈음은 휴식, 모험, 현지인 사귀기, 현지 문화체험 등으로 하나의 여행 주제를 정하고 여행지를 선정하여 해외에서 한 달 살기를 해보면 좋다. 맛집에서 사진 찍는 것을 즐기는 것으로도 한 달 살기는 좋은 선택이 된다. 일상적인 삶에서 벗어나 낯선 여행지에서 오랫동안 소소하게 행복을 느낄 수 있는 한 달 동안 여행을 즐기면서 자신을 돌아보는 것이 한 달 살기의 핵심인 것 같다.

떠나기 전에 자신에게 물어보자!

한 달 살기 여행을 떠나야겠다는 마음이 의외로 간절한 사람들이 많다. 그 마음만 있다면 앞으로의 여행 준비는 그리 어렵지 않다. 천천히 따라가면서 생각해 보고 실행에 옮겨보자.

내가 장기간 떠나려는 목적은 무엇인가?

여행을 떠나면서 배낭여행을 갈 것인지, 패키지여행을 떠날 것인지 결정하는 것은 중요하다. 하물며 장기간 한 달을 해외에서 생활하기 위해서는 목적이 무엇인지 생각해 보는 것이 중요하다. 일을 함에 있어서도 목적을 정하는 것이 계획을 세우는데 가장 기초가 될 것이다. 한 달 살기도 어떤 목적으로 여행을 가는지 분명히 결정해야 질문에 대한 답을 찾을 수 있다.

아무리 아무 것도 하지 않고 지내고 싶다고 할지라도 1주일 이상 아무것도 하지 않고 집에서만 머물 수도 없는 일이다. 런던은 휴양, 다양한 엑티비티 보다는 박물관 체험과 도서관 즐기기 등과 나의 로망여행지에서 살아보기, 내 아이와 함께 해외에서 보내보기 등등 다양하다.

목표를 과다하게 설정하지 않기

자신이 해외에서 산다고 한 달 동안 어학을 목표로 하기에는 다소 무리가 있다. 무언가 성과를 얻기에는 짧은 시간이기 때문이다. 1주일은 해외에서 사는 것에 익숙해지고 2~3주에 현지에 적응을 하고 4주차에는 돌아올 준비를 하기 때문에 4주 동안이 아니고 2주 정도이다. 하지만 해외에서 좋은 경험을 해볼 수 있고, 친구를 만들 수 있다. 이렇듯 한 달 살기도 다양한 목적이 있으므로 목적을 생각하면 한 달 살기 준비의 반은 결정되었다고 생각할 수도 있다.

여행지와 여행 시기 정하기

한 달 살기의 목적이 결정되면 가고 싶은 한 달 살기 여행지와 여행 시기를 정해야 한다. 목적에 부합하는 여행지를 선정하고 나서 여행지의 날씨와 자신의 시간을 고려해 여행 시기를 결정한다. 여행지도 성수기와 비수기가 있기에 한 달 살기에서는 여행지와 여행시기의 틀이 결정되어야 세부적인 예산을 정할 수 있다.

여행지를 선정할 때 대부분은 안전하고 날씨가 좋은 동남아시아 중에 선택한다. 예산을 고려하면 항공권 비용과 숙소, 생활비가 크게 부담이 되지 않는 태국의 방콕, 치앙마이, 태국 남부의 푸켓, 끄라비, 피피 중에서 선택하게 된다. 그렇지만 유럽에서 살아보고 싶은 사람들도 많고 런던은 항상 머물고 싶은 도시이다.

한 달 살기의 예산정하기

누구나 여행을 하면 예산이 가장 중요하지만 한 달 살기는 오랜 기간을 여행하는 거라 특히 예산의 사용이 중요하다. 돈이 있어야 장기간 문제가 없이 먹고 자고 한 달 살기를 할 수 있기 때문이다.

한 달 살기는 한 달 동안 한 장소에서 체류하므로 자신이 가진 적정한 예산을 확인하고, 그 예산 안에서 숙소와 한 달 동안의 의식주를 해결해야 한다. 여행의 목적이 정해지면 여행을 할 예산을 결정하는 것은 의외로 어렵지 않다. 또한 여행에서는 항상 변수가 존재하므로 반드시 비상금도 따로 준비를 해 두어야 만약의 상황에 대비를 할 수 있다. 대부분의 사람들이 한 달 살기 이후의 삶도 있기에 자신이 가지고 있는 예산을 초과해서 무리한 계획을 세우지 않는 것이 중요하다.

세부적으로 확인할 사항

1. 나의 여행스타일에 맞는 숙소형태를 결정하자.

지금 여행을 하면서 느끼는 숙소의 종류는 참으로 다양하다. 호텔, 민박, 호스텔, 게스트하우스가 대세를 이루던 2000년대 중반까지의 여행에서 최근에는 에어비앤비Airbnb나 부킹닷컴, 호텔스닷컴 등까지 더해지면서 한 달 살기를 하는 장기여행자를 위한 숙소의 폭이 넓어졌다.

숙박을 할 수 있는 도시로의 장기 여행자라면 에어비앤비Airbnb보다 더 저렴한 가격에 방이나 원룸(스튜디오)을 빌려서 거실과 주방을 나누어서 사용하기도 한다. 방학 시즌에 맞추게 되면 방학동안 해당 도시로 역으로 여행하는 현지 거주자들의 집을 1~2달 동안 빌려서 사용할 수도 있다. 그러므로 자신의 한 달 살기를 위한 스타일과 목적을 고려해 먼저 숙소 형태를 결정하는 것이 좋다.

무조건 수영장이 딸린 콘도 같은 건물에 원룸으로 한 달 이상을 렌트하는 것만이 좋은 방법은 아니다. 혼자서 지내는 '나 홀로 여행'에 저렴한 배낭여행으로 한 달을 살겠다면 호스텔이나 게스트하우스에서 한 달 동안 지내는 것이 나을 수도 있다. 최근에는 아파트인데 혼자서 지내는 작은 원룸 형태의 아파트에 주방을 공유할 수 있는 곳을 예약하면 장기 투숙 할인도 받고 식비를 아낄 수 있도록 제공하는 곳도 생겨났다. 아이가 있는 가족이 여행하는 것이라면 안전을 최우선으로 장기할인 혜택을 주는 콘도를 선택하면 낫다.

2. 한 달 살기 도시를 선정하자.

어떤 숙소에서 지낼 지 결정했다면 한 달 살기 하고자 하는 근처와 도시의 관광지를 살펴보는 것이 좋다. 자신의 취향을 고려하여 도시의 중심에서 머물지, 한가로운 외곽에서 머물면서 대중교통을 이용해 이동할지 결정한다.

3. 숙소를 예약하자.

숙소 형태와 도시를 결정하면 숙소를 예약해야 한다. 발품을 팔아 자신이 살 아파트나 원룸 같은 곳을 결정하는 것처럼 한 달 살기를 할 장소를 직접 가볼 수는 없다. 대신에 손품을 팔아 인터넷 카페나 SNS를 통해 숙소를 확인하고 숙박 어플을 통해 숙소를 예약하거나 인터넷 카페 등을 통해 예약한다. 최근에는 호텔 숙박 어플에서 장기 숙소를 확인하기도 쉬워졌고 다양하다. 어플마다 쿠폰이나 장기간 이용을 하면 할인혜택이 있으므로 검색해 비교해보면 유용하다.

장기 숙박에 유용한 앱

각 호텔 앱
호텔 공식 사이트나 호텔의 앱에서 패키지 상품을 선택 할 경우 예약 사이트를 이용하면 저렴하게 이용할 수 있다.

인터넷 카페
각 도시마다 인터넷 카페를 검색하여 카페에서 숙소를 확인할 수 있는 숙소의 정보를 확인할 수 있다.

에어비앤비(Airbnb)
개인들이 숙소를 제공하기 때문에 안전한지에 대해 항상 문제는 있지만 장기여행 숙소를 알리는 데 일조했다. 가장 손쉽게 접근할 수 있는 사이트로 빨리 예약할수록 저렴한 가격에 슈퍼호스트의 방을 예약할 수 있다.

호텔스컴바인, 호텔스닷컴, 부킹닷컴 등
다양하지만 비슷한 숙소를 검색할 수 있는 기능과 할인율을 제공하고 있다.

호텔스닷컴
숙소의 할인율이 높다고 알려져 있지만 장기간 숙박은 다를 수 있으므로 비교해 보는 것이 좋다.

4. 숙소 근처를 알아본다.

지도를 보면서 자신이 한 달 동안 있어야 할 지역의 위치를 파악해 본다. 관광지의 위치, 자신이 생활을 할 곳의 맛집이나 커피숍 등을 최소 몇 곳만이라도 알고 있는 것이 필요하다.

한 달 살기의 기회비용

대학생 때는 해외여행을 한다는 자체만으로 행복했다. 아무리 경유를 많이 해도 비행기에서 먹는 기내식은 맛있었고, 아무리 고생을 많이 해도 해외여행은 나에게 최고의 즐거움이었다. 어떻게든 해외여행을 다니기 위해 아르바이트를 하고, 여행상품이 걸린 이벤트나 기업체의 공모전에 응모했다. 여러 가지 방법으로 여행경비를, 혹은 여행의 기회를 마련하면서, 내 대학생활은 내내 '여행'에 맞춰져있었고, 나는 그로인해 대학생활이 무척 즐거웠다. 반면, 오로지 여행만을 생각한 내 대학생활에서 학점은 소소한 것이었다. 아니, 상대적인 관심도가 떨어졌다는 말이 맞겠다. 결론적으로 나는 학점을 해외여행과 맞바꾼 것이었다.

코로나 바이러스가 전 세계를 덮치면서 사람들은 여행을 가지 못하고 집에서 오랜 시간을 머물러야 했다. 못가는 여행지로 가고 싶어서 랜선 여행으로 대신하는 경우도 발생하고 있다. 쉽게 해외여행을 갈 수 있는 시대에서 갑자기 바이러스로 인해 개인 간의 접촉 자체를 막아야 하는 시기가 발생하면서 여행 수요는 90%이상 줄어들었다. 그렇지만 일을 해야 하고 회의도 해야 하니 디지털 기술을 활용한 원격 화상회의, 원격 수업, 재택근무를 하면서 평상시에 일을 하는 경우에 효율성을 떨어뜨릴 것이라는 이야기를 했지만 코로나 바이러스로 인해 실제로 해보니 효율성이 떨어지지 않더라는 결과가 나왔다. 코로나 19가 백신 개발로 종료되더라도 일을 하는 방식이나 생활의 패턴이 디지털 기술을 활용하여 일을 할 수 있게 될 것이다.

그렇다면, 미래에 코로나 바이러스로 인해 바뀌어야 하는 여행은 무엇일까? 패키지 상품 여행은 단시간에 많은 관광지를 보고 가이드가 압축하여 필요한 내용을 설명하고 먹고 다니다가 여행이 끝이 난다. 하지만 디지털 기술로 재택근무가 가능하여 장소의 제약이 줄어든다면 어디서 여행을 하든지 상관없어진다. 그러므로 한 달 살기가 코로나 바이러스의 팬데믹 현상 이후에 발전되는 여행의 형태가 될 수 있다.

어떤 선택을 했을 때 포기한 것들 중에서 가장 좋은 한 가지의 가치를 기회비용이라고 한다. 내가 포기했던 학점이 해외여행의 기회비용인 것이다. 아르바이트를 해서 해외로 여행을 다녀온다면, 여행을 다녀오기 위해 포기하는 것들이 생긴다. 예를 들어 아르바이트를 하는 시간, 학점 등이 여행의 기회비용이 된다.

만약 20대 직장인이 200만 원짜리 유럽여행상품으로 여행을 간다고 하자. 이 직장인은 200만원을 모아서 은행에 적금을 부었다면 은행에서 받는 이자수입이 있었을 것이다. 연리12%(계산의 편의상 적용)라면 200만원 유럽여행으로 한단동안 2만 원의 이자수입이 없어진 셈이다. 이 2만원이 기회비용이라는 것이다.

여행을 하면서도 우리는 기회비용이라는 경제행동을 한다. 그러니 코로나 바이러스 이후에 한 달 살기를 하면서 우리가 포기한 기회비용보다 더욱 많은 것을 얻도록 노력해야 하겠다고 생각할 수도 있다. 우리가 대개 여행을 하면서 포기하게 되는 기회비용은 여행기간 동안 벌 수 있는 '돈'과 다른 무언가를 할 수 있는 '시간'이 대표적이다.

하지만 좀 바꾸어 생각해보면 여행의 무형적인 요소로, 한 번의 여행으로 내 인생이 달라진다면, 포기한 돈(여기서 기회비용)은 싼 가격으로 책정될 수 있지만 여행에서 얻은 것이 없다면 비싼 가격으로 매겨질 수 있다.

일반적으로 구입하는 물품에 감가상각이라는 것이 있지만, 한 번 다녀온 한 달 살기 여행이 자신의 인생에서 평생 동안 도움이 된다면 감가상각기간이 평생이기 때문에 감가상각 비용은 거의 발생하지 않는다. 그리고 여행으로 인생이 바뀌었다면, 여행으로 받은 이익이 매우 크기 때문에 기회비용은 이익에 비해 무료로 계산될 수도 있다. 200만원으로 다녀온 한 달 살기 여행이, 그때 소요된 200만원이 전혀 아깝지 않을 정도의 여행이었다면 되는 것이다.

같은 건물을 봐도, 모두 다 다른 생각을 하고, 같은 길을 걸어도 저마다 드는 생각은 다른 것처럼, 여행을 통해 얻을 수 있는 기회비용대비 최고의 가치도 각자 다르다. 지금의 나에게 있어 최저의 기회비용을 가지는 최고의 여행은 어떤 것일까? 한 달 살기처럼 새로운 여행형태는 계속 생겨날 것이다. 왜냐하면 우리는 여행을 계속 할 거니까.

한 달 살기는 삶의 미니멀리즘이다.

요즈음 한 달 살기가 늘어나면서 뜨는 여행의 방식이 아니라 하나의 여행 트렌드로 자리를 잡고 있다. 한 달 살기는 다시 말해 장기여행을 한 도시에서 머물면서 새로운 곳에서 삶을 살아보는 것이다. 삶에 지치거나 지루해지고 권태로울 때 새로운 곳에서 쉽게 다시 삶을 살아보는 것이다. 즉 지금까지의 인생을 돌아보면서 작게 자신을 돌아보고 한 달 후 일상으로 돌아와 인생을 잘 살아보려는 행동의 방식일 수 있다.

삶을 작게 만들어 새로 살아보고 일상에서 필요한 것도 한 달만 살기 위해 짐을 줄여야 하며. 새로운 곳에서 새로운 사람들과의 만남을 통해서 작게나마 자신을 돌아보는 미니멀리즘인 곳이다. 집 안의 불필요한 짐을 줄이고 단조롭게 만드는 미니멀리즘이 여행으로 들어와 새로운 여행이 아닌 작은 삶을 떼어내 새로운 장소로 옮겨와 살아보면서 현재 익숙해진 삶을 돌아보게 된다.

다른 사람들과 만나고 새로운 일상이 펼쳐지면서 새로운 일들이 생겨나고 새로운 일들은 예전과 다르게 어떻다는 생각을 하게 되면 왜 그때는 그렇게 행동을 했을 지 생각을 해보게 된다. 한 달 살기에서는 일을 하지 않으니 자신을 새로운 삶에서 생각해보는 시간이 늘어나게 된다.

그래서 부담없이 지내야 하기 때문에 물가가 저렴해 생활에 지장이 없어야 하고 위험을 느끼지 않으면서 지내야 편안해지기 때문에 안전한 태국의 치앙마이나 방콕, 푸켓, 끄라비 등을 선호하게 된다. 그렇지만 나는 런던에서 무료로 체험할 수 있는 곳에서 이것저것 보면서 느껴지는 것이 많았던 런던 한 달 살기가 좋았다.

외국인에게 개방된 나라가 새로운 만남이 많으므로 외국인에게 적대감이 없는 태국이나, 한국인에게 호감을 가지고 있는 베트남이 선택되게 된다.
새로운 음식도 매일 먹어야 하므로 내가 매일 먹는 음식과 크게 동떨어지기보다 비슷한 곳이 편안하다. 또한 대한민국의 음식들을 마음만 먹는 다면 쉽고 간편하게 먹을 수 있는 곳이 더 선호될 수 있다.

삶을 단조롭게 살아가기 위해서 바쁘게 돌아가는 대도시보다 소도시를 선호하게 되고 현대적인 도시보다는 옛 정취가 남아있는 그늑한 분위기의 도시를 선호하게 된다. 그러면서도 쉽게 맛있는 음식을 다양하게 먹을 수 있는 식도락이 있는 도시를 선호하게 된다.

그렇게 한 달 살기에서 가장 핫하게 선택된 도시는 태국 북부의 치앙마이와 남부의 푸켓, 끄라비 등이 많지만 세계에서 문화를 선도하고 있는 런던에서 살아보는 것도 추천한다. 굉장히 높은 물가로 런던에서 살기는 힘들지만 안전한 치안, 세계 최강대국으로 자리매김했던 런던의 건축물부터 문화까지가 중요한 선택사항이다.

경험의 시대

소유보다 경험이 중요해졌다. '라이프 스트리머Life Streamer'라고 하여 인생도 그렇게 산다. 스트리밍 할 수 있는 나의 경험이 중요하다. 삶의 가치를 소유에 두는 것이 아니라 경험에 두기 때문이다.

예전의 여행은 한번 나가서 누구에게 자랑하는 도구 중의 하나였다. 그런데 세상은 바뀌어 원하기만 하면 누구나 해외여행을 떠날 수 있는 세상이 되었다. 여행도 풍요 속에서 어디를 갈지 고를 것인가가 굉장히 중요한 세상이 되었다. 나의 선택이 중요해지고 내가 어떤 가치관을 가지고 여행을 떠나느냐가 중요해졌다.

개개인의 욕구를 충족시켜주기 위해서는 개개인을 위한 맞춤형 기술이 주가 되고, 사람들은 개개인에게 최적화된 형태로 첨단기술과 개인이 하고 싶은 경험이 연결될 것이다. 경험에서 가장 하고 싶어 하는 것은 여행이다. 그러므로 여행을 도와주는 각종 여행의 기술과 정보가 늘어나고 생활화 될 것이다.

세상을 둘러싼 이야기, 공간, 느낌, 경험, 당신이 여행하는 곳에 관한 경험을 제공한다. 당신이 여행지를 돌아다닐 때 자신이 아는 것들에 대한 것만 보이는 경향이 있다. 그런데 가

끔씩 새로운 것들이 보이기 시작한다. 이때부터 내 안의 호기심이 발동되면서 나 안의 호기심을 발산시키면서 여행이 재미있고 다시 일상으로 돌아올 나를 달라지게 만든다. 나를 찾아가는 공간이 바뀌면 내가 달라진다. 내가 새로운 공간에 적응해야 하기 때문이다. 여행은 새로운 공간으로 나를 이동하여 새로운 경험을 느끼게 해준다. 그러면서 우연한 만남을 기대하게 하는 만들어주는 것이 여행이다.

당신이 만약 여행지를 가면 현지인들을 볼 수 있고 단지 보는 것만으로도 그들의 취향이 당신의 취향과 같을지 다를지를 생각할 수 있다. 세계는 서로 조화되고 당신이 그걸 봤을 때 "나는 이곳을 여행하고 싶어 아니면 다른 여행지를 가고 싶어"라고 생각할 수 있다. 여행지에 가면 세상을 알고 싶고 이야기를 알고 싶은 유혹에 빠지는 마음이 더 강해진다. 우리는 적절한 때에 적절한 여행지를 가서 볼 필요가 있다. 만약 적절한 시기에 적절한 여행지를 만난다면 사람의 인생이 달라질 수도 있다.

여행지에서는 누구든 세상에 깊이 빠져들게 될 것이다. 전 세계 모든 여행지는 사람과 문화를 공유하는 기능이 있다. 누구나 여행지를 갈 수 있다. 막을 수가 없다. 누구나 와서 어떤 여행지든 느끼고 갈 수 있다는 것, 여행하고 나서 자신의 생각을 바꿀 수 있다는 것이 중요하다. 그래서 여행은 건강하게 살아가도록 유지하는 데 필수적이다. 여행지는 여행자에게 나눠주는 로컬만의 문화가 핵심이다.

또 하나의 공간, 새로운 삶을 향한 한 달 살기

"여행은 숨을 멎게 하는 모험이자 삶에 대한 심오한 성찰이다"

한 달 살기는 여행지에서 마음을 담아낸 체험을 여행자에게 선사한다. 한 달 살기는 출발하기는 힘들어도 일단 출발하면 간단하고 명쾌해진다. 도시에 이동하여 바쁘게 여행을 하는 것이 아니고 살아보는 것이다. 재택근무가 활성화되면 더 이상 출근하지 않고 전 세계 어디에서나 일을 할 수 있는 세상이 열린다. 새로운 도시로 가면 생생하고 새로운 충전을 받아 힐링Healing이 된다. 스코틀랜드의 한 달 살기에 빠진 것은 에든버러를 찾았을 때, 느긋하게 즐기면서도 저렴한 물가에 마음마저 편안해지는 것에 매료되게 되었다.

무한경쟁에 내몰린 우리는 마음을 자연스럽게 닫았을지 모른다. 그래서 천천히 사색하는 한 달 살기에서 더 열린 마음이 될지도 모른다. 삶에서 가장 중요한 것은 행복한 것이다.

뜻하지 않게 사람들에게 받는 사랑과 도움이 자연스럽게 마음을 열게 만든다. 하루하루가 모여 나의 마음도 단단해지는 곳이라고 생각한다.

인공지능시대에 길가에 인간의 소망을 담아 돌을 올리는 것은 인간미를 느끼게 한다. 한 달 살기를 하면서 도시의 구석구석 걷기만 하니 가장 고생하는 것은 몸의 가장 밑에 있는 발이다. 걷고 자고 먹고 이처럼 규칙적인 생활을 했던 곳이 언제였던가? 규칙적인 생활에도 용기가 필요했나보다.

한 달 살기 위에서는 매일 용기가 필요하다. 용기가 하루하루 쌓여 내가 강해지는 곳이 느껴진다. 고독이 쌓여 나를 위한 생각이 많아지고 자신을 비춰볼 수 있다. 현대의 인간의 삶은 사막 같은 삶이 아닐까? 이때 나는 전 세계의 아름다운 도시를 생각했다. 인간에게 힘든 삶을 제공하는 현대 사회에서 천천히 도시를 음미할 수 있는 한 달 살기가 사람들을 매료시키고 있다.

한 달 살기의 대중화

코로나 바이러스의 팬데믹 이후의 여행은 단순 방문이 아닌, '살아보는' 형태의 경험으로 변화할 것이다. 만약 코로나19가 지나간 후 우리의 삶에 어떤 변화가 다가올 것인가?

코로나 바이러스 팬데믹 이후에도 우리는 여행을 할 것이다. 여행을 하지 않고 살아갈 수 있는 사회로 돌아가지는 않는다. 이런 흐름에 따라 여행할 수 있도록, 대규모로 가이드와 함께 관광지를 보고 돌아가는 패키지 중심의 여행은 개인들이 현지 중심의 경험을 제공할 수 있는 다양한 방식의 여행이 활성화될 수 있다. 많은 사람이 '살아보기'를 선호하는 지역의 현지인들과 함께 다양한 액티비티가 확대되고 있다. 코로나19로 인해 국가 간 이동성이 위축되고 여행 산업 전체가 지금까지와 다른 형태로 재편될 것이지만 역설적으로 여행 산업에는 새로운 성장의 기회가 될 수 있다.

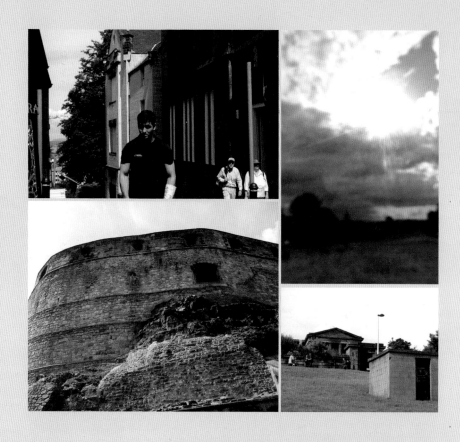

코로나 바이러스가 지나간 이후에는 지금도 가속화된 디지털 혁신을 통한 변화를 통해 우리의 삶에서 시·공간의 제약이 급격히 사라질 것이다. 디지털 유목민이라고 불리는 '디지털 노마드'의 삶이 코로나 이후에는 사람들의 삶 속에 쉽게 다가올 수 있다. 재택근무가 활성화되는 코로나 이후의 현장의 상황을 여행으로 적용하면 '한 달 살기' 등 원하는 지역에서 단순 여행이 아닌 현지를 경험하며 내가 원하는 지역이서 '살아보는' 여행이 많아질 수 있다. 여행이 현지의 삶을 경험하는 여행으로 변화할 것이라는 분석도 상당히 설득력이 생긴다.

결국 우리 앞으로 다가온 미래의 여행은 4차 산업혁명에서 주역이 되는 디지털 기술이 삶에 밀접하게 다가오는 원격 기술과 5G 인프라를 통한 디지털 삶이 우리에게 익숙하게 가속화되면서 균형화된 일과 삶을 추구하고 그런 생활을 살면서 여행하는 맞춤형 여행 서비스가 새로 생겨날 수 있다. 그 속에 한 달 살기도 새로운 변화를 가질 것이다.

Edinburgh

에든버러

런던공항에서 나와 처음 해야 할 일

1. 도착하면 관광안내소(Information Center)를 가자.

어느 도시이든지 도착하면 해당 도시의 지도를 얻기 위해 관광안내소를 찾는 것이 좋다. 공항에 나오면 중앙에 크게 ']'라는 글자와 함께 보인다. 환전소를 잘 몰라도 문의하면 친절하게 알려준다. 방문기간에 이벤트나 변화, 각종 할인쿠폰이 관광안내소에 비치되어 있을 수 있다.

2. 심카드나 무제한 데이터를 활용하자.

공항에서 시내로 이동을 할 때 버스, 기차, 택시를 이용해 시내로 들어갈 수 있다. 택시라면 숙소 앞까지 데려다 주겠지만 버스와 기차는 숙소 근처의 역에서 내리게 된다. 숙소를 찾아가는 경우에도 구글맵이 있으면 쉽게 숙소도 찾을 수 있어서 스마트폰의 필요한 정보를 활용하려면 데이터가 필요하다. 심카드를 사용하는 것은 매우 쉽다.

매장에 가서 스마트폰을 보여주고 데이터의 크기만 선택하면 매장의 직원이 알아서 다 갈아 끼우고 문자도 확인하여 이상이 없으면 돈을 받는다. 공항에서 심카드를 끼워 사용이 가능하면 효율적이다.

3. 영국의 파운드(£)로 환전해야 한다.

공항에서 시내로 이동하려고 할 때 버스를 가장 많이 이용한다. 이때부터 파운드(£)가 필요하다. 한국에서 영국의 파운드로 환전해 오면 상관없지만 환전을 안 했다면 공항에서 필요한 돈을 환전하여 가고 전체 금액을 환전하기 싫다고 해도 일부는 환전해야 한다. 시내 환전소에서 환전하는 것이 더 저렴하다는 이야기도 있지만 금액이 크지 않을 때에는 큰 금액의 차이가 없다.

4. 에든버러로 이동하는 방법을 반드시 먼저 확인하자.

에든버러로 빨리 이동하려면 항공이나 기차로 이동해야 한다. 런던에 도착하는 시간과 런던에서 에든버러까지 이동하는 저가항공의 시간을 맞춰 예약하면 편리하고 시간을 절약할 수 있다. 국제선의 대부분은 히드로 공항 Heathrow에 도착하지만 이지젯Easy Jet 이나 라이언 에어Ryan Air같은 저가항

공은 공항이 다른 공항인 경우가 많다.

비용이 조금 더 비싸더라도 같은 히드로 공항Heathrow에서 항공을 이용하는 것이 좋다. 하지만 비용이 저렴하기를 원하는 여행자는 다른 공항을 이용하는 저가항공을 이용하려면 히드로 공항에서 각 공항으로 이동하는 버스를 타고 이동해야 한다.

런던에서 에든버러로 이동하는 방법

1. 히드로(Haathrow) 공항에서 저가항공 탑승

에든버러로 빨리 이동하려면 런던에 도착하는 시간과 런던에서 에든버러까지 이동하는 저가항공의 시간을 맞춰 예약하면 편리하고 시간을 절약할 수 있다. 국제선의 대부분은 히드로(Heathrow) 공항에 도착하지만 이지젯(Easy Jet)이나 라이언 에어(Ryan Air)같은 저가항공은 다른 공항인 경우가 많다. 비용이 조금 더 비싸더라도 같은 히드로 공항에서 항공을 이용하는 것이 좋다.

2. 히드로 공항에서 다른 런던 공항 이용

비용이 저렴하기를 원하는 여행자는 런던의 다른 공항을 이용하는 저가항공을 이용하는 여행자라면 히드로 공항에서 각 공항으로 이동하는 버스를 타고 이동해야 한다. 그래서 여행자는 런던여행도 하고 에든버러로 이동하려는 경우도 상당히 많다. 그렇다면 시내로 이동해 런던여행을 하고 저가항공이 주로 이용하는 게트윅(Gatwick), 루튼(Luton)이나 스탠스테드(Stansted)로 이동하면 된다.

3. 기차로 에든버러로 이동

런던여행을 하고 에든버러로 이동하려는 여행자가 기차를 타고 에든버러로 이동한다면 런던 시내의 킹스크로스 역에서 출발해 약4시간~ 4시간 30분 정도 소요되어 에든버러 시내에 도착한다.

킹스크로스 역

기차 vs 저가항공 비용

여행자의 대부분은 저가항공이 기차보다 저렴하고 이동시간도 절약이 된다고 생각하지만 전체 경비와 시간을 체크할 필요가 있다. 공항에서 버스로 이동해 시내로 이동할 때 비용이 저가항공을 이용한다면 포함되어야 하지만 기차로 이동한다면 런던 시내로 이동하는 킹스크로스역 시내교통비를 제외하면 에든버러 기차역에서 시내는 걸어서 이동하면 될 정도로 가깝다. 그러므로 공항으로 이동하는 공항버스비용이 절약된다. 저가항공은 1. 런던 시내에서 공항으로 이동하는 익스프레스나 버스비용과 2. 저가항공비용, 3. 에든버러 공항에서 시내로 이동하는 버스 비용을 모두 포함해 기차비용과 비교해야 한다.

에든버러 IN

에든버러로 비행기와 기차로 이동이 가능하다. 에든버러는 런던에서 비행기로 1시간 15분, 버스로 8시간, 기차는 4시간 정도 소요된다. 저가항공인 이지젯과 라이언에어를 저렴하게 구입했다면 항공이 런던에서 경유해 에든버러로 이동하는 것이 가장 유리하다. 하지만 스코틀랜드와 런던을 동시에 여행하고 싶다면 기차를 추천한다.

1시간 15분 소요되는 비행기는 공항까지의 이동시간과 대기시간 등을 고려하면 기차와 시간차이가 나지 않고 3일 패스권을 구입하면 에든버러뿐만 아니라 근처의 글래스고와 다른 도시까지 동시에 여행할 수 있는 패스권이 저렴하다. 인천에서 런던을 거쳐 가는 것이 아니라면 기차가 편리하다. 기차는 런던 킹스크로스 역에서 에든버러역에 도착할 수 있다.

비행기
우리나라에서 스코틀랜드 에든버러까지 직항으로 운항하는 비행기는 없다. 대한항공이 매일 1회, 아시아나항공이 주 5회, 영국항공이 매일 1회 인천~런던 구간 직항을 운항하고 있다. (비행시간 약 12시간) 유럽 내에의 어느 도시에서든 갈 수

있지만 우리나라에서는 런던을 통해 이동해야 한다. 가장 쉽게 갈 수 있는 방법은 영국 항공을 타고 런던을 통해 경유하는 방법이다.

히드로공항Heathrow Airport, 개트윅공항 Gatwick Airport, 글래스고공항Glasgow Airport, 사우샘프턴공항Southampton Airport 등을 통해 저가 항공이 운항하고 있다.

> 히드로, 개트윅, 스텐스테드, 루턴 각 공 항~에든버러 공항 ➜ 약 1시간 20분
> ※ 공항에서 시내는 에어링크 버스로 약 25분

에든버러 공항

에든버러(Edinburgh / 약어 EDI) 턴하우스(Turnhouse)에서 서쪽 13Km 지점에 있는 국제공항이다 글래스고에서 에든버러로 이어지는 M8 고속도로, A8 도로를 타면 공항까지 쉽게 갈 수 있다. 글래스고 공항에 이어 2번째, 영국에서는 8번째로 큰 공항이니 규모는 작은 편이다.

1915년 왕립 공군 비행장으로 건립되었으며, 2차 대전 이후인 1947년부터 상업용 공항으로 용도가 변경되었다. 1977년 영국 공항공단 소유로 민영화되면서 본격적인 국제공항으로 성장하기 시작했다. 2층 건물의 여객터미널과 화물터미널, 2,556m×46m 규모의 활주로, 57m 높이의 항공관제탑 등의 시설을 갖추었다. 2017년 기준 연간 탑승객 수는 9,596,715명, 항공기 이

동량 108,997건이며, 80여개의 노선이 운항하고 있다.

기차

런던 킹스크로스 역에서 에든버러 역까지는 특급기차를 이용하거나 저가항공편을 이용해 에든버러로 갈 수 있다.

런던의 킹스크로스Kings Cross 역에서 10시 정도에 기차를 타고 약 4시간 40분 정도를 지나면 에든버러 웨이버리Waverly 역에 도착한다. 에든버러 숙소는 되도록 기차역과 가까운 곳에 위치하는 지 확인하는 것이 좋다.

런던 킹스 크로스 역 ~에든버러 웨벌리 역 → 4시간 10~50분 (토/일요일은 4시간 40분~5시간) → 보통 30분마다 운행

비행기는 빠르지만 기다리는 시간을 계산하면 비슷하고 편하고 안락함.

스코틀랜드 여행을 위한 철도패스

스코티시 프리덤 패스 (스코틀랜드 전 지역의 국철 무제한 이용가능)
▶기간 : 8일 내 4일, 15일 내 8일 선택 가능
▶가격 : 성인, 어린이 요금(2등석)

센트럴 스코틀랜드 패스
(에든버러, 글래스고, 퀸 스트리트, 노스베릭, 배스게이트, 던블레인, 브리지 오브 앨런, 스털링, 더 파이프 서클, 마킨치, 폴커크와 모든 중간 역에서 사용 가능)
▶기간 : 7일 내 3일 선택 가능
▶가격 : 성인, 어린이 요금(2등석)

영국 철도 패스

영국 철도 패스는 북아일랜드를 제외하고 영국의 어디에서나 사용이 가능하고 국철은 무제한 이용이 가능하여 편리하다.(잉글랜드, 웨일스, 스코틀랜드) 기간은 3, 4, 8, 15, 22일의 패스가 있지만 대체로 3, 4일권을 가지면 에든버러에서 스코틀랜드의 각 도시를 빠르게 여행할 때 편리하게 이용할 수 있다. 또한 1개월 연속패스도 있어서 사용할 수 있다. (2개월 내 3, 4, 8, 15일 선택 가능)

▶**가격 성인, 어린이, 유스, 경로, 그룹별 요금(1, 2등석)**
(환불은 발권 후 6개월 이내에 미사용하면 환불이 가능하다. 단 15%의 수수료가 부과되며 패스에 여권번호나 날짜 미기재 시에만 가능하다. 환불 신청은 반드시 원본 패스나 티켓을 발권한 곳에 반납해야 가능하며, 분실 또는 도난 시에도 환불이나 교환이 불가능하다.

잉글랜드 패스 (잉글랜드 국철 무제한 이용가능)
▶기간 : 3, 4, 8, 15, 22일, 1개월 연속 사용 (2개월 내 3, 4, 8, 15일 선택 가능)
▶가격 : 성인, 어린이, 유스, 경로, 그룹별 요금(1, 2등석)

런던 플러스 패스 (런던 포함 잉글랜드 남동부 지역 국철 무제한 이용가능)
▶기간 : 8일 내 2, 4일, 15일 내 7일 선택 가능
▶가격 : 성인, 어린이 요금(1, 2등석)

영국 철도 패스+아일랜드 (잉글랜드, 웨일스, 스코틀랜드, 아일랜드의 국철 무제한 이용가능)
▶기간 : 1개월 내 5, 10일 선택 가능
▶가격 : 성인, 어린이 요금(1, 2등석)

코치 버스

런던에서 출발하는 야간 버스를 이용할 수도 있으나 10시간 이상 소요되어 야간 버스를 타고 에든버러에 아침에 도착하게 되는데 영국의 유학생들이 저렴하게 에든버러를 여행하기 위해 주로 사용하는 방법이다. 하지만 피로가 많이 쌓이는

런던 빅토리아 코치 정류장~에든버러 버스 정류장 ➜ 약 8시간 40분(야간버스) 또는 9시간 40분 ➜ 1일 2편 운행(그 중 1편은 야간운행)

단점이 있다. 버스보다는 기차를 사용하는 방법을 추천한다.

스코틀랜드의 다른 도시에서 IN

기차로 글래스고 가기 에든버러행 기차표가 있으면 무료입니다.

▶에든버러 웨벌리 역~글래스고 퀸 스트리트 역 ➜ 약 50분(15분 간격으로 운행)

▶버스 에든버러~퍼스 경유~인버네스(스코티시 시티 링크) ➜ 약 4시간(쾌속버스) 〉1 일 8편 (10~5월은 4편 운행)

관광안내소

시내와 스코틀랜드 각지의 정보를 소개하며, 각지로의 버스투어도 이곳에서 신청할 수 있다. 시내를 도는 승하차 자유 관광버스의 승차장은 관광안내소 옆인 웨벌리 브리지에서 발착한다. 공항 행 에어포트 버스 승차장도 같은 다리 위에 있다.

공항에서 시내 IN

공항버스

공항 출구로 나가면 바로 앞에 에어 링크 공항버스가 보인다. 24시간 운행하기 때문에 저가항공을 타고 에든버러로 오는 관광객이 편하게 이용이 가능하다.

매 10분마다 이동하며 편도 7파운드이다. 공항버스가 상당히 크고 좌석도 커서 편하다. 에든버러 시내의 기차역이 웨이버리Waverly 역에서 내려 숙소로 이동하면 된다.

▶전화 : +44 131 554 4494
▶홈페이지 : www.lothianbuses.co.uk

트램(Trams)
공항에서 에든버러 시내의 프린세스 스트리트까지 이동하는 편리한 교통수단으

로 30분정도면 도착할 수 있다.

출, 퇴근 시간대에 공항으로 이동하려면 교통체증과 상관없는 트램을 타는 것이 좋은 방법이다. 편도 성인 5.5파운드(왕복 8.5파운드)

에든버러 교통카드, 라이다카드Ridacard

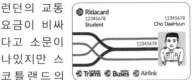

런던의 교통 요금이 비싸다고 소문이 나있지만 스코틀랜드의 에든버러도 교통 요금이 저렴하지 않다. 그래서 에든버러 시민들은 우리나라의 교통카드 같은 라이다카드Ridacard를 만들어 사용한다.

타면 탈수록 절약되는 경제적인 카드이기 때문에 시민들은 만들면 좋지만 여행자는 에든버러의 체류일정에서 교통요금을 어느 정도 사용할지를 미리 판단하여 라이다카드Ridacard를 만들어야 후회하지 않는다.

에든버러 시내 버스인 로디안Lothian 버스의 1회 탑승권은 1.5£. 하루 4번 타면 6£. 3일만 사용해도 1주일 패스 비용과 동일하기 때문에 3일을 기준으로 삼는다.

효율적으로 사용하는 방법

1. 3일 정도 에든버러에 있을 거라면 만드는 것이 좋지만 숙소의 위치가 올드 타운이나 뉴타운이라면 걸어 다녀도 되기 때문에 굳이 만들 필요가 없다. 하지만 로열 마일 거리를 걸어서 다닐 위치가 아니라면 라이다카드를 만드는 것이 좋다.

2. 가장 좋은 방법은 공항에서 라이다 카드를 만들어 시내로 들어오는 전차나 공항Airlink 100번 버스를 타고 들어오는 것이 라이다 카드를 만들었을 때에 가장 효

율적으로 사용하는 방법이다.
3. 카드 발급 후에는 1주일이나 1달 비용으로 충전(Top-up)하여 사용이 가능하다.

요금

1주일 성인요금은 £18 파운드이며, 한 달은 £54 파운드이다. 국제 학생증을 소지하고 있거나 연수를 하고 있는 학생도 학생요금을 적용받아 1주 £15 파운드, 4주 £45 파운드이다.

만드는 장소

웨이버리 역에서 나와 관광안내소 쪽으로 가면 로디안버스 카드 사무실이 있다.

우리나라 주민등록증 같이 생긴 라이다 카드를 만들어주는데, 사진은 현장에서 촬영해준다. 성인 기준 1주일용이 18£, 4주용이 54£다.(카드제작비 3£)

장점

시내버스인 로디안Lothian 버스와 전차 Edinburgh Trams를 무제한으로 탈 수 있는 라이다카드Ridacard는 36개 주간 시내버스 노선과 12개 근교 익스프레스 버스, 12개 야간 버스, 6개 이스트코스트 버스, 공항을 오가는 전차를 무제한 탑승할 수 있다. 시내버스를 이용할 때 현금 준비할 필요가 없어 편하다.

스코틀랜드의 도로 종류

스코틀랜드도 영국처럼 도로가 M, A, B의 3가지로 나누어져 있다. 각 M, A, B의 뒤에 숫자를 붙여 구분하고 있다.

고속도로(M)

고속도로인 M은 무료이기 때문에 쉽게 접근할 수 있다. 최고 속도가 시속 70 마일(112km)이다.

국도(A)

우리나라의 국도에 해당하는 국도는 보통 4차선의 도로로 최고 속도는 시속 70 마일(112km)이고 2차선은 60마일(96km)이다.

소로길(B)

보통 2차선의 좁은 도로를 B로 표시하며 최고 속도는 30마일(48km)이다. 스코틀랜드의 시골길은 대부분 B이다.

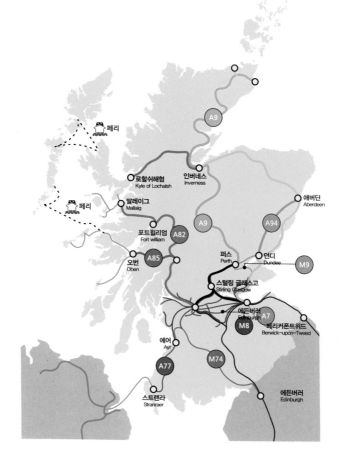

스코틀랜드 렌트카

스코틀랜드에서는 다양한 렌터카 업체들이 영업을 하고 있다. 사전에 예약을 하면 공항에 도착하자마자 공항 내 영업소에서 차량을 빌릴 수 있다. 에든버러를 비롯해 글래스고, 에버딘 등의 도시에는 렌터카 업체들이 데스크를 열고 있다. 미리 예약을 못했다고 공항에 도착해서 각 업체에 문의를 하면 차량을 이용할 수 있다. 물론 성수기에는 예약하지 않으면 차를 빌릴 수 없거나 원하는 차량을 빌리지 못할 수도 있다. 따라서 렌터카는 출발 전에 미리 예약을 해놓는 것이 비용도 저렴하고 안전하다.

대부분 반납과 대여 장소가 같다

스코틀랜드는 글로벌 업체가 아니라도 반납과 대여 장소가 달라도 가능하다. 스코틀랜드는 국토의 면적이 작기 때문에 입국과 출국이 에든버러에서 이루어지는 경우가 많다.

여행일정을 들어오고 나가는 공항이 같으면 공항까지 교통비의 지출이 없고 시간이 절약되기 때문에 여행 일정이 효율적으로 짤 수 있기 때문이다.

주행거리 제한과 보험 확인은 필수

렌트를 할 때 반드시 확인해야 하는 사항이 2가지 있다. 렌터카에 주행거리 제한이 있는가와 보험적용이 되는지 여부이다. 대부분의 나라에서 주행거리 제한 여부에 따라 대여료가 달라지는 경우가 있다.

또 대인 대물만 보험에 포함되고 자차보험은 추가로 들어야 하는 경우도 있다. 따라서 가급적 주행거리 제한이 없고 보험이 모두 적용된 차량을 빌려야 만약에 발생할 수 있는 사고에 대비할 수 있다.

차량의 외관도 꼼꼼하게 확인
현지 렌트카 업체에서 렌트를 하게 되면
차량의 외관도 꼼꼼하게 확인해야 한다.
글로벌 업체들은 약간의 흠집은 차량 반
납할 때에 문제를 삼지 않는데 로컬업체
들은 문제가 될 수 있기 때문에 미리 사
진이나 동영상을 찍어놔야 차량반납이
쉽게 이루어질 수 있다.

로드킬(Roadkill)은 주의하자
스코틀랜드에서 운전을 하면서 밤에는
로드킬이 발생할 수 있다. 특히 에든버러
를 벗어나면 대부분이 숲이 많기 때문에
야생의 환경 그대로 노출되어 야생동물
을 치는 로드킬은 종종 일어난다. 되도록
저녁이후에는 운전을 하지 말고 되도록
서행하면서 운전을 해야 한다.

스코틀랜드의 운전

대한민국과 스코틀랜드의 운전은 다르
다. 스코틀랜드에서 운전하기가 처음에
는 그리 만만치 않다. 우선 차량의 핸들
위치와 도로의 진행 방향이 대한민국과
반대이기도 하지만 그보다 대한민국에서
보기 힘든 양보 정신이 필요하기 때문이
다. 스코틀랜드의 운전시 조심해야 할 사
항을 알아보자.

1. 스코틀랜드에서 처음으로 버스나 택시
를 타면 이상한 점을 발견한다. 자동차의
핸들이 우측에 달렸고 자동차가 중앙선
을 기준으로 좌측통행을 한다. 수십 년간
한국에서 좌측 핸들과 우측통행에 익숙
해진 우리는 어쩐지 어색하다. 차량 운전
석 바퀴가 중앙선을 밟고 간다는 생각을
가지고 운전하면 금새 익숙해질 것이다.

2. 자동차의 편의장치를 조작하는 방향이
대한민국과 반대로 되어 있어 혼선을 빚
는 경우가 다반사다. 가장 대표적인 것이
방향지시등과 와이퍼이다. 그래서 처음
운전할 때는 방향등을 켜야 하는데 와이
퍼를 작동시키는 실수를 많이 한다. 수동
변속기를 대부분 사용하는 스코틀랜드는
기어를 왼손으로 조작해야 하는 것도 낯
설다.

3. 큰 도로에서 폭이 좁은 도로로 진입할
때 우회전하려면 반대편에서 좌회전하는
차가 먼저 진입해야 하는 규정이 있다. 즉
우회전 차항이 양보를 해야 한다. 에든버
러는 출퇴근 시간에 교통 체증이 조금 있
지만 그 외에는 그리 붐비지 않는다. 대부
분의 시내 도로는 구릉으로 이루어져 오

르막과 내리막이 많은 편이고 좁고 굽은 도로들이 많아서 시내에서는 운전에 조심해야 한다.

4. 시내에서 우리나라 운전자들은 좌우 회전할 때 방향 지시등을 켜지 않는 운전자가 있는데 이곳에서는 좌우 회전할 때 방향 지시등을 켜지 않으면 경찰에 단속 당하기 쉽다.

5. 이면 도로 네거리를 통과할 때는 정지한 후 좌우를 살피고 진행해야 하지만 진

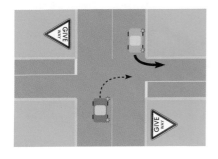

행하던 도로 바닥에 정지선이 없으면 정차하지 않고 바로 주행해야 한다. 만약 일시정지를 하면 큰 사고로 이어지거나 뒤따라오는 차에게 방해를 줄 수 있다. 이것은 차가 많이 다니는 번잡한 도로에 우선적으로 차량을 통행하게 하기 위하여 정한 규칙이다. 그리고 주거 지역의 제한속도는 별로의 표지판이 없는 한 시속 50㎞이다.

6. 시내를 벗어나면 100㎞로 달릴 수 있다. 하지만 곡선 부분을 통과할 때 노란색으로 70, 80, 90㎞ 등이 표시되어 있으면 속도를 지키지 않아서 벌금을 물겠지만 이보다는 과속을 하다가 차가 바깥으로 튕겨 나갈 위험이 있으므로 가급적이면 안전 속도를 지키라는 것이다.

7. 시골로 가면 가끔 1차선 교량을 만난다. 요즈음은 이런 곳에 신호등이 설치되어 그나마 불편함이 줄어들었지만 어떤

곳에서는 안내판을 보고 진행해야 한다. 전방의 안내판에 적색 화살표가 보인다면 일단 양보를 해야 하고 청색 화살표가 크게 보이면 그대로 직진해도 된다.

8. 차량 탑승자는 앞좌석이든 뒷좌석이든 반드시 전원이 안전벨트를 착용해야 하며 음주 운전은 절대 허용되지 않는다. 스코틀랜드의 도시를 벗어나면 겨울은 생각보다 춥기 때문에 그늘진 곳에는 빙판이 있을 수 있으니 조심해야 한다.

9. 시골길을 달리면 가끔 가축을 만나는데 이때는 지나갈 때까지 기다리는 것이 안전하다. 특히 야간에는 야생동물이 지나가기도 하므로 더욱 주의를 해야 한다.

10. 시골로 가서 주유소가 보이면 기름을 넣는 것이 좋고 화장실이 보이면 들어가서 볼일을 보는 것이 좋다. 왜냐하면 지도에 표시가 되어 있어도 막상 가보면 주유소가 없거나 있다고 해도 무인주유소이거나 오후에 문을 닫은 곳도 있다.

라운드 어바웃Round About인 회전교차로

차를 타고 스코틀랜드를 다니다 보면 도로에서 생소하기도 하지만 많이 접하는 교통 시설이 라운드 어바웃Round About이다. 이것을 우리말로 '회전교차로'라고 하는데 우리나라도 최근에 회전교차로를 도입하고 있다. 라운드 어바웃Round About의 가장 큰 장점은 신호등이 없지만 차가 물 흐르듯이 흐른다는 점이다.

나보다 먼저 로터리에 도착하거나 진입하는 차에게 통행의 우선권을 주는 것이

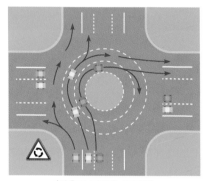

〈라운드 어바웃 구조도〉

다. 하지만 반드시 지켜야 하는 규칙이 있다. 네거리 쪽으로 진입할 때 나의 오른쪽 도로에서 차가 보이는 내 차는 무조건 정지하여 그 차가 먼저 지나갈 수 있도록 양보해야 한다. 반면에 내가 라운드 어바웃Round About으로 가까이 다가가고 있다면 나의 왼쪽에서 차가 정지하고 내가 지나갈 때까지 기다려야 한다.

만약 라운드 어바웃Round About이 없다면 4거리 주변에 신호등을 최소한 4∼6개 설치해야 할 뿐만 아니라 차가 없는데도 신호등 때문에 멈춰 서 있어야 하는 불편함이 따른다. 사거리에 진입할 때 좌우를 살피면서 머뭇거리든가 이리저리 눈치를 보면서 진입해야 한다. 그러다가 교통사고라도 나면 정말 난처하다.

우측핸들이 된 이유는?

자동차가 생기기 전 영국에서는 마차를 타고 다녔는데, 이때 마부는 말고삐와 채찍을 흔들면서 운행하였다. 대부분의 사람들이 오른손잡이였기 때문에 마부 역시 채찍을 오른손에 들고 있었다. 오른손에 채찍을 들고 흔들 때 마부는 말을 기준으로 우측으로 앉아야 채찍이 뒷좌석의 승객의 몸에 맞지 않는다. 그래서 영국에서는 자동차의 핸들이 자연스럽게 오른쪽에 위치하게 된 것이라고 한다.

또한 좁은 도로에서 마차끼리 서로 교차하거나 추월할 때 좌측통행이 편리했다는 설도 있다. 허리에 칼을 찬 기사들도 대부분이 오른손잡이이기 때문에 칼을 왼쪽 허리에 비스듬히 차게 되는데, 그때 칼끝도 왼쪽으로 튀어나오게 된다. 이때 말을 탄 두 사람이 교차하여 지나갈 때 좌측통행을 하면 칼끝과 칼끝이 서로 부딪치지 않는데 이것이 자동차가 좌측통행하게 된 계기라고 한다.

일본의 경우는 근대화를 거치면서 영국의 교통 체계를 참고하였다는 이야기도 있고 일본 무사들이 칼끝을 서로 부딪치지 않게 하기 위하여 좌측으로 다녔다는 이야기도 있다. 우리나라와 같은 통행 방식인 미국은 마차의 폭이 넓고 두 마리의 말이 끄는 쌍두마차가 많았다고 한다. 이때 두 마리의 말에 채찍질을 하기 위해서는 마부가 왼편에 위치하는 것이 훨씬 편리했다는 것을 왼쪽 핸들의 유래로 보는 견해가 많다.

스코틀랜드의 운전이 어렵지 않은 이유

1. 일부 대도시를 제외하고 통행량이 많지 않아 수월하다.
2. 운전자 간 양보 운전이 생활화돼 있어 외국인도 편안하게 운전할 수 있다.
3. 대부분의 운전자들이 신호 및 교통법규를 철저하게 준수한다.
4. 2일정도만 운전하면 반대 운전이 적응된다.

스코틀랜드의 차들은 사이드 미러를 접는 기능이 거의 없다. 차 뒤에 붙이는 후사경도 거의 사용하지 않는다. 이것은 스코틀랜드가 도로의 폭이나 주차장 등을 여유롭게 설계했기 때문이다. 여유 공간이 많다는 것은 주차 및 운전이 까다롭지 않다는 말이다.

렌트카 예약하기

글로벌 업체 식스트(SixT)

1. 식스트 홈페이지(www.sixt.co.kr)로 들어간다.

2. 좌측에 보면 해외예약이 있다. 해외예약을 클릭한다.

3. Car Reservation에서 여행 날짜별, 장소별로 정해서 선택하고 밑의 Calculate price를 클릭한다.

4. 차량을 선택하라고 나온다. 이때 세 번째 알파벳이 "M"이면 수동이고 "A"이면 오토(자동)이다.

우리나라 사람들은 대부분 오토를 선택한다. 차량에 마우스를 대면 Select Vehicle가 나오는데 클릭을 한다.

5. 차량에 대한 보험을 선택하라고 나오면 보험금액을 보고 선택하고 밑에는 Gravel Protection은 자갈에 대한 차량문제일 때 선택하라는 말이고, 세 번째는 ash and sand로 말 그대로 화산재나 모래로 차량에 문제일 때 선택을 하라는 이야기이다. 선택을하고 넘어간다.이때 세 번째에 나오는 문장은 패스하면 된다.

6. Pay upon arrival은 현지에서 차량을 받을 때 결재한다는 말이고, Pay now

online은 바로 결재한다는 말이니 본인이 원하는 대로 선택하면 된다. 이때 온라인으로 결재하면 5%정도 싸지지만 취소할때는 3일치의 렌트비를 떼고 환불을 받을 수 있다는 것도 알고 선택하자. 다 선택하면 Accept rate and extras를 클릭하고 넘어간다.

7. 세부적인 결재정보를 입력하는데 *가 나와있는 부분만 입력하고 밑의 Book now를 클릭하면 예약번호가 나온다.

8. 예약번호와 가격을 확인하고 인쇄해 가거나 예약번호를 적어가면 된다.

9.이제 다 끝났다. 현지에서 잘 확인하고 차량을 인수하면 된다.

한눈에 파악하는 에든버러

에든버러는 프린세스 스트리트Princess Street, 조지 스트리트George Street, 퀸 스트리트Queen Street의 3개의 완만한 큰 길이 동서로 뻗어 있고, 남북의 도로가 바둑판과 같이 규칙적으로 만들어져 있다. 에든버러에서 가장 중요한 명소 2곳은 에든버러 남동쪽의 251m 높이의 산봉우리인 아더와의 권위라고 부르는 아서스 싯Auther's Seat과 로열마리 거리와 프린세스 스트리트 가든Prencess St. Gardens의 봉우리에 위치한 에든버러 성이다. 웨어버리Waverley 역을 기준으로 올드타운과 뉴타운으로 나뉘게 된다. 건물들은 주로 번화가인 프린세스 스트리트Prencess St. 북쪽에만 제한적으로 들어서 있다.
동쪽 끝에는 칼튼 힐이 파르테논 신전을 본 따 전쟁기념관과 넬슨을 기리는 탑이 들어서 있다. 올드타운의 로열 마일 거리는 성과 궁전을 연결하는 통로로 서쪽의 에든버러 성과 동쪽의 홀리루드하우스 궁전을 연결하는 번화한 거리이다. 버스 터미널은 프린세스 스트리트Prencess St.와 북쪽의 세인트 엔드류 스퀘어St Andrew Sq에 있다.
선로를 따라서 뻗어 있는 남단의 프린세스 스트리트는 스코틀랜드 굴지의 쇼핑 스트리트. 백화점과 대형 상점이 늘어서 있다. 그 북쪽에는 우아한 석조 건물의 집들이 처마를 잇고 늘어서 있다. 여기저기 이름이 난 고급 부티크와 레스토랑, 박물관 등이 산재해 있다.

에든버러의 나눠진 협곡을 경계로 북쪽의 뉴 타운을 새로 건설하였다. 남쪽은 올드 타운으로 분위기는 많이 다르다. 관광을 하면 대부분 에든버러 성 등이 있는 남쪽의 올드 타운에 머무르겠지만, 뉴타운에도 박물관이 많다. 골짜기를 달리는 것은 철도 노선. 중앙역에 있는 웨이버리 역Waverley Station은 거리의 거의 중심이며, 관광안내소도 역에 인접한 웨이버리 브리지 곁에 있다. 다리에서 시내 관광버스도 있고, 신/구 어느 거리로 가더라도 편리한 장소이다.
에든버러의 시내는 북쪽의 바다를 향해서 펼쳐져 있다. 처음 오는 관광객은 볼거리가 로열 마일거리에 몰려있어 도보로 관광이 가능하다. 단, 좁은 장소에도 볼거리가 많아 올드 타운을 다보는 데는 하루가 더 걸릴지도 모른다.

보도블록 & 벤치
차갑고 신선한 공기를 마시며 에든버러 성을 내려와 거리를 걷다 보면 고풍스러운 분위기를 느끼게 된다. 오래된 건물에서 뿐만 아니라 도로에 깔린 보도블록에서도 세월의 흔적이 느껴진다. 광장과 거리 곳곳에는 잠깐 휴식을 하도록 곳곳에 나무 벤치들이 놓여 있어 그 세심함에 기분이 좋아진다.
특이한 것은 고풍스런 도시에 잘 어울리며 소박한 쉼터가 되어 주는 이 나무 벤치마다 이름에 새겨져 있다. 이 벤치들은 정부가 아닌 개인이나 지역 사회 단체로부터 기증을 받은 것들이고, 그 정성을 소중히 여겨 벤치에 그들의 이름을 새기는 영광을 준 것이다. 거리 중간에 놓여 있는 벤치를 보면 마음이 여유로워지고 편해지는 것을 느낀다.

북방의 아테네

18세기 들어 스코틀랜드 계몽주의Scottish Enlightenment가 만개하면서 학문과 문화의 중심지로 거듭나게 된 에든버러Edinburgh는 "북쪽의 아테네"라 불렸다. 아테네와 지형적으로도 닮았으며, 18세기에 계몽과 문화의 도시로 거듭난 에든버러는 "북쪽의 아테네"로 불리게 된다. 18세기 중반부터 시작된 신시가지New Town 개발은 계몽의 도시로서 에든버러의 이미지를 강화하는 데 일조했다.

근대적 시공간에 과거의 유령이 출몰하는 듯한 느낌을 불러일으키는 구시가지와 아름다운 파노라마 조망을 자랑하는 칼튼 힐은 18세기부터 관광의 도시로 떠오른 에든버러에 역설적인 매력을 더한다. 출판 산업의 발달과 독서대중의 형성으로 에든버러에서는 18세기 스코틀랜드 계몽주의가 만개한다. 18세기 중반부터 시작된 신시가지 개발은 계몽의 도시로서 에든버러의 이미지를 더욱 강화한다.

스톡브리지
Stockbridge
(일요일마켓운영)

뉴타운

퀸스 스트리트(Queen's St)

세인트 제임스 쇼핑센터
St. James Shopping center

La P'tite Folle

프린스 백패커스
Venue Night Club

조지안 하우스
Georgean House

조지 스트리트(George St)

토마스 쿡

작가박물관
The Writers' Museum

스콧 기념탑
Scott

빌리지
ean Village

로즈 스트리트(Rose St)

Waverley Station

American Express

프린스 스트리트 가든

투어버스 출발역

존 눅스 하
John Knocks He

국립 현대 갤러리
National Modern Gallery

로열 마일 백패커스

작가박물관
The Writers' Museum

세인트 자일스 대성당
St. Giles Cathedral

Edinburgh
Castle

글래드스톤스 랜드
Gladstones Land

카우 게이트 (Cowgate)

사우스 브릿지(South Bridge)

Mamm's Pizza

Baracoa

존스톤 Johnstone Ristorante Gennaro

디 엘리펀트 하우스
The Elephant House

에든버러 자전거 다

그라스 마켓 (Grass Market)

충견 보비동상
Negociants

Khush

에든버러 공동묘지
Greyfriors Kirkyord

Kebab Ma

Susie's
Wholefood

트린 브릿지
ourtain Bridge

국립박물관

작가박물관

국립갤러리

국회의사당

SCOTTISH NATIONAL GALLERY

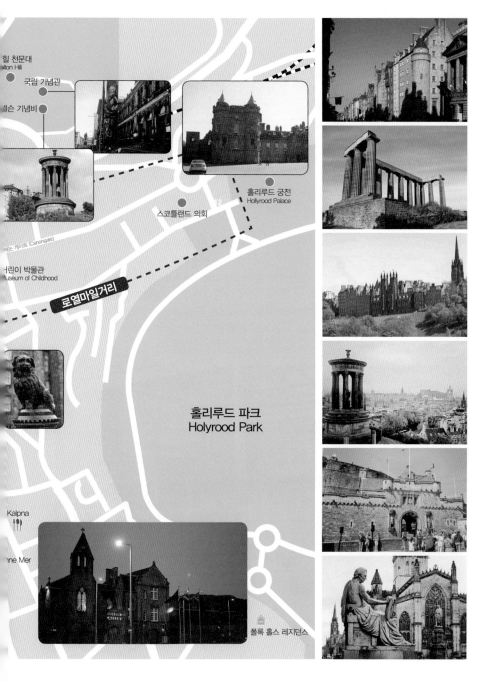

핵심도보여행

스코틀랜드의 에든버러Edinburgh는 런던여행과 같이 여행코스를 정하는 경우가 많다. 기차는 유레일패스가 사용되지 않고 영국철도패스를 사야하므로 런던에서 에든버러로 올라갔다가 다시 런던으로 와서 브뤼셀이나 파리로 가야하는 번거로움이 있어 여행사의 배낭여행이나 자유여행상품에는 많지 않다. 3일 동안 자유롭게 영국철도를 이용할 수 있는 영국철도패스 3일 권을 구입하면 에든버러Edinburgh와 글래스고, 에버딘 등을 무료로 이용할 수 있어서 여행경비를 줄일 수 있다.

일정 : 로열마일(Royal Mile)거리 → 에든버러 성(Edinburgh Castle) → 칼튼 힐(Carlton Hill)→ 스콧기념탑(Scott Mournment) → 엘리펀트 하우스(Elephant House)

런던의 킹스 크로스Kings Cross역에서 10시 정도에 기차를 타고 4시간 정도를 지나면 에든버러 웨이버리Waverly 역에 도착한다. 에든버러Edinburgh 숙소는 되도록 기차역과 가까운 곳에 위치하는 지 확인하는 것이 좋다. 런던에서 출발하는 야간 버스를 이용할 수도 있으나 10시간 이상 소요되어 야간 버스를 타고 에든버러에 아침에 도착하게 되는데 영국의 유학생들이 저렴하게 에든버러를 여행하기 위해 주로 사용하는 방법이다. 하지만 피로가 많이 쌓이는 단점이 있다. 버스보다는 기차를 사용하는 방법을 추천한다.

▲기차역   ▲코치스테이션

에든버러Edinburgh는 로열마일Royal Mile거리에서 시작해 로열마일Royal Mile거리에서 끝난다고 할 정도로 에든버러를 대표하는 거리이다. 홀리루드 궁전에서 에든버러 성까지 이어진 거리를 로열마일Royal Mile거리라고 한다. 거리를 따라 올라가면 양 옆에 어두운 흙색의 건물들이 줄지어 서 있는 분위기가 해리포터 영화를 연상시킨다. 위로 올라가면 경제학의 아버지 '아담스미스'동상이 나오고 천년도 더 된 집들이 양 옆에 늘어서 있는데 정말 멋지다.

가장 위에는 에든버러 성Edinburgh Castle이 나온다. 에든버러Edinburgh에서 가장 높은 곳에 성을 쌓고 외적의 침입에 맞서 싸우면서 스코틀랜드만의 전통을 지켜왔기 때문에 스코틀랜드인들은 영국인들과는 다르다고 이야기한다. 에든버러 성Edinburgh Castle을 들어가면 영국과는 다른 전통을 느낄 수 있으며, 에든버러 전경이 아름답게 펼쳐져 에든버러의 매력에 푹 빠질 것이다.

에든버러 성Edinburgh Castle은 밑에서부터 천천히 올라가면서 보고 돌아 내려오면 되니 어떻게 봐야 하나 걱정하지 않아도 된다. 에든버러 성Edinburgh Castle의 입장료가 비싸기 때문에 5인정도가 같이 왔다면 가족티켓을 구입하면 조금 더 저렴하게 입장할 수 있다.

에든버러 성Edinburgh Castle에서 내려오면 로열마일Royal Mile거리에 다시 와서 점심이나 저녁을 먹으면 되는데 근처에 딱히 맛집은 없다. 스타벅스 앞에 벨라 이탈리아Bella Itallia가 그나마 오랜 시간 머물면서 식사를 하기에 좋다.

로열마일Royal Mile거리에서 휴식을 취한 이후에 칼튼 힐Carlton Hill로 이동한다. 칼튼 힐Carlton Hill로 가지 않고 해리포터의 작가 J.K.롤링이 가난한 시절, 해리포터를 썼다는 코끼리카페 Elephant House를 가도 좋지만 코끼리카페Elephant House에 들어가서 쉬게 되면 칼튼 힐을 가지 않게 되는 경우도 많아서 칼튼 힐Carlton Hill을 먼저 이동하는 것이 좋다.

칼튼 힐Carlton Hill은 에든버러Edinburgh를 가장 잘 내려다 볼 수 있는 장소 중 하나로 기둥만 보면 파르테논신전의 기둥으로 착각하기도 한다. 높이는 110m밖에 안되지만 에든버러 Edinburgh 시내를 잘 볼 수 있다. 로열마일 거리를 쭉 내려오면 시청이 보이고 우측으로 돌아 횡단보도를 건너 이동하면 칼튼 힐Carlton Hill로 가는 길이 표지판으로 표시가 되어있다. 길을 가다가 모르겠다면 에든버러 시민에게 물어보면 친절히 가르쳐주니, 그 길을 따라 가면 쉽게 칼튼 힐Carlton Hil을 찾을 수 있다.

언덕을 올라가면 철학자 '두갈드 스튜어트'를 기리기 위한 조그만 원형의 사원이 보이고, 올라온 길로 에든버러Edinburgh 시내가 아름다운 전경이 펼쳐져 탄성을 자아낸다. 시내를 보시고 직진으로 더 걸어가면 그리스의 파르테논 신전처럼 기둥들이 높게 서 있다. 나폴레옹 전쟁에서 전사한 병사들을 추모하기 위해 만들어진 기념문이다. 잔디가 펼쳐져 있어 가슴이 뻥하고 뚫리는 느낌이 든다. 날씨가 좋은 날에는 바다까지 보인다고 한다. 칼튼 힐Carlton Hill을 내려와야 한다는 생각만으로도 아쉬울 정도로 멋진 풍경을 제공하는 장소이다.

칼튼 힐$^{Carlton Hill}$에서 시청으로 다시 이동해 그대로 직진을 하면 스콧기념탑$^{Scott Mournment}$이 왼쪽에 보인다. 스코틀랜드 작가, 월터 스콧 경을 기리기 위해 만든 탑으로 검은색 탑 아래에 하얀색의 스콧 경의 동상이 있고 61m의 탑을 계단을 따라 올라가서 시내의 전경을 볼 수 있는 전망대도 있다. 에딘버러 성$^{Edinburgh Castle}$과 칼튼 힐$^{Carlton Hill}$에서 에딘버러 ^{Edinburgh} 시내를 보았기 때문에 올라가지 말고 코끼리카페로 이동하자.

코끼리 카페는 칼튼 힐$^{Carlton Hill}$에서 내려오면 나오는 거리가 올드 타운이다. 거기서 지도를 가지고 프린스 거리$^{Prince's St}$를 물어본다. 프린스 거리$^{Prince's St}$에서 가다 보면 왼쪽에 엘리펀트 하우스$^{Elephant House}$가 보일 것이다. 다들 J. K. Rolling에게 보내는 메시지를 써서 붙인다. 다만 커피 맛이 좋지는 않다. 해리포터가 한참 인기가 좋을 때는 정말 관광객이 많았지만 최근에는 카페에 자리가 남기도 한다.

에든버러^{Edinburgh}를 여름에 온다면 오후부터 이 코스로 이동하셔도 해가 10시에나 지기 때문에 괜찮지만 가을 이후에는 엘리펀트 하우스$^{Elephant House}$를 칼튼 힐$^{Carlton Hill}$을 가기 전에 가야 엘리펀트 하우스$^{Elephant House}$가 문을 닫지 않는다. 에든버러^{Edinburgh}는 여름에도 날씨의 변덕이 심하고 추울 수 있어서 긴팔, 겉옷을 가지고 오거나나 우산은 준비해야 감기에 걸리지 않는다.

에든버러^{Edinburgh}를 방문하면 색다른 스코틀랜드의 매력에 빠져들 거라고 확신한다.

드라마 같은 역사가 스며들은 중세의 색다른 역사도시

스코틀랜드는 드넓은 자연과 중세풍의 운치를 간직한 곳으로 런던을 비롯한 그 주변 도시와는 명확하게 구분되는 여행지이다. 하지만 유럽 배낭여행이나 패키지에서 스코틀랜드는 외면당하기 일쑤이다. 배낭여행자 입장에서는 유레일패스가 적용되지 않고 물가가 비싼 영국에 오래 체류하고 싶지 않을 것이기 때문이다. 프랑스에서 시작해 서유럽을 한 바퀴 도는 가장 일반적인 배낭여행코스에서 스코틀랜드는 변방에 속하므로 패키지도 관심을 가지기 힘들었다.

현재 유럽여행은 예전과 다르게 색다르고 옛 분위기가 잘 보존된 여행지가 선호되기 시작했다. 그런 점에서 스코틀랜드의 수도, 에든버러는 최고의 중세 분위기와 다양한 축제로 관광객을 끌어모으는 도시이다.

스코틀랜드를 주목해야 하는 이유

2015년, 스코틀랜드 독립투표로 영국에 속해 있는 스코틀랜드가 아닌 독립국처럼 상징되기 시작하고, 하이랜드(High Land)와 브레이브하트(Braveheart), 롭로이(Loploy), 어바웃 타임(About Time) 등의 영화가 스코틀랜드에서 촬영되었기 때문이다. 단기간에 3~4개국을 둘러보는 여행상품만 성행하던 유럽 패키지도 최근 한두 지역을 집중적으로 돌아보는 상품으로 변화하고 있다.

하이랜드 파크   브레이브 하트

스코틀랜드의 대학

잉글랜드에 대학이 단 2개밖에 없을 때에도 스코틀랜드는 세인트 엔드류스, 글래스고, 에든버러, 에버딘에 이미 대학이 설립되었다. 이러한 지적인 탐구는 가톨릭 교회에 대한 비판과 프로테스탄트주의 탄생 등 개혁 사상을 탄생시키는 바탕이 되었다.

롭로이   어바웃타임

에든버러(Edinbourgh)의 위상

스코틀랜드의 수도인 에든버러Edinbourgh는 매력적인 랜드마크, 공원, 정원으로 가득하고 매년 수백만 관광객의 발길이 끊이지 않는 다양한 문화축제로 유명하다. 길게 늘어선 사화산을 따라 7개의 언덕 위에 자리 잡은 에든버러Edinbourgh는 거친 자연 환경의 장관을 바라볼 수 있는 도시이다. 올드 타운Old Town의 중세 건물, 조지 왕조시대의 넓은 도로, 뉴타운의 널찍한 집들은 도시 그 자체만으로도 강렬한 인상을 준다. 에든버러는 1995년에 세계 문화유산으로 지정되었다.

에든버러Edinbourgh가 세계 문화유산으로 지정되고 관광지로 명성을 얻게 된 결정적인 이유는 에든버러 성Edinbourgh Castle이다. 화산 위에 세워진 성은 수백 년 동안 외부의 공격으로부터 도시를 보호해 왔다.

대부분의 에든버러 여행은 로열 마일Royal Mile에서 시작된다. 조약돌로 만든 이 길은 에든버러 성에서 국왕의 공식 거처인 홀리루드 하우스 궁전Hollylood House Palace까지 연결된다. 이 길을 따라가다 보면 세인트 자일 성당St. Jales Cathedral과 국회의사당을 포함하여 에든버러Edinbourgh에서 가장 유명한 건물들을 볼 수 있다.

도보로 조금만 가면 에든버러Edinbourgh의 주요 쇼핑지역인 프린세스 스트리트Prince Street를 따라 조성된 프린세스 스트리트 정원Prince Street Garden이 나온다. 녹음으로 가득한 이 아름다운 정원의 경치를 즐기는 동안 스콧 기념비를 포함한 각종 기념비와 기념물을 둘러보

면 된다. 스콧 기념비는 고딕 양식의 건물은 소설가 월터 스콧 경을 기념하기 위해 건축되었다. 스콧 기념비의 뷰잉 갤러리Viewing Gallery는 도시의 멋진 경치를 감상하기에 좋은 장소이다.

에든버러Edinbourgh 시내보다 더 높이 솟아 있는 언덕으로 올라가면 훨씬 아름다운 경치를 감상할 수 있다. 사화산인 아서즈 시트와 칼튼 힐 정상에 올라가면 수많은 기념물이 기다리고 있다.

잘 포장된 길을 벗어나 에든버러Edinbourgh에서 레저 활동으로 유명한 곳을 방문하려면 딘 빌리지Dean Village로 가면 된다. 이곳은 시골로 둘러싸여 있으며 도심에서 불과 5분 거리에 있다. 항구 근처에는 바, 카페, 레스토랑이 줄지어 있으며 퇴역한 왕실 브리타니아 호가 바로 이 항구에 영원히 정박되어 있다. 왕실 브리타니아 호는 영국 왕족을 싣고 40년이 넘게 전 세계를 항해했다.

에든버러에 관광객이 가장 많이 찾는 달은 8월과 12월이다. 에든버러 프린지 축제와 에든버러 아트 페스티벌을 포함하여 8월 내내 각종 예술 축제가 열린다. 12월 크리스마스 무렵에는 온갖 행사와 시장으로 절정을 이루며 전 세계에서 가장 유명한 길거리 파티인 에든버러 호그마니로 한해의 끝을 장식한다.

올드 타운(Old Town)

에든버러Edinbourgh 역사 지구의 좁은 골목길을 따라 거닐며 최고 관광명소에 자리한 올드 타운Old Town에서 숨겨진 즐거움을 찾을 수 있다.

에든버러Edinbourgh의 올드 타운Old Town은 에든버러 성Edinbourgh Castle, 스코틀랜드 국립박물관, 스카치위스키 익스피어리언스 등 가장 영향력 있는 지역이다. 단, 미로와 같은 닫힌 공간과 서로 연결된 골목길은 옛 정취가 그려지는 여행코스이다. 도심의 이 지역을 도보로 둘러보면서 중세 시대의 주택가를 지나 숨겨진 "골목길"을 따라 내려가면 보행자 전용 광장이 보인다.

언덕 위 에든버러 성Edinbourgh Castle에 오르면 올드 타운Old Town이 아래로 펼쳐진 도시 전체를 한눈에 들여다 볼 수 있다. 에든버러 웨이벌리 기차역은 역사 지구와 뉴 타운의 조지언 주택가의 경계이다.

올드 타운Old Town의 가장 중요한 주요 도로 중 하나인 로열 마일Royal Miles을 거닐 수 있다. 에든버러 성Edinbourgh Castle 언덕 꼭대기 동쪽에 있는 홀리루드Hollylood 애비 앤 팰리스에서 자갈길로 이어진다. 면적이 넓은 박물관이 있는 거대한 성을 둘러볼 수 있는 기회가 있다. 로열 마일Royal Miles은 세인트 자일스 성당에 위치해 있다. 이곳은 스코틀랜드 교회의 중심이며 포토존으로 자연광을 사용하는 150년 된 렌즈가 장착된 박물관에서 착시 효과를 만들어 볼 수 있다.

올드 타운Old Town의 가장 아름다운 역사 건물에 자리해 있는 작은 박물관인 존 녹스 하우스는 종교 개혁자에게 헌정된 박물관이며, 작가 박물관에서는 스코틀랜드의 유명 작가에 초점을 맞추고 있다. 어린이 박물관에서 자신의 어린 시절 자아와 이야기를 나누고, 에든버러 박물관에서 도시의 역사에 대해서도 알아볼 수 있어서 박물관 체험도 풍부하다.

조지 4세 다리를 따라 걸으며 스코틀랜드 국립 도서관, 스카이 테리어 왕족이 14년 동안 스승의 묘지를 지켰던 그레이프라이어스 커크야드와 스코틀랜드 국립 박물관이 나다. 성 아래쪽 야외 광장에 자리해 있으며 전통 술집과 현대식 식당이 즐비한 그래스 마켓Grass Market에서 저녁식사를 즐기며 여행의 피로를 풀고 하루를 마칠 수 있다.

▶ 에든버러 웨이벌리 역에서 하차

올드 타운
Old Town

로열 마일 거리
Royal Mile space

에든버러 여행은 스코틀랜드의 상징인 에든버러 성과 영국 여왕이 여름 별궁으로 사용하는 홀리루드 궁전을 이어 주는 1.6km의 로열 마일 거리를 기억하고 에든버러 여행을 시작하자. 올드 타운의 볼만

한 곳들은 다 로열마일 거리에 몰려 있어 산책하듯 차근차근 구경하면서 가면 된다. 에든버러 성에서 가로수가 도열해 있는 로열 마일 거리를 따라 계속 걸으면 여왕의 여름 별궁인 홀리루드 궁전에 이른다.

에든버러 시내 여행은 에든버러 성과 홀리루드 궁전을 이어주는 로열 마일 거리를 따라 여유를 갖고 올드 타운 구석구석을 돌아보면 된다. 에든버러 성과 홀리루

에든버러 성

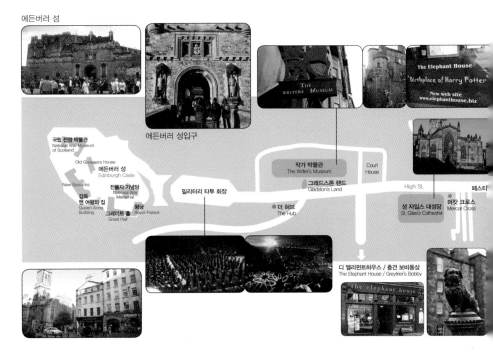

에든버러 성입구

국립 전쟁 박물관
National War Museum
of Scotland

Old Governors House

에든버러 성
Edinburgh Castle

New Barracks

전몰자 기념당
National War
Memorial

갑옥
앤 여왕의 집
Queen Anna
Building

그레이트 홀
Great Hall

왕궁
Royal Palace

밀리터리 타투 회장

더 허브
The Hub

작가 박물관
The Writer's Museum

Court
House

그래드스톤 랜드
Gladston's Land

High St.

페스티

성 자일스 대성당
St. Giles's Cathedral

머캇 크로스
Mercat Cross

디 엘리펀트하우스 / 충견 보비동상
The Elephant House / Greyfrier's Bobby

드 궁전을 일직선으로 연결하는 '로열마일 거리'는 성과 궁전을 연결하는 통로로 서쪽의 에든버러 성과 동쪽의 홀리루드하우스 궁전을 연결하는 번화한 거리이다.

중세에는 수공예품을 만드는 장인들이 모여 살던 거리로 지금은 각종 기념품 가게와 스코틀랜드를 자랑하는 위스키, 케시미어 제품을 파는 상점이 즐비하다.

다양한 박물관과 유적, 대성당 등이 있고, 그 사이에 특산품 상점과 레스토랑이 늘어서 있다. 긴 길은 아니지만, 빠짐없이 보며 걸으면 꽤 시간이 걸린다. 지킬박사와 하이드의 모델인 '브로디스'라는 사람이 살던 곳이 로열마일의 음침한 골목길에 있다. 해질 무렵에는 이곳에서 고스트 투어가 진행된다.

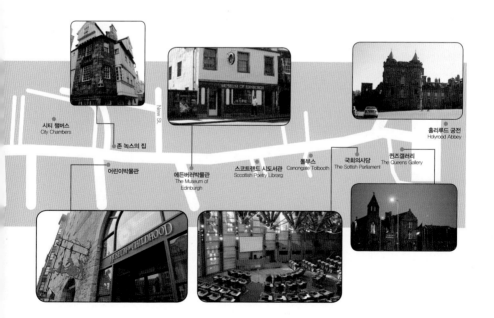

시티 챔버스
City Chambers

존 녹스의 집

New St.

어린이박물관

에든버러박물관
The Museum of
Edinburgh

스코틀랜드 시도서관
Scootish Poetry Librarg

톨부스
Canongale Tolbooth

국회의사당
The Sottish Parliament

퀸즈갤러리
The Queens Gallery

홀리루드 궁전
Holyrood Abbey

로열 마일(Royal Miles) 즐기기

에든버러 올드 타운Old Town의 심장부에 위치하고 있으며 중세 건물, 역사 유적, 쇼핑센터, 박물관, 다양한 먹을거리로 유명한 에든버러의 대표적인 거리이다. 로열 마일Royal Miles의 끝에서 끝까지 도보로 20분이면 갈 수 있지만 자세히 둘러보려면 3~4일도 부족할 만큼 볼거리가 풍성한 곳이다

로열 마일Royal Miles을 따라 관광을 떠나 보자. 에든버러 올드 타운Old Town의 주요 이동 경로를 형성하며 연결되는 몇 개의 거리를 로얄 마일Royal Miles이라고 하며 에든버러에서 가장 오래된 지역이다. 이 자갈길은 에든버러 성Edinbourgh Castle에서 홀리루드 하우스 궁전Hollylood House Palace까지 이어진다. 수백 년 동안 보행자 도로로 사용되고 있으며 에든버러에서 가장 매력적인 고전 건물이 몰려있다.

서쪽의 성 근처에서 시작해 언덕을 따라 내려가면 수많은 펍Pub, 레스토랑, 소규모 가게를 지나게 된다. 남쪽의 팔러먼트 광장Parliment Square에 들러 현재는 법원으로 사용되고 있는 국회의사당을 볼 수 있다.

광장에 머무는 동안 장로교 모교회인 세인트 자일 성당은 거의 천년 동안 예배당으로 사용되었다. 성당 안으로 들어가기 전에 성당 서쪽 입구 바닥의 자갈을 잘 살펴보면 '하트 오브 미들로디언'이 보인다. 1,400년대에 건축된 감옥 건물, 올드 톨부스가 있던 자리를 표시하는 하트 모양의 모자이크가 하트 오브 미들로디언이다.

에든버러의 역사가 궁금하다면 피플즈 스토리Peoples Story를 방문하면 된다. 피플즈 스토리Peoples Story는 중세 시대부터 현대에 이르기까지 에든버러의 평범한 시민들에 대한 자료가 보관된 박물관이다. 17세기에 건축된 타운하우스 글래드 스톤 랜드와 캐논게이트 묘지는 경제학자이자 철학자였던 애덤 스미스를 포함하여 스코틀랜드 유명 인사들이 영면한 장소이다. 스카치위스키 헤리티지 센터에서 스코틀랜드의 대표적인 생산품이자 '생명수'로 불리는 위스키를 맛볼 수 있다.

주요 거리를 돌아다니며 좁은 통로와 골목길을 보면 수백 년 동안 원형을 거의 그대로 유지하고 있어 흥미롭다. 로열 마일은 홀리루드 하우스 궁전Hollylood House Palace의 게이트에서 끝이 난다. 이 왕궁은 영국 왕족이 머무는 기간을 제외하고는 1년 내내 개방된다.

에든버러 성
Edinburgh Castle

에든버러는 기원 600년 경, 이 지역에 살고 있던 데인 족의 '딘 에딘(에딘의 요새)'에서 온 이름으로 600년대에 브리튼 인들을 물리친 노섬브리아 왕국의 에드윈 왕이 바위 위에 요새를 만들었는데 이 '에드윈 성'이 바로 '에든버러 성'이다. 해마다 8월초부터 9월 첫째 주 일요일까지 열리는 에든버러 페스티벌에는 음악과 연극을 비롯한 행사들이 펼쳐지기도 한다.

험준한 산벼랑에 우뚝 솟아 있는 성은 완벽한 요새이다. 스코틀랜드 역사를 실감하는 거친 석조 성 내를 빠짐없이 돌면, 스코틀랜드가 헤쳐 나온 혹독한 역사를 실감할 수 있는 장소로 오랜 시간을 들여 구경하도록 하자. 지금은 아름다운 옛 도읍의 상징이지만 험준한 바위산에 세워진 성은 잉글랜드와의 전쟁으로 머지않아 앵글 족의 공격을 받아 함락되었다.

이때부터 '에든버러'라는 영어이름으로 불리게 되었다.

황량한 바위산의 중턱부터 정상까지 세워진 성은 오랜 세월 스코틀랜드 왕가의 자리를 지켜왔으나, 계속된 전쟁으로 건물의 대부분은 몇 번이나 파손되어 수복 작업을 반복해 왔다. 성이 현재의 모습에 가까워진 것은 1571년부터 3년에 이은 농성 전후의 수복에 의한 것이다.

세인트 마가렛 예배당 Saint Margaret Chape
성 안에 남겨진 가장 오래된 건물은 12세기에 만들어진 세인트 마가렛 예배당으로 스코틀랜드 인들이 참여했던 갖가지 전쟁에 관한 기록들, 포로들을 가두어 두었던 곳 등이 전시되어 있다.

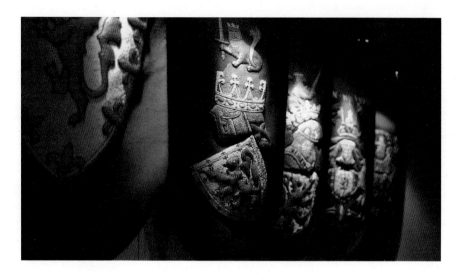

스톤 오브 데스티니 Stone of Destiny (운명석)
잉글랜드와의 긴 전쟁의 흔적이 새겨진
성은 볼거리도 많지만, 특히 봐야할 것은
궁전 2층의 크라운 룸이다. 여기는 제임
스 5세를 위해 1540년에 만들어진 왕관
등 스코틀랜드 왕가의 보물과 함께, 1996
년에 겨우 스코틀랜드로 돌아온 '스톤 오
브 데스티니(운명석)'가 소장되어 있다.
이 돌은 스코틀랜드 왕의 대관식의 왕좌
로서 사용되는 것으로 오랫동안 스콘 성
에 있었지만, 1296년에 런던으로 옮겨진
후, 웨스트민스터 사원에 놓여 졌으며, 잉
글랜드 왕과 대영제국의 왕이 이 돌 위에
서 대관을 했다.
자치권을 되찾은 스코틀랜드에게는 재개
한 의회와 함께 이 돌은 바로 독립의 상
징이다. 성 안에 볼거리는 많으므로 충분
히 시간의 여유를 갖고 둘러보자.

로열 어파트먼트 Royal apartment
영국 역사상 가장 번창한 황금 시기를 이
룩한 엘리자베스 1세 여왕의 죽음으로 강
력한 절대 왕정을 자랑하던 '튜더 왕조'는
막을 내린다. 그리고 미혼이었던 여왕은
왕관을 스코틀랜드 왕 '제임스 6세'에게
물려주게 된다.

그 제임스 6세가 태어난 곳이 에든버러
성의 로열 어파트먼트이다. 또한 이곳에
는 잉글랜드와 통합된 이후 몰래 감추어
두었다가 1818년에 공개된 스코틀랜드 왕
관과 왕검이 전시된 크라운 룸, 군대 감
옥, 여러 가지 무기가 전시된 군사 박물관
등 스코틀랜드 역사를 말해 주는 중후한
느낌의 건물들이 10여 채 있다.

Open_ 9:30~18:00, 10~부활절은 ~17:00
최종입장은 45분 전, 12/25~26 휴무
요금_ 성인 £14.00, 어린이 £8.50

밀리터리 타투(Military Tatoo)가 열리는 에든버러 성 입구

에든버러 성 내부

에든버러 성에서 바라본 뉴타운

에든버러 시내 전경과 바다

에든버러 시내 전경을 바라볼 수 있다.

에든버러 성(Edinbourgh Castle) 즐기기

성채이자 궁전이며 왕관이 보관되어 있는 에든버러의 상징으로 에든버러Edinbourgh가 내려다보이는 곳에 위치해 스코틀랜드의 중요한 역사마다 결정적인 역할을 담당했다. 에든버러Edinbourgh에서 가장 오래된 건물인 에든버러 성Edinbourgh Castle은 도심 근처의 바위투성이 화산 암반 정상에 위치하고 있다. 거의 1000년에 달하는 긴 역사를 자랑하는 이 성은 치열한 공성전이 펼쳐지는 현장이자, 군사 기지의 역할을 했으며 스코틀랜드 군주들에게 피난처가 되어 주기도 했다.

관람 순서
1. 정문을 통과하면서 위를 보면 14세기에 스코틀랜드의 독립을 위해 투쟁한 '로버트 더 브루스'와 '윌리엄 윌리스'(영화 브레이브하트의 주인공)의 동상이 보인다.

2. 찰스 1세가 연회장으로 사용하던 거대한 방 그레이트 홀Great Hall에 들어가 침실을 볼 수 있다. 스코틀랜드 메리 여왕이 이 침실에서 제임스 4세를 낳았고, 훗날 제임스 4세가 1603년에 잉글랜드와 스코틀랜드를 통일했다. 로열 팰리스Royal Palace의 1층에는 스코틀랜드 왕들의 왕관이 전시되어 있다. 왕관 옆에는 수세기 동안 대관식에 사용되던 빨간색 사암 덩어리 스톤 오브 데스티니Stone of Destiny가 있다.

3. 2번의 세계 대전과 군사적 충돌에서 전사한 스코틀랜드 군인을 기리기 위해 건축된 국립스코틀랜드 전쟁기념관도 놓치지 말자.

에든버러 성Edinbourgh Castle은 프린세스 스트리트Princess Street의 동쪽 끝에서 성의 비탈진 자갈길을 지나 올라가기에 힘이 들 수도 있지만 걸어서 이동이 가능하다.
입장료에는 가이드 투어가 포함되어 있으므로 성곽, 탑, 흉벽을 직접 둘러보고 싶다면 홈페이지에서 일정을 확인하면 된다. 다만 영어로 진행되는 점이 아쉽다.

1시를 알리는 대포(One O'Clock Gun)

아가일 배터리의 끝으로 가면 1시를 알리는 대포(One O'Clock Gun)를 구경하기 위해 사람들이 잔뜩 몰려 있다. 일요일을 제외하고 매일 오후 정각 1시에 대포가 발사된다. 1861년에 인근의 레스Res 항구의 배들이 시계를 맞출 수 있도록 도와주기 위해 시작한 것이 기원이다.

그라스 마켓
Grass Market

건초와 가축을 거래하던 시장터, 그라스 마켓은 16~17세기 종교개혁과 마녀사냥 광풍에 마녀로 몰린 수많은 여인이 교수형을 당한 곳이다. 피로 물들었던 광장은 세월이 흘러 퍼브와 노천 카페로 둘러싸인 거리로 변모했다.

그라스 마켓 광장에서 에든버러 성으로 향하는 언덕길의 빅토리아 스트리트에도 아기자기한 상점과 카페, 레스토랑이 빼곡하다.

더 라스트 드롭The Last Drop

그라스 마켓에서 가장 유명한 카페로 대부분의 행사가 이 앞에서 열린다. 맛보다 관광객이 주로 찾으면서 항상 붐비지만 주인에 유쾌하게 맞아주기 때문에 기분이 좋아진다.

홈페이지_ http://greatergrassmarket.co.uk
주소_ Edinburgh EH1 2HS

그라스 마켓에서 만나는 음식

▶ 하기스(Haggis)

우리가 일상적으로 먹고 있는 순대와 비슷한 음식으로 양이나 송아지의 위에 동물의 내장을 다져 양념과 오트밀을 섞어 익힌다.

▶ 굴(Oyster)

싱글 몰트 위스키와 같이 스코틀랜드 인들이 가장 건강식으로 좋아하는 생굴은 입맛을 돋우는 전채 요리로 최고로 알려져 있다.

▶ 홍합(Mussel)

벨기에 홍합만이 유명한 것은 아니다. 스코틀랜드에도 크고 싱싱한 홍합이 해안마다 있기 때문에 홍합요리가 유명한데 오래 끓인 국물에 맛있는 홍합 요리가 일품이다.

▶ 피시앤드칩스(Fish and Chips)

가장 대중적인 영국의 음식으로 알려져 있다. 대구처럼 하얀 살 생선튀김과 감자튀김을 함께 먹는다.

스톡 브리지 마켓/레이스 마켓
Stockbridge Market/Leith Market

스톡브리지 마켓Stockbridge Markets은 천연 벌꿀부터 스코틀랜드식 잼이나 에든버러에서 생산한 목재로 만든 수공예 장식품에 이르기까지 없는 것 없이 다 파는 각종 노점상이 삶의 터전을 일군 자유분방하고 편안한 로컬시장이다.

스톡브리지 마켓은 사이에 일요일 오후 피크닉 바구니를 가득 채우거나 스코틀랜드 본토의 맛을 체험하기 위해 여행 가방을 가득 채울 수도 있다.

주소_ Saunders Street / Kerr Street Stockbridge
홈페이지_ www.stockbridgemarket.com
영업시간_ 10~17시(매주 일요일)
전화_ +44(131) 261-6181

레이스 마켓Leith Market

주소_ 24 Lanark Road
홈페이지_ www.stockbridgemarket.com
영업시간_ 10~17시(매주 토요일)
전화_ +44(131) 455 7367

분수 다리 푸드 홀
Fountain Bridge Food Hall

매주 열리는 캐슬 테라스 농산물 직매 장터Farmers Market는 특산 농산물을 시식하고 에든버러의 일상을 엿볼 수 있는 흥미진진한 인기 장소이다.

워터오브리스
Water of Leith

스톡 브릿지Stockbridge는 딘 빌리지와 함께 에든버러의 대표적인 부자동네이다. 이 지역에는 로열 보타닉 가든Royal Botanic Garden이 있고 예쁜 건물과 마을 사이로 흐르는 개울을 따라 산책로인 워터오브리스Water of Leith가 형성되어 있다. 시내 중심과 거리가 떨어져 있지만 조용하게 한적한 생활을 원하는 이들이 모여 살고 있다.

딘 빌리지
Dean Village

에든버러의 대표적인 부자동네로 알려진 딘 빌리지는 스톡브릿지 아래에 위치한 작은 동네이다. 주변에는 공동묘지가 있는데 부자동네가 형성된 것이 의아하게 생각하게 된다. 예쁜 건물과 마을 사이로 흐르는 개울을 따라 산책로가 형성되어 있다.

주소_ Dean Path
전화_ +44(131) 510-7555

로열 보타닉 가든
Royal Botanic Garden

에든버러의 북쪽에 위치해 있는 왕립 식물원은 28Ha의 고요함을 선사하는 휴식을 취하기 매우 좋은 장소이다. 스코틀랜드 고원, 캐나다, 심지어 중국에서 서식하는 식물들이 있는 식물원에서 자라는 식물이 얼마나 다양한지 알 수 있다. 온실, 수목원, 10,000여 종의 식물뿐만 아니라 여러 희귀종을 보유하고 있는 우아한 온실에서 다양한 미기후에서 자라는 식물에 대해 알 수 있다.

정원이 1670년에 설립되었을 때는 테니스 코트와 맞먹는 지역을 뒤덮었다. 에든버러의 심장부에 있는 넓은 자연 구역의 이국적인 식물과 빅토리아 왕조 양식 온

실 한 가운데에서 관광을 마친 후 휴식을 취해보자.

정원을 산책한다면 자신의 속도에 따라 녹색 대지를 따라 록 가든Rock Garden의 구불구불 한 길을 따라 가거나 수목원의 다채로운 나무 그늘 아래에서 휴식을 취할 수 있다. 퀸 머더스 메모리얼 가든Queen Mother 's Memorial Garden의 화단에는 아시아, 유럽, 북미, 남반구에서 자라는 다양한 지리적 영역으로 분리해 놓았다.

Chinese Hillside에서 극동의 야생을 경험하도록 조성했다. 왕립 식물원은 중국에 있는 두 개의 유사한 기관과 긴밀한 관계를 맺고 있으며, 그 결과 에든버러의 정원은 동양의 꽃들로 가득하다. 정자와 폭포를 비롯한 전통적인 중국 장식물들이 이국적인 식물 컬렉션을 꾸미고 있다.

더 많은 식물을 재배할 수 있도록 특별한 환경이 조성된 온실 내부로 들어가면 경이로운 타이탄 아룸은 세계에서 가장 크고 냄새가 나는 꽃과 돌담이 돔형 유리 지붕을 지탱하고 있는 빅토리안 팜 하우스Victorian Palm Houses의 야자수 사이를 걸을 수 있다.

인버레스 하우스Inverleith House에 전시된 현대 미술 작품에는 18세기 저택 안에 연중 내내 현대 미술 전시가 열린다.

홈페이지_ www.rbge.org.uk
주소_ 20 Inverleith Row
시간_ 3~9월 10~19시 / 2, 10월 18시까지
　　　11~1월 16시까지)
전화_ +44(131) 552-7171

빅토리아 스트리트
Victoria Street

그라스 마켓을 열고 있는 에든버러 성의 뒷거리로 에든버러 성을 올라가기 전까지를 말한다. 옛날, 왕족들이 로열마일 Royal Mile로 다닐 때 서민들은 빅토리아 스트리트Victoria Street 같은 샛길로 지나다녔다. 지금은 대부분의 관광객이 로열마일 거리를 왔다 갔다 하기 때문에 빅토리아 스트리트는 잘 모른다.

제임스 6세 이후의 간략한 역사

제임스 6세가 영국의 제임스 1세로 왕위에 오르면서 영국의 '스튜어트 왕가'가 시작된다. 그리고 청교도에 대한 탄압이 계속되자 종교의 자유를 외치던 사람들은 1620년 메이 플라워호를 타고 새로운 희망의 땅인 아메리카 신대륙으로 떠나게 된다. 종교의 자유를 찾아 떠난 이들 신교도들이 훗날 미국을 세운 것이다. 제임스 1세의 뒤를 이은 아들 '찰스 1세' 때 영국은 가장 혼란한 시대를 맞이한다. 왕과 국회의 끝없는 힘 겨루기 싸움이 계속되고 결국 백기를 든 찰스 1세는 영국 역사상 처음으로 국회의 재판을 받고 죽음을 맞는 불행한 왕으로 역사에 남는다. 이로써 한 나라의 권력은 왕에게서 국민의 대표인 국회로 넘어가면서 영국은 세계 최초의 민주주의 기틀을 마련하는 과도기를 겪었다.

날씨가 흐리고 관광객이 적을 때 빅토리아 스트리트는 진정 영화 '해리포터'를 연상시키는 거리 분위기를 가지고 있다.

브로디즈 클로즈
Brodie's Close

흉악한 강도가 살았던 집으로 강도의 집
도 관광상품이 될 수 있구나 생각이 들기
도 하지만 소설 '지킬박사와 하이드'의 모
델이 되었다고 하니 이해가 가기도 한다.
디콘 브로디라는 인물은 길드의 수장이
라는 요직에 있으면서 밤이 되면 사람을
죽이는 것도 서슴치 않는 흉악한 도적으
로 변신하여 밤이면 밤마다 에든버러 사
람들을 떨게 했다고 한다. 이 브로디가 스
티븐슨의 '지킬 박사와 하이드'의 모델이
되었다고 한다.

지하철_ Waverley역에서 도보 10분

스카치 위스키 익스피어리언스
Scotch whisky Experience

스코틀랜드의 유명한 맥주 전용 박물관을 견학하여 배럴 위스키에 대한 강연을 듣고 위스키를 시음해 볼 수 있는 장소이다. 스카치 위스키 익스피리언스에서 증류과정을 살펴볼 수 있다. 색다른 박물관에 들러 골든 위스키를 시음하고 세계 최대의 주류 전용 박물관 견학을 통해 위스키의 역사를 알 수 있다. 역사가 깊은 스코틀랜드 위스키를 시음하면서 위스키의 깊은 맛을 느낄 수 있다.

맑은 물이 흐르고 보리와 몰트 들판이 펼쳐진 풍경을 배경으로 증류과정 내내 돌아가는 위스키 배럴을 보게 된다. 벽에 영사된 가이드 영상을 통해 명품 수제 위스키를 제조하는 단계를 관람할 수 있다. 모든 감각에 호소하는 박물관 견학을 통해 오크 향과 토탄 냄새를 맡으며 증류기의 뜨거운 열기는 압권이다.

위스키 애호가들의 강연을 들어보면 스카치위스키가 특별한 이유를 알 수 있다. 또한 강연을 통해 다양한 스카치 향 구별법에 대해 배워볼 수 있다. 3,300병 이상의 어마어마한 위스키 전시 앞에서 압도당하는 느낌이 온다. 브라질 출신의 수집가 '클라이브 비티즈'는 다양한 위스키 병을 소장할 목적으로 1970년대부터 수집을 시작하기도 할 정도로 위스키 병은 단순한 병이 아니다. 중앙에 위치한 전시실에서 모든 형태의 위스키 병과 특정 빈티지의 병을 볼 수 있다.

골드 투어

반짝이는 위스키병에 둘러싸여 최고의 몰트를 시음해 볼 수 있는 기회를 가질 수 있다. 실버 투어는 입장료를 포함해 1번의 시음 기회가 제공되고 골드 투어는 4번 이상 시음할 수 있는 기회가 주어진다. 다양한 스코틀랜드 산지의 위스키 풍미를 구별할 수 있다면 가장 좋아하는 위스키를 구입할 수 있다.

지하철_ Waverley역에서 도보 13분
Open_ 9:30~18:30, 10~4월은 10:00~18:00,
　　　　최종 입장은 1시간 전, 12/25 휴무
요금_ 성인 £11.25, 어린이 £6.95
전화_ 0131-220-6288

카메라 옵스큐라
& 월드 오브 일루전
Camera Obscure
& World of Illusions

오랜 기간 사랑 받은 명물 어트랙션으로 타워 꼭대기에 설치된 빅토리아 시대에 만든 거대한 망원경을 사용, 프리즘으로 도시 경치를 테이블 위에 투시해서 보여주는, 실제 150년 이상의 역사를 가진 어트랙션이 이곳의 명물이다.

3D 영상 등의 최신 어트랙션도 있지만, 무엇보다도 환상적인 것은 가까이에서 내려다보는 구 시내의 전망이다.

지하철_ Waverley역에서 도보 13분
Open_ 9:30~18:00, 7~8월은 ~19:30,
　　　 11~3월은 10:00~17:00
　　　 최종입장은 1시간 전, 12/25 휴무
요금_ 성인 £8.50, 어린이 £6.00

스코티시 타탄 박물관
Scottish tartan Museum

스코틀랜드인들의 전통 의상인 체크무늬 타탄을 전시해 놓은 박물관이다. 스코틀랜드를 상징하는 백파이프와 남자 민속 의상인 체크무늬 주름치마인 킬트는 스코틀랜드 지방에서 정복으로 입던 민속 의상이다.

이 킬트를 만드는 체크 무늬 모양의 직물을 '타탄'이라고 한다. 타탄의 체크 무늬는 다양한데, 세로와 가로 무늬 간격이 같은 것이 특징이며 타탄의 색과 무늬는 그 사람의 가문과 신분을 표시한다.

> 에든버러 거리 기념품 가게에서 가장 눈에 띄는 것은 체크무늬 스웨터나 손수건 등의 기념품들인데, 이 체크무늬 모양의 모직물을 '타탄(Tatan)'이라고 부른다. 이 타탄으로 스코틀랜드 남성들의 민속 의상인 킬트를 만든다. 백파이프와 함께 스코틀랜드를 상징하는 체크무늬 주름치마 '킬트'는 스코틀랜드 지방 사람들과 군인들이 정복으로 입던 민속 의상이다. 타탄의 체크무늬는 다양한데, 세로와 가로 무늬 간격이 같은 것이 특징이다. 예전에는 타탄의 색과 무늬로 그 사람의 신분과 가문을 표시했다고 한다.

보비 동상
Grayfriars' Bobby

에든버러 판 충견으로 그레이프 라이어
즈 교회 앞에 위치해 있다. 개를 좋아하는
사람이라면 꼭 들러 보자. '보비'라는 이
름의 펍 앞에는 보비 동상이 세워져 있으
며, 주인이 잠든 교회의 묘지에서는 보비
의 멋진 묘지도 볼 수 있다.
보비는 19세기 중반에 존 그레이라는 목
사가 키웠던 개인데, 주인이 죽은 후에도
10년 이상 무덤 곁에 있었다고 한다. 시민
들에게 각별히 사랑받아 주인이 잠든 그
레이 프라이어즈 교회에는 보비의 무덤
도 세워졌다.
각종 그림책이 출판될 정도로 유명해져
서 주인무덤보다 훨씬 좋은 무덤이 되었
다. 더구나 교회의 옆에는 보비의 이름을
딴 펍이 있고, 교회 입구에는 관련 제품을
파는 상점도 있다.

지하철_ Waverley역에서 도보 20분
Open_ 4~10월은 10:30~16:30(토요일은 ~14:30),
　　　　11~3월은 목요일 13:30~15:30만
　　　　일요일, 11~3월의 월~수/금/토요일 휴무
요금_ 입장료 무료

보비 동상 공동묘지
Grayfriar's Bobby Graveyard

주인의 무덤에서 수년간 기다렸던 충직
한 개 덕분에 전설이 된 공동묘지가 있
다. 그레이프라이어스 보비의 이야기는
에든버러 역사상 신화에 가까운 반열에
올랐다. 도시 구시가지의 중심부에 있는
예쁜 묘지를 돌아보고 무덤과 묘석을 볼
수 있다.
스카이 테리어가 주인이 사망한 후 똑같
은 자리에 14년 동안 앉아 있었던 것으로
알려진 존 그레이John Gray의 마지막 안식
처를 찾을 수 있다. 1620년에 프란체스코
회 수도원 자리에 세워진 교회 내부로 들
어가면 스코틀랜드 교회 건축의 전형인
모습의 단순성이 보인다. 예배는 일요일
아침마다 전통에 따라 예배를 올린다.

보비 이야기

보비의 주인인 그레이는 1858년에 결핵으로 사망했다. 그가 그레이프라이어스 커크야드(Greyfriars Kirkyard)에 묻힌 후에도 그의 동반자인 충직한 개는 그의 곁을 떠나지 않았다. 보비는 살아 있을 때 이미 유명해져 충성스러운 동물을 보기 위해 인파가 몰려들었다. 교회 밖 화강암 주춧돌 위에 있는 인기 있는 개의 동상은 1872년 개가 죽은 후 교회 밖에 세워졌다.

묘지 관람

동상에서 입구를 지나 묘지로 가면 입구의 주춧돌에 있는 개에 대한 헌사를 읽고 오른쪽으로 돌아 그레이의 무덤을 찾을 수 있다. 그레이의 묘지가 있는 위치는 근처에 있어 쉽게 찾을 수 있다. 또한 묘지에는 현대 지질학의 아버지인 제임스 허튼(James Hutton)을 비롯한 유명한 인물들도 유서 깊은 교회 묘지에 묻혀 있다.

묘소의 가장자리에는 여러 무덤이 있으며 17세기에 장로교에 대한 신념을 지키다 사형을 당한 신앙심이 깊은 순교자들의 기념비와 에든버러의 중세 도시 경계의 유적인 플로든 월(Flodden Wall)도 있다.

위치_ 에든버러 웨이벌리(Edinburgh Waverley) 역에서 보비 동상까지 10분 소요

존 녹스 하우스 뮤지엄
John Knox House Museum

로열 마일 안에서도 제일 오래된 15세기의 건물이다. 스코틀랜드의 종교를 가톨릭에서 프로테스탄트로 바꾼 종교개혁의 지도자 존 녹스가 1561년부터 10년 넘게 이 집의 2층에 살았다고 한다. 현재는 박물관으로 사용하고 있다.

지하철_ Waverley역에서 도보 10분
Open_ 월~토 10시~17시(일요일만 12시~17시 12월25, 26일, 1월 1일 휴관)

나이트 라이프(Night Life)

영국의 펍Pub에서 맥주를 마시면서 새로운 친구를 사귀고 축구를 보는 것이 저녁이후의 중요한 문화라면 스코틀랜드도 잉글랜드 못지않게 펍Pub에서 친구들과 어울린다. 예스럽고 아치 있는 주점에서 맥주와 위스키 잔을 기울이거나 유행에 민감한 뉴타운의 칵테일 바에서 칵테일을 고르기까지 에든버러에서 즐기는 밤의 흥은 각양각색이다.

하프웨이 하우스(Half Way House)

에든버러에서 가장 아담하면서 으뜸으로 손꼽히는 주점 하프웨이 하우스Half Way House에서 잔을 기울이거나 혹은 위스키 바WHISKI Bar에서 300여 종의 싱글몰트를 시음할 수 있다. 축제가 한창일 때 셀 수 없이 많은 시내의 문화예술 공간 중 마음에 드는 곳에서 라이브 밴드를 찾아 공연을 즐길 수 있다.

홈페이지_ 24 Flesmarket Close Just Off Market Street
시간_ 11~23시
전화_ +44(131) 225-7101

피네간스 웨이크Finnegan's Wake

진짜 스코틀랜드의 펍Pub을 경험하고
싶다면 피네간스 웨이크Finnegan's Wake
을 방문해보자. 이 펍은 젊은이들이 주
로 추천하는 곳이다. 친구들과 놀기에
최고로 좋은 곳이라고 표현할 정도로
분위기가 색다르다.
전형적인 켈트족의 바 분위기를 느낄
수 있기 때문이다. 시내에 위치하고 로
열 마일Royal Mile과 세인트 자일스St.
Gile's 성당과 가까운 곳에 위치에 있어
서 에든버러를 구경하고 나서 저녁시
간을 재밌게 즐기기에 적합한 곳이다.

홈페이지_ www.finnegans-wake.co.uk
주소_ 9B Victoria Street
시간_ 12~새벽 1시
전화_ +44(131) 225-9348

라스트 드롭(Last Drop)

환상적인 맛의 피시 앤 칩스 가게부터
미슐랭의 후한 평가를 받은 수수한 음
식점에 이르기까지 에든버러에서는 입
맛에 꼭 맞는 세계 일류의 다양한 음식
을 골라서 즐길 수 있다.
그라스 마켓에 위치한 유명한 라스트
드롭Last Drop 주점에서 햄버거뿐만 아
니라 으깬 순무와 감자를 곁들인 하기
스와 같은 스코틀랜드 사람들의 삼시
세끼를 맛볼 수 있다.

주소_ 74~78 Grassmarket
시간_ 12시~새벽 1시
전화_ +44(131) 225-4851

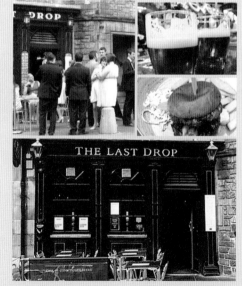

문학의 도시

문학의 도시라고 하면 아일랜드의 더블린을 이야기하는 사람들이 많다. 노벨 문학상 수상자가 4명이나 있으니 충분히 그럴만하다. 그런데 여기에 이의를 제기하는 사람들이 스코틀랜드 인들이다. 그들은 자신들도 잉글랜드에 대항하면서 켈트족의 자부심을 문학으로 일깨웠다. 더블린에만 작가 박물관Writer's Museum이 있는 것이 아니고 에든버러에도 작가 박물관이 있다.

로열 마일Royal Miles (에든버러 성에서 홀리루드 성에 이르는 길) 건너편에 위치한 작가 박물관이 남아있다. 스코틀랜드 문학의 3대 거장이라고 부르는 시인 로버트 번스와 소설가 월터 스콧, 루이스 스티븐슨이 사용하던 책상과 인쇄기, 부츠와 책의 초판본 등이 전시되고 있다. 인상적인 전시물은 3개만 제작한 로버트 번스의 해골 석고 모형이다.

기차로 에든버러에 도착하는 웨이버리 역 앞에서 나오면 보이는 도로가 도시의 심장을 동서로 관통하는 프린세스 스트리트Princes St.이다. 프린세스 스트리트의 중심에 있는 최고 인기 관광명소는 월터 스콧 기념탑이다. 높은 스콧 기념탑은 하늘을 바라봐야 끝을 볼 수 있다. 치솟아 오르는 시커먼 첨탑 밑, 한 가운데 한명의 인물이 앉아있다. 왕이나 여왕일까? 아니면 전쟁에서 승리한 유명한 장군의 동상일까? 다른 도시와 달리 스콧 기념탑 안에는 월터 스콧이라는 작가가 앉아있다. 그만큼 스코틀랜드는 문학을 소중히 여긴다. 그래서 에든버러는 작가의 도시로 불리 운다.

작가의 도시 에든버러

역사 소설 〈웨이버리Waverley〉로 명성을 얻은 작가 월터 스콧이 에든버러의 얼굴이라고 에든버러 시민들은 생각한다. 지금도 스코틀랜드 인들의 특징이라고 생각하는 고집이 세고 불의에 목숨을 바치는 이미지는 월터 스콧이 웨이버리 소설에서 만들어냈다. 우리가 지금도 많이 쓰는 말인 〈피는 물보다 진하다Blood is thicker than water〉도 1815년에 쓴 〈가이 매너링Guy Mannering〉에 나온다.

〈피터 팬〉의 제임스 배리, 〈보물섬〉의 로버트 루이스 스티븐슨, 〈셜록 홈즈〉의 코난 도일 등 알만한 작가 중에 스코틀랜드 출신은 너무 많다. 〈나의 연인은 붉고 붉은 장미…〉로 이름난 시인 로버트 번스도 에든버러에서 태어났다.

현재, 에든버러로 관광객을 끌어들이는 대표적인 작가는 누가 뭐라고 해도 조앤 J·K. 롤링이다. 〈해리 포터Harry Potter〉 시리즈로 매년 세계 최고 소득 작가 1위에 오르는 롤링은 스코틀랜드 출신은 아니다. 그녀는 잉글랜드 남서부 글로스터에서 태어나 자랐고, 포르투갈 남성과 결혼해 딸을 하나 낳은 뒤 이혼하고서야 에든버러에 왔다. 생활 보조금으로 나오는 주당 70파운드로 어린 딸의 분유 값과 생활비를 대면서도 롤링은 카페에 가서 〈해리 포터〉를 집필했다. 그녀가 카페에서 에든버러 성이 창밖으로 내다보이는 카페를 선택해 오랜 시간 구석에서 해리포터를 썼고 그 카페는 지금 해리포터 때문에 기다리면서 들어가는 카페가 되었다.

셜록 홈즈의 작가, 코난도일의 고향
'셜록 홈즈'라는 영화를 보면 런던이 주 배경이다. 그래서 셜록홈즈를 떠올리면 런던을 생각하지만, 사실은 작가 코난 도일은 이곳 에든버러 출신이다. 그는 1869년 웨이버리 역의 북동쪽에 위치한 피카딜리 플레이스 '피커딜리 플레이스Piccadilly Place'의 11번지에서 태어났다. 신앙이 두터운 부모 밑에서 도일은 인생의 첫 순간을 이곳에서 보냈던 것이다. 현재는 생가가 접해 있던 사거리 옆 조그만 공원에 홈즈의 동상과 이곳에 생가가 있었다는 것을 나타내는 동판이 끼워져 있다.

동상의 남쪽에 있는 세인트 메리 교회는 도일이 세례를 받은 장소이다. 로터리에 접해 있는 '코난 도일'이라는 펍도 있다. 또한 거리의 남쪽, 에든버러 대학 근처의 조지 스퀘어George Sq.의 23번지는 가난한 도일 부자가 한때 살았던 장소, 그 당시 아파트가 지금도 그대로 남아 있다.

스코틀랜드 작가 박물관
The Writer's Museum

오래된 귀족의 도시 저택에 자리 잡고 있으며 조용한 안뜰에 숨어 있는 작가 박물관은 유명한 스코틀랜드 작가들의 계몽적인 삶을 들여다 볼 수 있다. 작가 박물관을 찾아 한적한 17세기 집의 좁은 계단을 올라가볼 수 있다.

로버트 루이스 스티븐슨Robert Louis Stevenson, 로버트 번즈Robert Burns, 월터 스콧Sir Walter Scott의 삶에 대해 전시하는 3개의 방에는 그들의 작품에 초점을 두고 있다. 에든버러 구시가지의 중심부라는 역사적인 위치는 잘 알려지지 않은 매력을 알 수 있다.

1622년에 지어지고 스코틀랜드 귀족 가문의 소유였던, 레이디 스테어 하우스Lady Stair's House로 불리기도 하는 오래된 집안의 박물관은 1907년에 시에 기증되기 전까지 계속 개인이 소장했다.

계단 꼭대기로 올라가 인쇄기의 모형을 보면 스콧의 소설 웨이벌리Waverley의 출

1층
방에는 로버트 루이 스티븐슨의 작품이 전시되어 있으며 그의 소설 중 하나를 소리 내어 읽는 연사가 방문객들을 맞이한다. 작가의 개인 소지품과 어린이의 노래 화원(A Child's Garden of Verses) 초판본 등의 소장품이 전시되어 있다. 깎아서 만든 반지와 그가 죽기 전에 사모아에서 보낸 시절의 스티븐슨의 여러 유물을 볼 수 있다.

2층
월터 스콧과 스코틀랜드에서 가장 유명한 시인 로버트 번즈에 대한 전시로 꾸며져 있다. 스콧이 글을 썼던 빅토리아 왕조 양식의 식당의 복원되어 있다. 정통 스코틀랜드 억양으로 읽어주는 시를 들어보고 저명한 작가들의 삶에 대해 설명하는 안내판을 읽고 문학적 성공에 대해 배우고 덜 알려진 작품까지 볼 수 있다. 박물관 벽에 작가들의 현대 초상화가 걸려 있다.

판 모습을 볼 수 있다. 중앙 홀의 발코니를 건너가며 영국의 다른 유명한 명문장가의 사진을 보고 미니 도서관에서 그들의 작품 일부를 읽을 수 있다.

에든버러 웨이벌리 역Edinburgh Waverley Station에서 도보로 10분 이내의 거리인 로열 마일Royal Mile 옆의 안뜰에 작가 박물관이 있다.

국립 도서관
National Library

스코틀랜드에서 가장 큰 도서관에는 전 세계에서 가장 중요한 문학 작품 보관소 중 하나이다. 스코틀랜드 국립 도서관은 스코틀랜드 역사와 문화 연구를 위한 정보의 허브로 값을 매길 수 없는 원고, 책, 지도, 보관된 필름을 포함하여 수백만 개의 자료가 보관되어 있다.

스코틀랜드 초창기에 인쇄된 책과 스코틀랜드의 역사 중 100년 이상의 기록을 담은 32,000여개 필름, 다양한 연구 분야의 최신 정보가 포함되어 있다. 매우 희귀한 자료로는 1455년에 출간된 최초의 활자 인쇄본 구텐베르크 성경의 유일한 전체 사본과 스코틀랜드 메리 여왕이 처형되기 6시간 전에 마지막으로 남긴 편지가 보관되어 있다.

1층에는 존 머레이 아카이브는 유명한 출판사 존 머레이의 200여년 역사가 담긴 영구 소장품이다. 수집된 작품 중에는 찰스 다윈, 로드 바이런, 제인 오스틴을 비롯한 세계 최고의 철학자, 작가와 주고받은 개인 편지와 서신, 각종 원고가 포함되어 있다.

도서관 카드

누구든지 도서관의 자료를 읽을 수 있으며 열람실을 사용할 수 있다. 자료를 보려면 도서관 카드가 필요한데, 방문 당일에 신청해서 받을 수 있다. 신분과 주소가 적힌 신분증을 지참하고 등록 창구로 가면 된다. 사전에 온라인으로 등록하면 도서관 이용 절차를 간소화할 수 있다.

홈페이지_ www.nls.uk
위치_ 조지 4세 브리지(George IV Bridge)에 위치
주소_ George 4 Bridge
전화_ +44-131-623-3700

엘리펀트 하우스 카페
Eleplant House Cafe

조지 4세 다리 스트리트^{George IV Bridge St.} 21번지에 있는 엘리펀트 하우스^{Eleplant House} 카페가 그곳이다. 1995년 엘리펀트 하우스가 문을 열고 조앤 J · K 롤링이 '해리 포터'를 마무리하던 이곳에서 아침부터 저녁까지 집필 작업을 하였다고 한다. 많은 관광객이 에든버러 성이 내다보이는 창가 자리에서 기념사진을 찍기 때문에 자리는 비우거나 자리를 비켜준다.

롤링은 왜 하필 엘리펀트 하우스 카페로 갔을까? 흔히 롤링이 동네 카페에서 〈해리 포터〉를 썼다고 하는데, 그때 살던 동네는 에든버러 북쪽 라이스^{Leith}로, 엘리펀트 하우스 카페가 있는 구 도시와는 꽤 떨어져 있다. 현장에 답이 있는 법이다. 카페 바로 길 건너편에 스코틀랜드 국립도서관이 있다.

1689년 개관해 1710년 국립도서관 자격을 얻은 이 도서관은 1400만종의 인쇄물 외에도 필사본 10만종, 지도 200만종, 영화 4만 6000편을 소장하고 있다. 신문과 잡지도 2만 5000종을 갖춘 이곳은 지적 호기심을 하고 창조적 글쓰기를 꿈꾸는 사람들에게는 현존하는 낙원이다.

가난한 싱글맘이 하루 종일 공짜로 책 읽고 영화 보고 길 건너 카페에서 가벼운 식사로 배를 채우고 글쓰기에 최적의 장소였을 것이다. "무엇인가에 실패하지 않고 사는 것은 불가능하다. 너무나 조심스럽게 살아서 전혀 살지 않은 것처럼 지낸다면 실패는 않겠지만 이때에는 자연스

The Elephant House

에든버러 문학산책(Book lover's tour)
5~9월 중에는 수~일요일 오후 1시 30분 작가박물관 앞에서 출발하고, 에든버러 국제페스티벌 중에는 오전 11시에 한 번 더 있다. 90분 동안 로버트 번스, 월터 스콧, 루이스 스티븐슨, 코난 도일, 제임스 배리, 알렉산더 매콜 스미스, J.K. 롤링 등 에든버러의 문학 발자취를 걷는다.

럽게 당신의 삶은 실패한 것이다." 롤링의 기적을 가능케 한 것은 생활보조금 뿐 아니라, 어마어마한 자료를 무제한 제공하는 도서관이었던 것이다!
해리포터를 탄생시킨 조앤 J·K.롤링이 집필한 장소로 유명해진 조지 브리지 George Bridge에 위치한 작은 카페이다.

홈페이지_ www.elephanthouse.biz
Open_ 월~목요일 08:00~22:00, 금요일 08:00~23:00, 토요일09:00~23:00, 일요일 09:00~22:00
전화_ 0131-668-4404

캐논게이트 커크
Canongate Kirk

에딘버러의 올드 타운에 있는 1688~1691년에 완성된 교회로 제임스 스미스James Smith가 설계하였다. 교회 앞면에 있는 상패는 지역 상인들이 기부를 통해 지어졌다. 스코틀랜드 왕족의 교회로 옆에는 홀리루드하우스Holyroodhouse 궁전과 스코틀랜드 의회가 있다. 최근에 가장 큰 행사는 2011년 7월 30일에 여왕의 손녀인 자라 필립스Zara Phillips와 전 잉글랜드 럭비 대위인 마이크 틴달Mike Tindall의 결혼식이 교회에서 열렸다.

이 교회는 특히 묘지에 유명인이 잠들어 있어 방문자가 많다. 경제학의 아버지인

아담 스미스, 철학자와 스미스의 전기 작가, 아그네스 마클 호스, 시인인 로버트 퍼거슨Robert Fergusson은 입구에 서 있다.

주소_ 153 Canongate
관람시간_ 10~17시
전화_ +44(141)556-3515

로버트 퍼거슨 동상

글래드스톤 랜드
Gladstonr's Land

올드 타운에 위치한 17세기의 오래된 주택으로 스코틀랜드인들의 옛 모습을 복원해 운영하고 있는 인기 관광지이다. 1550년에 지어져 에든버러 상인에 의해 1617년 재개발되었고 토마스 글래드스톤 Gledstanes는 1620년에 상업시설을 숙박 시설로 바꾸었다. 그는 다른 상인, 목사, 기사 및 길드 장교의 세입자에 건물의 일부를 내주었다. 복원 된 건물은 시대의 에든버러 생활에 대해 알 수 있도록 소개하고 있다. 집은 6층 높이로 확장되었지만 1934년에 철거 예정이었다.

르네상스에 그려진 천장이 인상적인 건물은 불기둥, 흐르는 물 부족, 시대 장식 및 가구와 함께 17세기의 삶을 엿볼 수 있

위에 떠있는 'gled'가있는 입구
건물 입구 위의 표시는 날짜 1617과 뻗은 날개를 가진 금테는 매를 표시한다. 'Gledstanes'이 매를 의미하는 스코틀랜드 낱말 'gled'에서 파생되었다.

다. 지상에는 프랑스 스타일의 아케이드 정면과 재건축 된 상점 부스가 있으며, 17세기 상품의 복제품이 있다. 건물의 왼쪽에는 철로 난간이 있는 곡선의 석조 나무가 길가에서 1층 높이의 문으로 이어진다. 2층에는 내셔널 트러스트 Maine Trust의 글래드스톤 갤러리 Gladstone Gallery가 있다. 갤러리는 작은 싱글 창문으로 장식 된 내부 턴 파이 계단으로 연결된다.

주소_ 477B Lawnmarket Royal Mile
관람시간_ 10~17시
전화_ +44(131)226-5856

홀리루드 하우스 궁전
Palace Holyroodhouse

험준한 요새와 같은 에든버러 성과 다른 궁전은 엘리자베스 여왕도 머무는 궁전이었다. 외관도 정원도 우아해서 아름답지만, 내부는 더욱더 화려하다. 영국 왕실이 머무는 성 중의 하나로 12세기에 홀리루드 수도원의 예배당으로서 지어진 후, 16세기 제임스 5세의 왕비를 위해 개축되면서부터 왕궁으로 사용되었다.

잉글랜드와의 전쟁 속에 군사요새로 강화되어, 거주하기 힘들어진 에든버러 성 대신 이곳이 왕궁으로서 역할을 하였다. 하지만 이곳도 1544년 전쟁으로 인해 전소되고, 현재 건물은 1671년에 재건되었다. 그 후 영국 왕실의 스코틀랜드 정식 왕궁이 되어, 현재도 엘리자베스 여왕이 에든버러에 오면 이곳에 머문다. 로열 아파트먼트와 정원은 일반에게도 공개된다. 궁전 근처에 퀸스 갤러리The Queen's Gallery가 있고, 견학도 가능하다.

//

지하철_ Waverley역에서 도보 15분
Open_ 09:30~18:00, 11~3월 ~16:30
　　　　최종입장은 45분 전
　　　　12/25~26 휴무 (여왕체재시 등 부정기 휴관)
요금_ 성인 £10.50, 어린이 £6.80

스코틀랜드 의회 의사당
Scottish Parliament Building

스코틀랜드의 정치 중심지인 현대식 건물에는 정부기관이 자리해 있으며 다양한 행사와 전시회를 개최하고 있다. 에든버러에서 꼭 봐야 할, 스코틀랜드 국회 건물의 독특한 디자인을 가진 건물의 전면은 강철, 오크, 화강암이 섞여있어 땅에서 자라고 있는 것처럼 보인다.

내부도 똑같이 흥미로우며 호기심 많은 방문객을 위한 특별 이벤트와 투어를 통해 일반인이 둘러볼 수 있도록 개방되어 있다. 예술 작품이 문화적인 스코틀랜드를 현대적으로 해석한 건물의 그림을 완성하고 있다.

1997년, 스코틀랜드가 국회를 이양하는데 찬성투표를 하면서 같은 정치인들의 회의실이 자리할 새로운 건물이 필요해졌다. 디자인할 건축가 공모전이 열렸고 2004년에 스코틀랜드 국회가 처음으로 이곳에 모였다. 현대적이고 추상적인 디자인 요소는 처음에는 논란을 불러 일으켰지만 지금은 상징적인 에든버러 건축

물의 일부가 되었다.

스코틀랜드 국회 건물은 음악 경연 대회, 다매체 예술 상연, 공개 강연, 문화와 정치 관련 회의에 사용되었다.

가이드 투어

스코틀랜드 정치의 역사와 건물 디자인을 둘러보는 국회 투어(Parliament Tour) 등 4가지 가이드 투어 중 하나를 선택하면 된다. 역사 투어(History Tour)는 스코틀랜드의 과거에 대한 이야기를 들려주고 문학 투어(Literature Tour)는 건물이 에든버러의 작가와 갖고 있는 연관성을 살펴볼 수 있다. 예술 투어(Art Tour)에서 상설 전시의 회화와 조각을 둘러보면 된다.

방문객의 회의 참가

스코틀랜드의 지도자가 정부 선택에 대해 따져보는 First Minister 's Questions에 참석하거나 회의실에서 이루어지는 논쟁을 들어볼 수 있다.

홈페이지_ www.scottish.parliament.uk
위치_ Canongate와 Horse Wynd에서 하차
Open_ 월 · 금 · 토 · 공휴일 10:00~17:00,
　　　화~목요일 09:00~18:30
전화_ 0131-348-5000

에든버러 최초의 국회의사당

에든버러 최초의 국회의사당을 놓치는 관광객이 많은데 국회의사당의 예술과 건축 양식은 살펴볼 만한 가치가 있다.

로열 마일 거리를 지나 좁은 골목길을 지날 때 살짝 우회해서 세인트 자일 성당 옆에 있는 팔러먼트 광장으로 갈 수 있다. 광장 한쪽에는 1639년부터 1707까지 스코틀랜드 의회의 집으로 사용된 국회의사당이 있다. 1707년에 잉글랜드와 스코틀랜드가 통일된 후 의회가 해산되고 정치의 중심이 런던으로 이동했다. 현재 건물은 스코틀랜드 대법원으로 사용되고 있다.

팔러먼트 홀

아직 법정에 입장하지 않은 변호사들이 모이는 곳이다. 변호사들이 가발을 쓰고 법복을 입은 채 팔러먼트 홀은 정치인들이 국사를 논의하는 회의실로 사용되었기 때문에 홀을 왔다 갔다 하는 모습을 쉽게 볼 수 있다. 고개를 들어 덴마크산 참나무로 만든 해머 빔 천장에는 17세기 초반에 지어진 이 건물에서 지금까지 보존된 몇 안 남은 실내 구조물 중 하나이다.

그레이트 사우스 윈도우

그레이트 사우스 윈도우는 1532년에 제임스 5세가 고등 법원과 최고 민사 법원의 개원을 선포하는 내용을 담은 스테인드글라스이다. 홀 주변을 둘러싸고 있는 조각상에는 정치가이자 판사였던 던컨 포브스의 동작을 조각한 대리석 조각상과 18~19세기 변호사들의 초상화도 전시되어 있다. 법정은 대중에게 공개되어 있지만 이곳에는 민사 재판을 담당하고 형사 재판은 고등 법원에서 열린다.

위치_ 올드타운의 팔러먼트 광장에 위치

로열 브리타니호
Royel Brittany

과거 영국 여왕의 개인 유람선과 대영제국의 해외 사절단 선박의 우아한 선실에서 왕실의 생활상을 엿볼 수 있다. 오션 터미널에 정박해 있는 왕실 브리타니아 호의 웅장한 모습을 통해 한때 대영제국의 국가원수가 누리던 화려한 부와 사치를 들여다 볼 수 있다.

44여 년 동안 영국 왕실에서 사용해 온 선박은 길이가 126m이며, 선수에서 선미까지 세련된 모습을 자랑한다. 대영제국 군주들의 발자취를 따라 왕실의 화려한 침실과 금박을 입힌 계단을 둘러볼 수 있다. 브리타니아 호는 1953년 최초로 항해를 시작하여 영국 왕실의 '떠다니는 궁전'과 해외 방문 시 전용 선박으로 사용되었다. 또한 브리타니아 호는 해외 내빈을 접대하는 장소와 엘리자베스 2세 여왕을 위한 선상 궁전으로 사용되었다.

오션 터미널에 있는 관광 안내소에는 선박의 역사를 보여주는 사진을 통해 선박의 유산이 조명되고 있다. 5개의 갑판에는 화려한 다이닝 룸, 하인 숙소, 여왕의 침실이 자리해 있다. 번쩍이는 기관실에서 상상 속 여왕의 전속 기관사가 되어보고, 온갖 계기판과 피스톤을 구경할 수 있다. 갑판 아래에는 Sick Bay, Galley 등의 선실이 마련되어 있다.

군주가 거주하는 고급스러운 스테이트 아파트먼트를 통해 해외 방문 시 왕실의 생활상을 엿볼 수 있기도 하다. 해외 방문 시 여왕의 전속 수행 차량이었던 롤스로이스와 해외 귀빈이나 국가 수장이 연회를 즐겼던 다이닝 룸을 구경할 수 있다.

> **오디오 가이드(입장료 포함)**
> 선박에 대한 정보를 얻을 수 있고 가족 동반인 경우 어린이용 내레이션이 포함된 가이드 투어를 선택할 수 있다.
>
> **After 12시**
> 왕실 전용 다이닝 룸이었던 갑판 티Tea룸에서 음료와 간단한 식사를 즐길 수 있다. 정교한 도자기에 담긴 차를 마시며 바다 풍경을 한껏 느끼는 시간이 된다.

홈페이지_ www.royalyachtbritannia.co.uk
Open_ 1~3월&11~12월 10:00~15:30
      4~6월 09:30~16:00
      7~9월 09:30~16:30
      10월 10:00~16:00
주소_ Ocean Drive Ocean Terminal
요금_ 성인 12.75파운드, 5~17세 어린이 8.5파운드, 5세 이하 무료
전화_ +44-131-555-5566

퀸스 갤러리

퀸스 갤러리
Queen's Gallery

스코틀랜드 왕실의 미술관으로 2002년
왕실에서 소장한 예술 작품을 2개층으로
전시하기 시작하였다. 영국의 여왕인 엘
리자베스 2세가 스코틀랜드를 방문할 때
머물렀던 곳으로 역대 스코틀랜드 왕들
의 초상화와 메리 여왕이 살던 '여왕의 거
실'이 있다. 주로 엘리자베스 2세 여왕의
사진을 중점적으로 다루고 있으며 그의
동생인 마가렛 로즈와의 사진도 꽤 있다.

세인트 자일 성당
St. Giles Cathedral

오래 전 예배 장소로 사용된 세인트 자일
성당은 예술작품, 예배당에서 스코틀랜드
의 가슴 아픈 역사를 살펴보고 뮤지컬 공

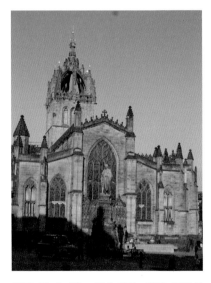

연도 볼 수 있는 장소이다. 왕관 모양의
첨탑이 인상적인 세인트 자일 성당은
600년이 넘게 에든버러 스카이라인에서
가장 눈에 띄는 곳으로 유명하다.
시슬 채플은 성당에서 가장 정교하게 꾸
며진 곳이며 엉겅퀴 훈장의 특별 기사의

이름의 유래
세인트 자일 성당은 공인된 스코틀랜드 교회이자 장로교 교회로 세인트 자일이라는 이름은 거지와 장애인의 수호성인 이름에서 따 왔다.

간단한 성당의 역사
세인트 자일 성당은 1120년에 가톨릭 예배당으로 건축되었으나 1560년에 스코틀랜드 교회가 로마 교황청과 관계를 단절한 후 개신교 교회로 변경되었다가 17세기부터 성당으로 불리게 되었다. 성당 첨탑은 15세기 말에 추가로 건축된 것이다.

뮤지컬 공연
성당에서는 다양한 점심 콘서트, 오르간 연주회, 합창회가 열리는데 대부분은 무료이기 때문에 관광객의 참여가 높다. 자세한 내용은 성당 웹사이트를 참조하면 된다.

무료 가이드 투어 & 사진 허가
자원 봉사자인 가이드에게 설명을 들을 수 있는 기회이다. 성당 내부의 사진을 찍으려면 허가를 받아야 한다. 시슬 채플과 서쪽 입구의 안내 데스크에서 약간의 요금을 내고 허가증을 받을 수 있다.

정신적인 고향이다. 이 훈장은 유래가 중세 시대까지 거슬러 올라가는 기사도 훈장이다. 참나무 조각상, 화려한 석조 작품, 백파이프를 맨 천사와 같은 스코틀랜드 특유의 형상으로 정교하게 장식된 실내 장식을 볼 수 있다.

성당에는 스코틀랜드의 유명 인사와 스코틀랜드 군인을 기리는 여러 기념비가 있다. 그 중에는 작가 로버트 루이스 스티븐슨을 기리는 청동 기념비와 개신교 개혁가 존 녹스의 조각상이 대표적인 조각상이다.

도보 투어(야간 도깨비 집 투어)
펍, 순회, 도깨비 집 투어 등 특색 있는 투어가 다양하다. 영어 설명이라고 어려워 하지말고 참여하면 좋은 여행추억이 생길 것이다. 집합장소는 다 다르다. 투어 팜플렛은 관광안내소에 있으니 확인하고 역사가가 안내하는 에든버러 원조 도깨비 & 역사 투어에 참가해보자.

Marcat Tours_ 0131-557-6464

에든버러 비어 팩토리
Edinburgh Beer Factory

맥주에 관한 투어를 만들
고 공장을 홍보하고 있다.
그런데 이 맥주의 맛이 상
당하여 영국내에서도 인
기를 얻고 있는 맥주라는
사실이다.

아일랜드의 기네스가 엄청난 성공을 거
두면서 스코틀랜드에도 벤치마킹하여 만
든 맥주 공장이다. 스코틀랜드도 술을 만
드는 상당한 기술을 가지고 있기 때문에

홈페이지_ www.edinburghbeerfactory.co.uk
주소_ Unit 15 Bankhead Industrial Estate
영업시간_ 10~18시
전화_ +44(131)442-4562

에든버러 대학교
Edinburgh University

에든버러의 유서 깊은 대학교 캠퍼스는 도시의 건축물 주위에 펼쳐져 있으며 1년 내내 개방되어 있다. 에든버러 대학교의 캠퍼스를 탐험하고 박물관과 미술관에서 캠퍼스 분위기를 즐길 수 있다. 조지안 올드 칼리지Georgian Old College의 사각형 안뜰과 뉴 칼리지 온 더 마운드New College on the Mound의 고딕 타워와 같은 명소는 대학교의 상징적인 부분이다.

1583년에 설립되어 이후로 학계의 선두에 있었던 에든버러 대학교는 힉스 입자, 복제 양 돌리, 아서 코난 도일Sir Arthur Conan Doyle의 작품이 모두 이곳에서 탄생했다.

8월의 에든버러 페스티벌 프린지Edinburgh Festival Fringe때에는 1달간 수백 명의 공연자와 함께 코미디와 예술이 도시를 점령하고 학생회 건물에서 공연이 펼쳐진다. 최고의 코미디공연을 보면서 웃거나 연극과 곡예 공연도 볼 수 있다. 여러 캠퍼스에 나누어 있는 에든버러 대학교는 로티언 버스Lothian Buses 노선으로 연결된다.

대학 박물관&갤러리 (수요가 많은 일부 박물관과 강의는 미리 예약요망)
악기 박물관에서 르네상스 시대의 피리와 네팔의 활 모양 류트를 보거나 해부학 박물관에서 라이프 마스크를 살펴볼 수 있고 자연 역사 전시(Natural History Collections)와 콕번 지리 박물관(Cockburn Geological Museum)은 각 학과의 연구 자료를 제공하고 예약을 통해 일반인의 관람도 가능하다.
대학의 주요 갤러리인 탈보트 라이스 갤러리(Tallboat Rice Gallery)는 순회 전시뿐만 아니라 현대 미술 작품도 소장하고 있다. 에든버러 예술대학(Edinburgh College of Art)의 학생 작품을 전시 룸에서 미래의 예술가들을 만나볼 수 있다. 다양한 학문 분야의 작품이 대학교의 미로 같은 복도에 정기적으로 전시되고 있다.

조지 광장 강의실(George Square Lecture Theatre)
지식인과 함께하는 대학교의 공개강의도 있어서 청강도 가능하다. 삶의 큰 문제부터 연구원과 학자들은 생각을 공유하거나 토론도 진행한다. 지속가능한 첨단기술부터 로마의 역사, 여성의 삶 등에 이르기까지 주제는 광범위하다.

메도우즈 공원
Medouz Park

에든버러에서 가장 큰 공원 중 하나로 매력적인 가로수길, 소풍지, 스포츠 시설이 있는 개방된 공간이다. 사람들에게 인기가 많은 메도우즈 공원에서 조깅, 전력 질주, 스케이트, 자전거 또는 산책을 즐길 수 있다. 이 광활한 공원은 한때 에든버러에 식수를 공급하던 호수였다. 1700년대에 물을 빼고 공원으로 변신한 후 에든버러 시민이 바쁜 일상에서 벗어나 휴식을 취하는 장소로 사랑을 받고 있다.

공원의 중앙 가로수길 미들 메도우 워크를 따라 산책하면 산책로 정상에는 잠시 쉴 수 있는 여러 카페와 상점도 있다. 자전거, 스케이트, 인라인 스케이트를 가지고 온 공원의 자전거 레인을 따라 즐기는 모습을 볼 수 있다.

공원의 수많은 스포츠 경기장과 운동장에서 스포츠 실력을 자랑하고 있다. 메도우즈 상부에 있는 골프 코스에서 한 라운드를 돌면 누구나 입장할 수 있는 골프장이 나온다. 공원의 서쪽 끝에는 메도우즈 크로켓 게임장이 보인다. 또한 16개 코트를 갖춘 테니스 클럽도 있다

날씨가 화창해지면 공원으로 소풍을 가는 사람들이 많아진다. 메도우즈 공원에는 넓고 평평한 잔디밭이 광활하게 펼쳐져 있고, 수많은 피크닉 테이블도 준비되어 있다.

///

위치_ 조지 광장의 옆

에든버러 동물원
Edinburgh Zoo

멸종 위기에 처한 희귀종을 구경하고 에든버러 최대 규모의 야생 동물원이 동물 보호를 위해 노력하고 있는 동물원에는 거의 200종에 걸쳐 1,000가지 이상의 동물이 살고 있다. 가장 인기 있는 코스 중 하나는 광대한 침팬지 시설인 부동고 트레일이다. 침팬지가 나무를 올라가고 스트레칭을 하고 야외 울타리에서 노는 모습과 실내 우리를 관찰할 수 있다. 양방향 디지털 게임과 모조 해골을 통해 침팬지와 인간이 비슷한 점과 다른 점을 알아볼 수 있다.

통로 위에 조성된 새장을 올려다보면 이 국적인 새가 날아다니는 모습을 볼 수 있다. 새장에는 전 세계의 조류가 모여 있는데, 그 중에는 심각한 멸종 위기에 처해 있는 발리 찌르레기, 그리고 살아 있는 새 중에 도도새와 가장 가까운 친척인 니코바르 비둘기도 포함되어 있다. 동물원에서 매일 정오에 동물원의 새에 대해 설명해 준다. 약용 식물을 재배하고 있는 피직스 가든에는 들러 사람의 신체 일부를 닮은 신기한 식물을 볼 수 있다.

에든버러 시내에서 서쪽으로 약 4.8㎞ (3miles) 떨어진 에든버러 동물원은 교통이 편리하여 4개의 로디언 버스 노선이 동물원 정문에 정차한다.

팬더 체험
동물원에서 가장 유명한 구역에는 자이언트 팬더 '티안티안과 양광'이 살고 있다. 팬더의 모습을 구경하려면 미리 예약해야 한다. 티켓은 무료이지만 공간이 한정되어 있어서 동물원 직원이 10분마다 한 그룹씩 관람 지역으로 안내한다. 1년 내내 팬더, 펭귄, 다람쥐원숭이의 모습을 비춰 주는 카메라가 따로 있다.

힐탑 사파리
얼룩말 트레일러에 올라타고 30분 동안 힐탑 사파리를 즐길 수 있다. 사파리 투어는 오리 연못에서 출발하여 약 30분이 소요된다. 트레일러는 개코원숭이, 영양, 거대 고양이과 주역을 통과하며 이동하는 동안 가이드인 운전사가 동물에 대해 설명해 준다.

홈페이지_ www.edinborghzoo.org.uk
주소_ 134 Corstorphine Road
시간_ 10~17시
전화_ +44-131-334-9171

에든버러 국제 페스티벌
(Edinburgh International Festival)

에든버러가 전 세계에서 온 관광객과 공연사람들로 북적이며 들뜨는 때가 매년 8월 중순에서 9월에 걸쳐 개최되는 에든버러 국제 페스티벌시기이다. 연극과 발레, 오페라에서 클래식 음악, 재즈와 퍼포먼스까지, 다양한 장르의 예술가가 전 세계에서 모여들어, 3주간에 걸쳐 여러 가지의 이벤트로 가득해진다. 페스티벌 극장은 물론, 상설 극장, 콘서트홀과 거리 곳곳이 즉석 극장으로 변해 다양한 상연이 개최된다. 회장은 실내뿐만이 아니다.

거리와 공원을 무대로 스트리트 퍼포먼스를 선보이는 퍼포머들이 전 세계에서 모여든다. 페스티벌기간 중에는 이벤트에도 주목해야 한다. 페스티벌 전일은 퍼레이드가 프린시즈 스트리트에서 펼쳐지며, 중반에는 프린시즈 스트리트 가든에서 불꽃축제가 열린다.

화려한 세레모니 중에서도 가장 인기 있는 것은 8월 초순부터 시작하는 군악대의 야외 행진 '밀리터리 타투 Military Tattoo'공연이다. 스코틀랜드 위병의 백파이프 부대를 중심으로 각국의 밴드와 댄스 팀도 가세해 밤마다 드라마틱한 퍼레이드가 에든버러 성 앞에서 펼쳐진다. 국제 페스티벌은 음악과 연극 팬에게는 큰 행사라서 이 시기의 에든버러는 대만원을 이룬다. 철도나 비행기는 만석이 되며, 호텔도 만실이 된다. 인기 상연 작품은 정말 빨리 예약해 두지 않으면 구할 수 없다.

8월의 밀리터리 타투 페스티벌 뒷모습

8월의 에든버러는 공연하는 사람과 관광객이 모여 어디를 가든 붐빈다. 그렇지만 재미있는 에든버러 프린지 페스티벌은 반드시 즐겨야 한다(8월 초부터 3주간) 연극, 오페라, 클래식, 춤 등 세계 각국에서 온 공연 팀이 무대를 꾸미는데, 거리 홍보전부터 어깨를 들썩이게 한다. 축제 기간 저녁마다 에든버러 성 앞에서 스코틀랜드 전통 킬트를 입은 수백 명의 군인이 백파이프와 북을 연주하는 '밀리터리 타투'가 특히 인기다.

밀리터리 타투 페스티벌을 준비하는 모습

공연하는 모습

절도 있는 모습으로 각 나라의 군 공연 팀은 공연하는 모습

각 나라에서 온 공연 팀은 자신의 순서에 맞추어 준비하는 모습

에든버러의 3대 박물관

런던과 에든버러의 박물관을 비교하면 에든버러가 양이나 질적으로 밀리는 것은 사실이다. 그러나 스코틀랜드는 산업혁명을 이끌었다는 자부심이 있어 과학사와 관련해 스코틀랜드 왕립 박물관에 전시하고 있다. 르네상스시대의 이탈리아 화가와 18세기의 화가들, 플랑드르 화파, 현대 미술품을 골고루 전시한 스코틀랜드 내셔널 갤러리는 볼만하다.

에든버러 미술관과 박물관 개관의 특징
유럽에서 미술관과 박물관을 안 볼 수는 없지만 간혹 휴관 하는 날에 가면 돌아오는 일이 발생하여 허탈한 경우가 많다. 하지만 에든버러는 모두 일주일 내내 개관하기 때문에 공휴일과 겹쳤다고 발길을 돌려오지는 않는다. 평일에는 10~17시, 일요일은 12~17시에 개관하고 크리스마스와 박싱데이Boxing Day, 새해의 첫날은 쉰다.

국립 박물관(National Museum of Scotland)

1860년에 과학과 예술 박물관으로 시작되어 자연사, 과학, 기술, 고고학, 민족학 등을 전시해 놓고 있다. 100만 년 된 화석에서부터 첨단 기술에 이르기까지의 모든 것을 전시한 박물관이다. 고대로 돌아가거나 동물의 세계를 탐험하기도 하여 세계를 즐기고 예술과 인간의 발명을 감상할 수 있다.

스코틀랜드 국립 박물관은 에든버러에서 가장 훌륭한 빅토리아 시대의 건축물로 당대에 유명한 캡틴 프란시스 포크Captain Francis Fowke가 기획하고 설계하였다. 처음부터 박물관으로 사용하기 위해 지은 건축물로 당시에는 최첨단 빅토리아식 박물관으로 설계되었다고 한다. 메인 홀은 최첨단 빅토리아식 박물관으로 설계하고 단단한 기둥이 전시관을 지탱하며 햇빛이 유리지붕을 통해 들어오도록 하였다. 자연조명으로 직물 같은 전시 작품에 손상을 가져올 수 있어 지붕을 덜거나 조명을 어둡게 처리하기도 하였다.

150년에 걸쳐 고대부터 현대까지의 전시품을 수집하였고 반갑게 대한민국 전시실도 볼 수 있다. 전시작품의 진열방식은 계속해 바뀐다. 3층

의 아이비 우 갤러리Ivy Wu Gallery에는 중국, 일본과 대한민국의 유물들이 전시되어 있지만 다른 전시실에 비하면 작은 편이다. 대한민국 전시실에는 도자기가 전시되어 있고 가옥이나 대한민국에 대한 소개가 주를 이룬다.

홈페이지_ www.nms.ac.uk/Royal
Open_ 월~토 10시~17시(일요일만 12시~17시)
　　　　12월25, 26일, 1월 1일 휴관
위치_ 웨이버리(Waverly) 역에서 걸어서 10분
주소_ Chambers Street Edinburgh EH1 1JF
요금_ 무료
전화_ +44(300) 123-6789

1층 (Ground Floor)

로비(파르바티)가 있는 로비부터 전시가 시작되는데 인도와 일본의 조각 작품, 고대부터 중세까지의 미술, 진화에 대한 전시가 되고 있다. 공룡의 전시도 같이 있다.

파르바티(State of Parrati)

시바 여신의 친구 여신으로 인도의 사원에 힌두교 신의 조각이 튀어나온 양각으로 표현되어 있다. 힌두교들에게 조각은 종교 생활에 중요한 위치를 차지하는 중요한 작품이다.

새끼 코끼리(Baby Elepant)

1854년, 시작부터 자연사는 박물관의 중요한 부분이었다. 코끼리가 전시 작품에 포함된 이유는 1819년에 다른 박물관에서 구입한 것으로 유럽에서 가장 오래된 아프리카코끼리 견본이라는 중요한 사실을 가지고 있다.

흰 긴수염고래 뼈(Skeleton of a Bluewhale)

1831년 에든버러 근처의 해변에서 발견한 것으로 39개월 동안 만들어졌다. 흰 긴수염고래는 지구에 살고 있는 동물 가운데 몸집이 가장 크기 때문에 자연사 박물관에서 가장 인상적인 전시물이다.

13~19세기의 유럽 미술부터 도자기, 유리공예, 자연사와 이집트 전시, 생활에 관련된 전시까지 나뉘어 있다.

고대 이집트(Ancient egypt / 1~20 전시실)

가장 인기 있는 전시는 미라로 로마제국의 이집트지배 시절의 사람이다. 붕대를 감은 상태가 정교하고 도금이 된 돌로 장식되어 있다. 카르토니지는 성직자와 젊은 여자의 미라를 두른 외피로 석고로 딱딱하게 된 리넨으로 만들어졌다. 죽은 사람을 보존하는 고대 이집트 의상은 사후세계에 대한 믿음으로 나온 것이다.

15세기 도자기(Moon Flask / 1~3전시실)

중국의 청, 백자는 유럽으로 수출되었기 때문에 중국에서 가장 유명한 것 중 하나가 도자기이다. 하얀색 바탕에 코발트블루로 그림이 그려진 보름달 모양의 술병으로 모양은 시리아로부터 들어온 것이다.

동북아 3국인 우리나라와 중국, 일본의 문화를 모아놓은 전시실과 이슬람 문화와 화석, 뼈, 광물을 전시하고 민속 전시실에는 폴리네시안, 아프리카의 부족에 관한 전시가 되어 있다.

유리 지구

1913년에 박물관에 설치된 것으로 행성의 움직임과 태양 주위의 위성을 볼 수 있다.

가면(2~20 전시실)

세계의 많은 지역에서 가면은 전통적인 가장 무도회나 의식과 행사를 위해 사용되었다. 가면에 따라 맞는 의상을 입고 행사를 치렀기 때문에 가면 형태는 세대가 바뀌어 변화를 해왔다. 아프리카의 다양한 가면을 볼 수 있다.

화석(2~10전시실)

전 세계에서 모은 화석 전시품을 모아 전시하고 있다. 빨간 사람 석판에 새겨진 어류의 화석이 볼 만하다. 3억 6천만 년 화석을 스코틀랜드의 두라덴에서 발견한 것이다.

스코틀랜드 내셔널 갤러리(Scottish National Gallery)

14세기부터 20세기 초반까지의 유럽과 스코틀랜드의 미술작품을 소장하고 있다. 구시가와 신시가를 연결하는 중간지점에 위치해 있다. 오디오 가이드를 따라 설명을 들으면서 관람하면 약2~3시간 정도가 소요된다. 1층의 네덜란드와 플랑드르 회화관과 2층의 유럽 회화가 볼만 하다.

간단한 갤러리 역사
앨버트 왕자에 의해 1850년에 초석이 세워져 1859년부터 일반에 공개되었다. 초기에는 반 다이크, 티에폴로 등의 작품을 기증받아 시작되어 1945년, 서덜랜드 공이 티치아노, 렘브란트, 틴토레토의 작품들을 들여오면서 미술관의 형태를 갖추었다. 1978년 스코틀랜드 회화 전시실로 사용하면서 스코틀랜드인의 자부심을 가지게 되었다.

1층 (Ground Floor)

1층에는 총 12개의 전시실에서 티치아노Tiziano와 베로네제Paolo Veronese 등의 16세기 베네치아 회화를 1~2전시실에서 볼 수 있고 네덜란드와 플랑드르 화파의 그림은 6~9전시실에, 17세기의 유럽회화는 10전시실에 18~19세기 영미 회화는 11~12전시실에서 볼 수 있다.

16세기 베네치아 회화(1~2전시실)
티치아노Tiziano와 베로네제Paolo Veronese의 작품이 볼만하다. 티치아노Tiziano의 작품으로는 필립 2세를 위해 그려진 다이아나와 악타이온Diana and Actaeon, 다이아나와 칼리스토Diana and Callisto, 페르세우스와 안드로메Perseus and Andromeda다, 나이의 3단계The Three Ages of Man 등과 베로네제 Paolo Veronese는 마르스와 비너스Mars and Venus 등이 꼭 볼만한 그림들이다.

나이의 3단계(The Three Ages of Man)
유아와 성인, 노인까지 인간의 3가지 나이에 따라 잠자는 아이들, 젊은 남녀 한 쌍과 2개의 두개골을 바라보는 노인으로 상징이 되는 그림이다. 두개골이 죽음에 대한 불길한 암시를 주고 있는데 비해 날개 달린 큐피드와 소녀의 은 매화 왕관은 사랑이 존재하고 있는 것을 보여주고 있다.

네덜란드와 플랑드르 회화(6~9전시실)
4개의 전시실을 사용하고 있을 만큼 대표적인 회화이다. 스코틀랜드에서 가장 중요한 그림은

휴고 반 데르 구스(Hugo Van Der Goes)의 트리니티 제단화(The Trinity Altarpiece)
스코틀랜드 제임스 3세의 어머니에 의해 세워진 에든버러의 홀리 트리니티 교회를 위해 그려진 것으로 추정되고 있고 교회의 오르간 덮개로 사용될 의도로 만들어졌을 가능성도 있다. 우피치 미술관에도 반 데르 구스의 제단화와 유사한 그림이 있다.

15세기 회화인 휴고 반 데르 구스Hugo Van Der Goes의 트리니티 제단화The Trinity Altarpiece와 제라드 데이비스Gerard Davis의 성 니콜라스 생애의 3가지 에피소드Three Episodes from The Life of St. Nicholas' 프란스 할스의 초상화를 비롯해 렘브란트, 루이스달, 얀 베르메르의 작품들을 감상할 수 있다.

18~19세기의 영미회화(11~12전시실)
레이놀즈 경Sir Joshua Reynolds, 터너J. M.W. Turner같은 화가들의 작품은 빼놓을 수 없다. 게인스버러의 대작인 존 캠벨의 초상화John Cambell 4th Duke of Argyll는 그림의 사실적인 묘사와 크기에 압도될 것이다.

2층 (Upper Floor)

1530년 이전의 이탈리아, 북구 회화를 전시하고 있다. 런던의 내셔널 갤러리 다음으로 영국에서 가장 훌륭한 라파엘로, 필리피노 리피의 이탈리아 회화를 감상할 수 있다. A2~A6 전시실에는 인상주의를 포함한 18~19세기의 유럽 회화를 감상할 수 있다. 모네, 세잔, 드가의 작품이 있어 가장 흥미롭다.

지하 (Lower Floor)

17~19세기의 스코틀랜드 화가의 작품이 많다. 스코틀랜드 풍경화의 특징이라면 드라마틱한 빛의 효과나 낭만주의적인 분위기이다. 헨리 레이번Henry Raeburn의 디딩스턴 호수에서 스케이팅하는 워커 목사가 대표작이다. 주위의 배경을 어두운 톤으로 흐릿하게 칠해 검은 옷을 입고 검은 모자를 쓴 주인공 워커 목사만이 부각이 되는 그림이다.

홈페이지_ www.nationalgalleries.org
Open_ 월~토 10시~17시(일요일만 14시~17시, 12월 25, 26일, 1월 1일 휴관)
위치_ 웨이버리(Waverly) 역에서 걸어서 5분 (프린스 스트리트 앤 가든 근처)
주소_ The Mound Edinburgh EH2 2EL
전화_ +44 131 624 6200

스코틀랜드 현대 미술관(Scottish National Gallery of Modern Art)

에든버러 서쪽의 공원에 현대미술관이 자리 잡고 있다. 1960년에 시작되었지만 1984년에
이사하여 지금에 이르고 있다. 헨리 무어, 바바라 훼워스, 앤소니 카로 등 우리에게는 낯선
작품들이 전시되어 있다. 하지만 4천점이 넘는 작품이 전시될 정도로 많은 작품들이 전시
되어 에든버러 시민들의 문화생활을 풍부하게 해주고 있다.

최근에는 피카소, 에른스트, 달리, 마그리트의 명작을 포함해 초현실주의 작품이 강화되었
고 베이컨, 벨리니 같은 현대 영국 화가의 작품도 전시하고 있다. 1층에는 특별 전시공간으
로 사용되고 지하에는 전시실이 없어 2층에 작품이 집중되어 있다.

뉴 타운
New Town

우리나라의 뉴타운을 생각하면서 현재 만들어진 새로운 주택단지라고 생각하면 오산이다. 'New'라고 말은 하지만, 조지 왕조 풍의 우아한 거리로 18세기 부유한 상인이나 귀족을 위해 계획적으로 조성한 거리가 뉴타운이다. 조지 왕조 식의 산뜻한 테라스 하우스가 완만한 경사면에 늘어서 있고 시내 저편에는 바다도 보인다. 올드 타운과는 다르게 아름다운 거리를 감상하면서 산책하면 간단히 끝이 난다.

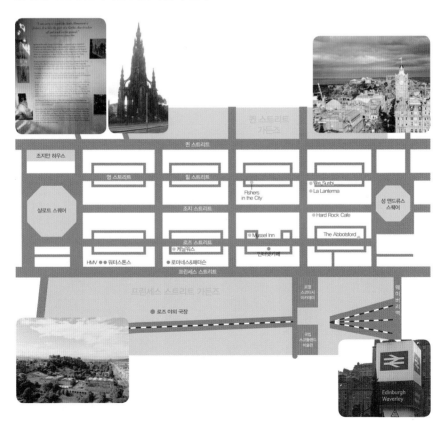

프린세스 스트리트
Princess Street

에든버러 최대의 번화가로 신시가지의
중심도로로 서울의 명도이라고 생각하면
이해가 쉽다. 웨이버리^{Waively}역, 백화점,
부티크, 각종 쇼핑센터가 모두 이 거리에

있다. 거리를 거닐다 보면 전통 의상을 입
고 백파이프를 연주하는 사람의 모습도
보인다.

프린세스 스트리트^{Princess Street} 중간 왼쪽
지점에 마치 불에 탄 듯이 검게 그을린
스콧 기념탑이 보인다. 스콧 기념탑 아래
의 커다란 잔디 공원은 시민들의 휴식처
로 아름다운 꽃시계가 있다. 여행을 하며
잠시 쉬었다 가도 좋다.

조지언 타운 하우스
Georgian Town House

18세기 에든버러의 상류층이 어떻게 살았는지 경험해 보도록 복원시켰다. 호화로운 실내로 들어가서 골동품, 가구, 은 세공품을 구경하며 18세기 후반 에든버러의 상류층이 어떻게 살았을까 상상할 수 있다. 조지언 하우스Georgian Town House는 1791년에 스코틀랜드에서 가장 유명한 건축가 중 한 명인 로버트 애덤이 설계한 3층짜리 타운하우스이다. 건물은 샬롯 광장에 있는데, 현재에도 에든버러에서 가장 호화로운 지역 중 하나이다. 이 지역을 뉴타운이라고도 한다. 샬롯 광장은 18세기 중반에서 19세기 사이에 건축되었다. 완벽하게 복원하여 이전 시대의 가구와 예술품으로 장식되었다. 가장 큰 공간은 응접실과 식당이며 화려함의 극치를 보여 주는 장소이다. 내부는 18세기 스코틀랜드에서 명성을 떨치던 예술가들의 스퀘어 피아노, 도자기, 은 세공품과 그림으로 장식되어 있다.

지하실로 가면 하인들이 저택의 품위를 유지하기 위해 일하던 공간을 볼 수 있다. 와인 저장고, 도자기 찬장, 복원된 주방과 각종 냄비, 팬, 살림 도구를 살펴보면 비좁고 창문이 없는 방이 보이지 않는 곳에서 일했던 일꾼들의 숙소라는 사실에 안타까운 마음이 든다. 1층에는 에든버러 뉴타운의 역사에 대한 짧은 비디오를 볼 수 있다. 각 방에는 가이드가 있어서 자유 교회 목사, 판사, 후작, 최초의 소유자인 라몬트 가문을 포함하여 역대 저택 소유자에 대해 가이드가 설명해 준다.

홈페이지_ www.nts.org.uk
주소_ 7 Charlotte Square
시간_ 10~17시 **전화_** +44-131-225-2160

프린세스 스트리트 정원
Princess Street garden

에든버러의 구시가와 18세기에 건설된 뉴
타운의 경계가 되는 녹색의 매력적인 공
간인 프린세스 스트리트 정원은 에든버
러에서 가장 인기 많은 개방된 공간에서
한가롭게 산책하는 시민들을 볼 수 있다.
프린세스 스트리트 정원은 에든버러 중
앙에 위치하고 있기 때문에 손쉽게 찾아
갈 수 있다. 수백 년 동안 노르 로크(Nor'
Loch)라고 불리던 이 지역은 장기간에 걸
쳐 물을 뺀 후 1820년대에 정원이 조성되
었다.

프린세스 스트리트 정원은 언제 방문하
더라도 아름다운 곳이다. 특히 12월은 정
원이 "윈터 원더랜드"로 변하는 가장 아

름다운 계절 로 아이스 링크, 관람차, 썰
매 등 모든 연령대를 위한 다양한 코스와
활동이 있다.

위치_ 54Princess Street
전화_ +44-131-510-7555

비운의 여왕 메리

스코틀랜드 역사상 '메리'여왕만큼 불행한 삶을 살았던 여왕도 없을 것이다. 잉글랜드의 끝없는 침략으로 결국 역사의 뒤안길로 사라진 스코틀랜드 왕국만큼이나 그녀의 인생은 파란만장했다. 제임스 5세의 딸인 그녀는 생후 1주일 만에 아버지가 죽자 스털링에서 즉위하였다. 그 후 그녀는 신, 구교간의 정쟁을 피해 스코틀랜드를 떠나 프랑스에서 구교도 양육되어 1558년 프랑스 황태자와 결혼하였다. 1559년 남편인 프랑수아 2세가 왕위에 올랐으나 1년 후 병사하여, 1561년 다시 고국으로 돌아왔다.

그 후 구교도인 사촌 동생 단리와 재혼을 하였으나 그와의 사이가 원만하지 않던 중 남편이 보스웰 백작에게 암살당했다. 그녀가 다시 보스웰과 재혼하자 귀족들이 반란을 일으켜 결국 아들인 제임스 6세(영국왕 제임스 1세)에게 물려주고 로크레븐 성에 유폐되었다. 후에 영국으로 탈출하여 사촌인 엘리자베스 1세의 보호를 받으려 했으나 1586년 배빙턴의 음모사건에 연루되어 19년간의 유폐생활 끝에 참수되었다. 에든버러가 왠지 모르게 우울하고 슬프게 느껴지는 이유가 비운의 스코틀랜드 역사와 한 나라의 여왕으로 불행한 삶을 살았던 그녀의 한이 서려 있기 때문은 아닐까 생각해 본다.

스콧 기념탑
Scott Monument

에든버러 역을 나오면 1844년에 세워진 61m의 검은색 타워 스콧 기념탑이 가장 먼저 보인다. 에든버러 한복판 프린세스 거리에 세워진 이 기념탑은 스코틀랜드가 낳은 대문호인 〈아이반 호〉의 작가 월터 스콧의 기념탑이다. 우리에게는 흑기사로 알려진 작품인 〈아이반 호〉를 쓴 스콧은 스코틀랜드의 역사와 전통을 새롭게 썼다는 평을 받고 있는 스코틀랜드가 가장 자랑스럽게 생각하는 작가이다.

스콧의 글을 통해 스코틀랜드는 세상에 서 가장 아름다운 풍경을 가진 나라가 되 었고 스코틀랜드 인들이 미처 깨닫지 못 한 아름다움을 발견하게 되었으며, 자기가 살아가는 땅을 자랑스러워하게 되었다.

이런 까닭에 중세 도시 한복판에 우뚝 솟은 스콧 기념탑도 런던의 한복판 트라팔가 광장에 세운 영국의 영웅 '넬슨 제독'의 동상에 질세라 자존심이 강한 스코틀랜드 인들이 넬슨 기념탑보다 5m 높게 지었다고 한다.

스콧 기념비

간단한 역사
에든버러에서 가장 쉽게 찾을 수 있는 랜드마크이자 스코틀랜드의 전설적인 문학가를 기념하기 위해 세워진 스콧 기념비는 스코틀랜드에서 가장 유명한 작가 월터 스콧 경(1771–1832)을 기념하기 위해 건축되었다. 빅토리아 시대 고딕 양식으로 건축된 이 기념비는 그 높이가 60.9m(200ft)에 달하며 한 작가에게 헌정된 기념비로는 전 세계에서 가장 크다. 스콧이 사망한 후 시민들 사이에는 에든버러에서 가장 유명했던 사람을 기리는 기념비를 세워야 한다는 여론이 형성되었고, 1840년에 착공하여 1846년에 처음으로 대중에게 개방되었다.

전망대
287개 계단을 따라 올라가다 보면 중간에 여러 전망대가 있기 때문에 한 번에 꼭대기까지 올라갈 필요는 없다. 꼭대기까지 가려면 비탈지고 좁은 첨탑 계단을 올라가야 한다. 대부분의 사람들이 도시의 아름다운 경치를 감상하기 위해 스콧기념비를 찾지만 기념비 주변을 돌고 계단을 오르는 동안 아름다운 건축 양식을 자세히 살펴보는 것도 큰 즐거움이다. 스코틀랜드 역사책에 나오는 유명 인사 64인의 조각상을 찾아보는 것도 좋다. 월터 경과 애완견 메이다를 조각한 흰색 대리석 조각상은 기념비를 받치는 4개 기둥 사이의 지면에 있다. 기괴한 얼굴을 한 가고일 석상은 고딕 양식 건축에서 볼 수 있다.

1층
기념비와 월터 경에 대해 알고 싶다면 1층의 박물관을 찾으면 된다. 작은 규모로 월터 경의 일생에 대한 자료들이 전시되어 있다. 박물관의 스테인드글라스 창문은 아름답다. 창문에 에든버러 문장, 스코틀랜드 문장, 스코틀랜드의 수호성인 세인트 앤드류, 에든버러의 수호성인 세인트 자일이 그려져 있다.

칼튼 힐
Calton Hill

에든버러 기차역에서 북쪽으로 나오면 곧바로 프린스 스트리트Prices St.를 만나게 된다. 역을 등지고 오른쪽으로 올라가면 왼쪽에 칼튼 힐Calton Hill로 올라가는 길을 쉽게 찾을 수 있다. 에든버러에서 가장 추천하는 곳이 칼튼 힐이다. 여기는 해발 110m로 상당히 낮지만, 산 정상에서 시내의 조망은 마치 그림을 그린 듯이 아름답다.

우아한 홀리루드하우스 궁전이 수목들 사이에 펼쳐져 있고 그 건너편에는 올드타운의 집들이 이어진다. 또한 북쪽으로 눈을 돌리면 아름다운 리스 항구가 보인다. 산맥은 구 천문대와 넬슨 제독의 기념탑이 있고 정상에는 19세기 초 나폴레옹 전쟁으로 전사한 병사를 추모하는 미완성 모뉴멘트가있다.

높이는 110m. 동네 뒷산 수준이지만 에든버러를 다녀간 여행자들은 반드시 칼튼 힐을 방문해야 한다고 입을 모아 말한다.

칼튼 힐에서 바라보는 에든버러의 시가지 야경은 첫 번째 손가락에 꼽을 만큼 근사한 추억이 되기 때문이다. 해실녘의 칼튼 힐은 유명한 출사지이다. 아름다운 에든버러 야경을 카메라에 담으려는 사람들이 촬영 포인트에 진을 치고 있다. 촬영하는 모습이 묘하게 흥미롭다.

어둠이 물들이는 도시의 빛을 조용히 여유롭게 만끽하며 시간과 공간을 음미하는 사람들 또한 멋진 풍경에 어우러지고 있다. 도란도란 이야기를 나누기도 하고 말없이 함께 도시의 밤을 응시하기도 했는데 가장 낭만적인 에든버러를 즐기는 방법 중에 하나이다. 어둠이 점점 더 짙은 색으로 도시에 내려앉기 시작하면 에든버러 시내의 불빛은 더욱 또렷해진다. 조명 때문에 웅장한 모습이 더욱 두드러지는 에든버러 성, 프린스 스트리트를 경계선 삼아 좌우로 나뉘는 구시가지와 신시가지의 불빛은 선명하게 빛나고 있다.

//

지하철_ Waverley역에서 산 정상까지 도보 20분
Open_ 10:00~18:00(월요일은 13:00~),
　　　　10~3월은 ~15:00
　　　　일요일, 12/25~26, 1/1~2 휴무

칼튼힐(Calton Hill) 구조물
넬슨 기념탑(The Nelson Monument)
언덕에 오르면서 먼저 보이는 것은 망원 경모양의 넬슨 기념탑the Nelson Monument 영국 역사상 가장 위대한 해군 제독이자 영웅인 넬슨 제독을 기리는 탑으로 넬슨 은 1805년 나폴레옹 전쟁 중 트라팔가 해 전에서 사망했는데 영국군은 단 한 척의 배도 잃지 않고 프랑스–스페인 연합 함대 33척을 괴멸시켜 전쟁에서 승리하였다. 꼭대기에 있는 전망대(5파운드) 오르면 에든버러 시내를 한눈에 조망할 수 있다.

내셔널 모뉴먼트
(National Monument of Scotland)
나폴레옹 전쟁의 승전을 기념하는 전쟁 전몰자 기념물이다. 1882년에 만들기 시 작했지만 예산이 부족해 파사드 부분만 세워진 채 지금까지 완성되지 못하고 있 다. 에든버러의 건축가 윌리엄 플레이페 어William Playfair가 아테네의 파르테논 신 전을 모방해 만들었다는 미완성의 이 건 축물은 미완성이라서 언덕에 더 잘 어울 리는 것 같다. 미완의 기둥은 언덕 위에 서 하늘을 떠받치고 있는 듯 당당하고 즐 기고 싶은 많은 시민들은 계단을 올라서 있다.

내셔널 모뉴먼트National Monument of Scotland를 더 걸어 지나가면 건너편에 홀 리루드 파크의 정상이 보인다. 탁 트인 듯 시원한 전망에 비스듬한 산 사면이 인상 적이다. 저 비탈진 산 정상에 아서스 시트 Arthur's Seat가 있다. 원탁의 기사로 유명한 아더왕과 관련된 전설이 전해져 오는 장 소다.

칼튼 힐(Calton Hill) 즐기는 방법

칼튼 힐Calton Hill은 에든버러의 주요 쇼핑 거리인 프린세스Princess Street의 동쪽 끝에서 도보로 불과 5분 거리에 있다. 카메라를 들고 각종 기념물, 감탄이 절로 나오는 절경, 스코틀랜드 정부 청사가 있는 언덕을 향해 올라가면 사화산인 칼튼 힐Calton Hill 정상 주변은 각종 기념물과 웅장한 건물로 둘러싸여 있다.

칼튼 힐Calton Hill에는 에든버러에서 가장 아름답기로 소문난 곳이 몇 군데 있다. 칼튼 힐Calton Hill의 높이는 해발 171m(561ft)로 언덕 정상까지 쉽게 올라갈 수 있다. 언덕 남쪽에는 계단이 있어서 좀 더 쉽게 올라갈 수 있기도 하다.

주변 파악하기

정상에 도착해 주변을 둘러보자. 남쪽에는 솔즈베리 크래그와 아서즈 시트가 보이고, 서쪽의 로열 마일을 따라 시선을 이동하다 보면 성이 나온다. 북쪽으로는 쭉 펼쳐진 파이프 해안과 포스 하구가 보인다.

넬슨 기념물의 전망대에 올라서면 훨씬 멋진 경치를 감상할 수 있다. 30미터(100피트) 높이의 이 탑은 언덕에서 가장 높은 건축물이다. 망원경을 닮았으며 호레이쇼 넬슨 제독이 트라팔가 해전에서 승리한 사건을 기념하기 위해 건축되었다. 기념물 꼭대기의 돛대에서 거대한 타임 볼이 떨어지는 모습을 구경할 수 있다. 에든버러 성의 1시를 알리는 대포One O'Clock Gun 소리와 동시에 타임 볼이 떨어진다. 과거에는 인근의 선박이 두 신호에 따라 배의 시계를 맞췄다고 전해진다.

계단을 올라가서 국립기념물의 도리아 양식 기둥을 지그재그로 통과하면 아테네의 파르테논 신전을 본떠 만든 내셔널 모뉴먼트National Monument가 나온다. 나폴레옹 전쟁에서 전사한 스코틀랜드 군인들을 기리기 위해 건축되었다. 1826년에 착공했지만 프로젝트 자금이 부족하여 공사가 재개되지 못하기도 했다.

스코틀랜드의 국보급 시인 로버트 번스를 위해 건축된 번스 기념비는 사진 촬영에 매우 좋은 곳이다. 언덕 남쪽 경사면에 세워진 세인트 앤드류 하우스는 아르데코 건축 양식의 아름다움을 잘 보여준다. 이 건물은 스코틀랜드 정부의 본부이다.

//

주소_ St. Andrews House 2 Regent Road
전화_ +44-131-529-5151

아서즈 시트
Arthur's Seat

시내에서 5분 거리에 있으며 과거에 활화산이었던 이 언덕에 올라 에든버러의 인상적인 경치를 감상할 수 있다. 언덕길을 따라 가면 에든버러 화산 활동의 역사를 알 수 있다. 아서즈 시트^{Arthur's Seat}는 약 350만 년 전에 분출한 것으로 추정되는 대형 사화산의 일부이다. 에든버러 대부분의 지역에서 볼 수 있는 암석 언덕인 아서즈 시트^{Arthur's Seat} 높이는 251m(823ft)이다. 멀리서 보면 사자가 웅크리고 있는 형상을 닮았다.

명칭의 기원

정확히 밝혀지지 않았지만 유력한 설 2가지가 있다. 하나는 아서 왕의 이름을 딴 것이라는 설이고, 다른 하나는 "활을 쏘는 언덕"이라는 뜻의 게일어 'Ard-na-Said'에서 파생된 것이라는 설이다.

올라가기

어떤 길을 선택하든 언덕 정상까지 수월하게 올라갈 수 있다. 다만 언덕 정상은 바위투성이에 바람이 강하게 분다. 언덕까지의 거리는 4.8㎞(3miles)가 채 안 되며, 선택하는 경로와 걷는 속도에 따라 30분부터 몇 시간까지 걸릴 수 있다. 언덕 오르기에 익숙하지 않은 관광객은 언덕길이 힘들 수 있으므로 사전에 물을 준비하는 것이 좋다.

언덕을 오르는 동안 보이는 어두운 회색 현무암 덩어리가 바로 용암이 흐른 흔적이 보인다. 정상에 도착한 후에는 잠시 도시의 경치를 바라보면서 올라오면서 생긴 땀을 식히자. 많은 사람들이 성 뒤편으로 에든버러의 올드 타운과 뉴타운이 보이는 서쪽 경치를 최고로 꼽는다. 파이프주로 연결되는 포스교도 보인다. 맑은 날에는 하이랜드까지 보인다고 하는데 한 번도 본 적이 없다. 정상의 동쪽에는 돌로 만든 2개의 둑이 있는데 이 자리에 철기 시대 언덕 요새가 있었다는 흔적이라고 한다.

아서즈 시트^{Arthur's Seat}는 도심의 홀리루드 파크^{Hollyood Park}에 위치하고 있어서 로열 마일에서 도보로 도착할 수 있는 거리이다 출발점은 관광객용 주차장인 홀리루드 하우스 궁전^{Hollyood House Palace}에서 시작하는 것이 일반적이다. 에든버러 도심에서 버스를 타면 홀리루드 하우스 궁전^{Hollyood House Palace}에 도착할 수 있다.

주소_ Queen's Drive
전화_ +44-131-510-7555

뉴타운^{New Town}이라는 단어는 누가 만들었을까?

대한민국에서 뉴타운이라고 한다면 대규모 아파트단지를 떠올리게 한다. 그리고 뉴타운 아파트에서 청약을 하여 투자를 한다고 한다. 대한민국에서 뉴타운은 마치 아파트에 당첨된다면 돈을 벌 수 있다는 것을 뜻하지만 새로운 주거개념으로 스코틀랜드의 에든버러에서 새로운 도시계획을 만들어 거주 지역을 만들어나간 것이 그 시초가 되었다. 그 이후로 유럽의 각 도시들은 뉴타운^{New Town}(신 시가지)개념을 사용하면서 지속적으로 계획·확장되었으며 수준 높은 건축물을 건축함으로써 스코틀랜드와 그밖에 유럽의 도시 건축에 있어 기준이 되었다. 산업혁명 이후 18~19세기 유럽 전역에 도시 건축과 도시계획 발전에 큰 영향을 미쳤다.

올드 타운^{Old Town}과 뉴타운^{New Town}은 유럽에서 도시계획에 있어 뚜렷한 변화를 보여주며 큰 반향을 일으켰다. 오래된 도시의 개념으로 왕궁과 수도원의 중세도시를 방어하는 성벽과 시 내부의 작은 토지를 지속적으로 개발하는 것이 도시라는 개념이었다. 그러나 시민혁명과 산업혁명을 거치면서 늘어난 인구를 18~19세기 동안 계몽주의적 계획에 따라 신도시를 확장하였다. 도시환경에서 독특한 스타일의 건축물을 적용하면서 19세기에는 올드 타운을 부흥시키고 재발견하게 되었다.

에든버러 올드타운^{Old Town} VS 뉴타운^{New Town}

에든버러는 기존의 로열마일 거리를 중심으로 도시가 형성되었다. 뉴타운New Town을 건설하면서 두 지역의 나란한 배치는 분명하게 두 지역의 유기적인 도시계획을 표현하고 있다. 중세의 올드타운과 조지 왕조King George에 설계한 뉴타운New Town은 유럽에서 견줄 수 없는 명확한 도시 구조를 가지고 있다.

올드 타운Old Town과 뉴타운New Town을 구분하는 중요지점은 월터 스콧 경Sir Walter Scott의 웨이버리 계곡Waverley Valley의 '위대한 지역great area'을 도시 구름다리인 노스브리지North Bridge와 마운드Mound가 가로질러서 연결하고 있다. 두 지역으로 나누어지는 병렬적 배치는 탁월한 도시 경관을 만들어냈고, 각 지역은 역사적 · 건축학적으로 매우 흥미롭게 도시를 구성하게 되었다.

1. 홀리루드 궁전(Palace of Holyrood)

구 시가지는 홀리루드 궁전Palace of Holyrood으로 내려가는 바위 위에 아슬아슬하게 자리한 성에서부터 높은 산마루를 따라서 뻗어 있다. 구 시가지의 형성은 화폐 지대를 물고 봉건

영주에게서 얻은 토지 보유권burgage을 가진 시민들을 끌어들이는 캐넌게이트Canongate의 도시 지구를 반영하고자 하였다. 캐넌게이트는 홀리루드 사원Abbey of Holyrood에 종속된 '대수도원 자치구abbatial burgh'로 설립된 지역이었다.

좁은 '토프toft' 위에 전통적인 건축물 높이의 건물이 있다. 또 당시 세계에서 가장 높은 건물이면서 극적이고 튼튼하며 인상적인 아파트들이 골목길이나 한쪽 끝이 막힌 거리를 뜻하는 '클로즈Close'로 나누어진 지역에 건축되었다. 16~17세기에 지은 상인과 귀족의 집도 많이 있다. 그중에는 17세기 초에 6층 높이의 복원된 글래드스톤스 랜드Gladstone's Land 같은 맨션하우스와 캐넌게이트 톨부스Canongate Tolbooth와 세인트자일스 대성당St Giles Cathedral과 같은 중요한 초기 공공건물도 있다.

2. 하이 스트리트(High Street)

구 시가지는 약간 개조된 중세의 '생선뼈' 같은 거리 모양이 남아 있는 것이 특징이다. 구 시가지에서 가장 넓고 가장 긴 거리인 하이스트리트High Street가 등뼈를 형성하고 여기서 갈라져 나온 좁은 클로즈, 골목길, 막다른 길이 생선 가시 같은 모양으로 있다. 이 중세도시는 하이스트리트의 폭, 거기에 줄지어 선 건물들의 높이, 그리고 건물 사이의 작은 틈으로 둘러싸인 공간으로 형성되어 있는 것이다.

뉴타운New Town은 1767년~1890년 사이에 올드 타운Old Town 북쪽으로 빙하 평원에 새롭게 7개의 새로운 도시로 건설하면서 시작되었다. 뉴타운New Town에는 존과 로버트 애덤John

바로니얼 양식

and Robert Adam, 윌리엄 체임버스 경Sir William Chambers, 윌리엄 플레이페어(William Playfair)를 포함한 유명 건축가들이 연합하여 건축한 건축물들이 집중되어 있다.

이들 건축물들은 마름돌로 치장한 건물 외관의 건축물로 세계 수준의 신고전주의 건축물로서 도시 안에서 명확하게 그 윤곽을 구분할 수 있다. 사적 공간과 개방된 공공 공간이 넓은 부분을 차지하고 있으면서도 지형을 최대한 이용하여 설계한 정원을 조성하여, 넓은 녹지와 통합된 아름다운 도시 경관을 형성하고 있다. 녹지의 면적은 상당히 넓으며 훌륭한 수준으로 유지되고 있어 사실상 거의 그대로 잘 보존되어 있다.

에든버러 해리포터 투어

에든버러도 해리포터와 관련된 내용을 바탕으로 해리포터 투어를 가이드가 설명해주는 투어가 시작이 되었고 해리포터 상품도 판매를 늘리고 있다.

약간 흐린 날씨의 에든버러는 마치 '해리포터의 마법 속으로 들어간다!'는 느낌으로 해리포터와 관련된 건물이나 거리를 걷는다면 추억이 깃든 여행이 될 수 있을 것이다.

1. 발모랄 호텔 Balmoral Hotel

우뚝 솟은 시계탑이 인상적인 발모랄 호텔은 에든버러에서 가장 유명한 5성급 호텔이다. 2007년 조앤 J. K 롤링이 552호에서 마지막 시리즈를 집필하고 룸 안에 있는 대리석 석상 위에 '발모랄 호텔은 조앤 J. K 롤링의 흔적을 찾아 해리포터 팬들이 머물고 싶어하는 호텔이다'라고 적어놓고 퇴실했다고 한다.

2. 빅토리아 스트리트

해리포터와 마법사의 돌에서 처음으로 마법사의 쇼핑거리 '다이애건 앨리'가 나오는 장면을 에든버러의 빅토리아 스트리트에 다양한 상점이 줄지어 있는 장면으로 묘사하였다.

빅토리아 스트리트에는 해리포터의 성공 이후 해리포터 상점이 생겨났다. 입구에는 9번과 10번 홈 사이에 있는 9와3/4 승강장의 표시판도 보인다. 해리포터의 관련된 다양한 물건을 판매하고 있다.

3. 디 엘리펀트 하우스 ^{The Elephant House}

해리포터가 탄생한 곳으로 조앤 J.
K 롤링이 해리포터를 집필한 카페
로 유명한 관광지가 되었다. 조앤 J.
K 롤링이 28세에 이혼 후 어린 딸을
유모차에 태우고 카페에 앉아 하루
종일 글을 써서 지금은 해리포터의
인기로 유명세를 타고 있다.

내부에는 카페 벽면 가득히 신문 스크랩을 하여 조앤 J. K 롤링의 사진과 각종 신문기사가
붙어 있다. 특히 관광객은 여자화장실에 방문한다. 전 세계 해리포터 팬들이 각국의 언어
로 화장실 벽면 가득히 낙서를 채워놓았다.

주소_ 21 George IV Bridge 전화_ +44(131) 220-5355

4. 에든버러 공동묘지 ^{Greyfriars Kirkyard}

보비 동상 ^{Greyfriars Bobby}에서 오른쪽으로 돌면 나오는 공동묘지이다. 조앤 J. K 롤링이 공동
묘지에서 영감을 받아 소설의 세계를 개념정리 시킨 곳이라고 한다. 이 공동묘지가 뜨는
또 하나의 이유는 해리포터의 등장인물이 묘지에 나와 있기 때문이다.

맥고나걸 교수, 무디 교수, 볼드모트의 본명인 '톰 리들'까지 실제의 무덤에서 이름을 따왔
다. 우리가 생각하는 공동묘지의 분위기가 아니라 공원 같아서 거부감이 없이 둘러볼 수
있다. 공동묘지에서 에든버러 성과 조지 해리엇 스쿨을 동시에 볼 수 있어 마법학교 호그
와트는 옛 분위기를 내는 우울한 장면을 잘 묘사하였다.

주소_ Candlemarker Row 전화_ +44(131) 664-4314

5. 조지 해리엇 스쿨 ^{George Heriot's School}

실제로 해리포터 영화에서는 옥스퍼드 대학교Oxford University에서 촬영했지만 영감을 받은 곳은 에든버러에 있는 조지 해리엇 고등학교George Heriot's School이다. 기숙사에서 생활하는 장면을 묘사하기 위해 4개의 탑과 기숙사의 분위기를 그대로 묘사했다고 한다. 특히 비가 올 때 조지 해리엇 스쿨George Heriot's School을 보면 마치 호그와트의 영화를 보는 듯하다.

홈페이지_ www.georgeheriots.com 주소_ 8 Lauriston Place 전화_ +44(131) 229-7263

6. 애드버킷 글로즈 ^{Advocates Close}

에든버러를 걸어다니면 건물 사이로 작은 골목길이 많이 있다. 작곡 복잡한 골목길 중에서 애드버킷 글로즈Advocates Close는 런던 중심부에 있는 마법사들의 시장인 다이애건 앨리와 녹턴 앨리의 모티브가 된 곳이다. 다이애건 앨리는 밝은 분위기이고 녹턴 앨리는 어둠의 물건을 파는 장소이다.

스코틀랜드 웨스트 하이랜드 철도의 글렌피난 고가교

리포터 기차를 생각하면 호그와트를 향해 증기를 뿜으며 달리는 증기기관차가 생각난다. 그 장면이 글렌피난 고가교(Glenfinnan Viaduct)이다. 이름답게 중간에 있는 모든 역을 정차하지 않으며, 순전히 호그와트 학생들의 통학용으로만 운용된다. 실제로 15시에 증기기관차가 고가교를 따라 떠난다.

1894년 단선으로 개통한 포트 윌리엄에서 말레이그까지 총 68㎞를 달리는 웨스트 하이랜드 철도이다. 높이 30m, 길기가 381m의 세계 최고의 고가교이다. 증기기관차를 탈 때는 되도록 뒤의 열차에 오른쪽으로 탑승해야 증기를 뿜는 장면을 볼 수 있다. 약 2시간을 탑승(왕복 38£, 편도 32£)한다. 6~9월에 가장 관광객이 많아서 티켓 구입이 힘들다면 직접 차장에서 구입을 문의해도 된다. 에든버러에서 글렌피난(Glenfinnan)으로 약 3시간 30분 정도 소요되는데 대중교통으로 이동하기가 힘들다는 단점이 있다.

홈페이지_ www.westcoastrailway.co.uk

세인트 자일스 카페 & 바
St Giles Cafe & Bar

분위기 있는 벽면이 인상적인 바(Bar)로 저렴한 가격이 한 끼 식사를 먹고 싶은 시민들과 관광객이 찾는다. 개인적으로 와플과 같이 나오는 커피가 더 맛있다. 젊은이들에게 가격이 합리적이고 맛도 좋은 요리가 인상적이라고 한다.

주소_ 8~10 St Giles Street
영업시간_ 09~19시
전화_ +44 (131) 225-6267

홀리 카우
Holy Cow

에든버러의 뉴타운 엘더 스트리트Elder St.에 있는 분위기 있는 식사를 하고 싶은 시민들에게 오랜 시간을 사랑받아온 데이트 명소로 유명한 레스토랑이다. 주말 저녁에는 항상 레스토랑이 사람들로 북적여 예약을 권한다. 수제 햄버거와 케이크는 재료가 좋아 만족도가 높다.

홈페이지_ www.holycow.uk
주소_ 34 Elder St.
영업시간_ 10~20시
전화_ +7 (423) 272-72-35

더 테이블
The Table

에든버러에서 상당히 유명한 셰프가 오랜 시간 지켜온 레스토랑으로 유명한 음식점이다. 고급스러운 분위기로 비즈니스 고객을 대상으로 영업하고 있으며 런치 세트 메뉴가 시민들과 관광객의 사랑을 받고 있다.

아이질
Aizle

홀리루드 근처의 정통 영국요리를 채식 위주로 만들어내고 있다. 고급스러운 내부 분위기로 비즈니스 고객들이 최근에 부곽 되고 있는 식당이다.
코스별로 나오는 정갈한 음식은 마치 한정식을 생각나게 한다. 음식의 가격이 30£ 이상이 많아 여행자가 쉽게 가기는 어렵다는 점이 단점이다.

주소_ 3A Dundas St.
영업시간_ 10~19시
전화_ +44 (131) 281-1689

주소_ 107~109 St. Leonards Street
영업시간_ 10~20시
전화_ +44 (131) 662-9349

넘버 원 발모럴
Number One at Balmoral

미슐랭 스타 레스토랑으로 파인 다이닝은 가격대는 높지만 음시은 매우 맛있고 훌륭하다. 발모럴 호텔은 로열마일 거리로 올라가는 입구에 있는 유명한 호텔에 있는 고급스러운 카페로 유명하다.
늦은 오전의 브런치와 스테이크, 이탈리아 정통 요리가 인기 메뉴이다. 하지만 가격이 비싸기 때문에 점심 메뉴로 나오는 비즈니스 세트를 주문하면 그나라 저렴하게 먹을 수 있다.

주소_ 1 Prences Street The Balmoral
영업시간_ 10~20시
전화_ +44 (131) 557-6727

마카르스 고맷 매쉬 바
Makers Gourmet Mash Bar

현지인이 아침 일찍부터 찾는 음식점이다. 특히 닭다리는 우리가 먹어오던 닭다리와 비슷해 친숙한 맛이다. 다른 메뉴는 우리가 먹던 것과 보기에는 비슷하지만 맛은 다르기 때문에 잘 보고 선택해야 한다. 선택한 음식대로 가격이 매겨지기 때문에 적당하게 먹을 만큼만 선택해야 한다. 런치 세트에만 저렴하게 판매하는 음식이 있어 추천한다.

주소_ 9 North Bank Street
영업시간_ 12시 30분~16시
전화_ +44 (131) 226-1178

콜로나데스
Colonnades at The Signet Library

시내에 있는 카페로 케이크와 커피를 주문하는 젊은이들이 많다. 관광객이 주로 찾는 카페는 아니지만 시민들에게 대단히 인기가 높다. 가격은 비싸지 않아서 편하게 즐길 수 있다. 스콘과 샌드위치가 중가 정도의 가격대이다.

주소_ Parliamnet Square
영업시간_ 11~17시
전화_ +44 (131) 226-1064

캐슬 테라스
Castle Terrace Restaurant

고급스럽게 프랑스풍으로 인테리어를 꾸미고 여자들에게 인기가 많아서 젊

은이들이 찾아가는 카페이다. 주위에 젊은 세대에게 유명한 북유럽풍의 카페로 브런치와 디저트가 유명하니 늦게 일어났다면 브런치를 추천한다.

 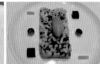

마이클 니브스 키친
앤 위스키 바
Micheal Neave's Kitchen and Whisky Bar

독수리 전망대에서 걸어서 조금 내려오면 있는 레스토랑으로 원나잇 푸르트립이라는 TV 프로그램에 소개가 되어 더욱 유명해졌다. 레스토랑은 깔끔한 내부 인테리어가 보기 좋다.
해산물 전문이기 때문에 고기류보다는 해산물요리가 특히 인기가 높다. 고급 레스토랑으로 가격은 블라디보스토크에서 비싼 편에 속한다.

주소_ 21 Old Fishmarket Close
영업시간_ 10~19시
전화_ +44 (131) 226-4747

SLEEPING

1. 스코틀랜드는 에든버러를 제외하면 대부분 작은 도시이기 때문에 시내에만 있으면 숙소의 위치는 문제가 없다. 에든버러 여행에서 관광객에게 가장 좋은 숙소의 위치는 로열마일 거리에서 어느정도 떨어져 있는지 아니면 뉴타운에 있어야만 여행하기가 편리하다. 물론 로열마일 거리가 가장 좋지만 비싸다. 로열마일에서 떨어진 거리를 확인하고 숙소의 시설을 확인하는 것이 다음으로 확인해야 한다. 어디에 숙소를 잡아야할지 고민이 된다면 웨이버리 기차역 근처에 숙소를 예약하는 것이 좋다.

2. 여름에도 덥지 않은 스코틀랜드의 숙소에는 에어컨이 없고 선풍기만 있는 곳이 많다. 북유럽과 위도가 비슷하여 북유럽의 호텔도 에어컨이 없는 숙소가 많은 것처럼 같은 위도가 높은 스코틀랜드도 마찬가지 이유이다. 그렇지만 때로 지구 온난화 때문에 최근에는 더울 때가 발생하고 있다.

3. 스코틀랜드 전역에 위치한 호스텔은 호텔 못지않은 시설로 언제나 인기 만점이다. 시내 중심은 물론 지역별로 위치한 호스텔을 이용하고 싶다면 홈페이지를 통한 예약이 우선이다. SYHA 멤버가 아니더라도, 1박당 2파운드를 내면 임시 멤버십이 부여된다.

▶ 홈페이지 www.syha.org.uk

레디슨 컬렉션 호텔
Radisson Collection Hotel

에든버러에 있는 호텔 가운데 가장 시설이 좋은 5성급 호텔이다. 에든버러 성에서 600m 떨어진 호텔은 136개의 객실을 가지고 있다. 현대적인 이탈리아 음식이 상당히 훌륭하기 때문에 비즈니스를 하는 사람들이 많이 찾는다. 가격은 굉장히 높지만 에든버러의 숙박업소 가운데 사우나까지 갖춘 곳은 이 호텔이 거의 유일하다.

주소_ 1 George 4 Bridge old town, EH1 1AD
요금_ 트윈룸 250£~
전화_ +44 131-240-5500

록스버러 호텔
The Principal Edinburgh Charlotte Square Hotel

아직은 호텔이 많지 않은 에든버러에서 고급 패키지 여행상품이 가는 록스버러 호텔이다. 에든버러의 아름다운 풍경을 볼 수 있는 경관이 장점이지만 가격이 비싸다. 룸 내부는 고급스러운 것을 보면 비싼 것도 이해가 된다.

주소_ 38 Charlotte Square, EH2 4HQ
요금_ 트윈룸 240£~
전화_ +44 131-240-5500

레디슨 호텔
Radisson Blu Hotel

위치가 로열마일 거리에 있다는 것이 가장 큰 장점이지만 시설도 상당히 깨끗하여 추천하는 호텔이다. 지하에 있는 사우나는 여행의 피로를 풀기에 매우 좋은 호텔이다. 냉장고와 에어컨, 드라이기까지 비치되어 여성들이 좋아한다. 직원들도 친절해 여행정보도 쉽게 얻을 수 있다.

주소_ The Royal Mile old town, EH1 1TH
요금_ 트윈 룸 140£~
전화_ +44 131-473-6590

하이 스트리트 호스텔
High Street Hostel

거리를 감안하면 에든버러에서 가장 좋은 호스텔일 것이다. 침대도 편안하고 시설로 호스텔로스는 매우 좋다. 웨이버리 기차역에서 가까워 이동도 상당히 편리하다. 아침식사는 무난하고 와이파이도 접속이 잘되며 주변에 테스코가 있어 여행에 필요한 것은 모두 있는 호스텔이다. 조식이 뷔페로 든든하게 먹을 수 있는 장점이 있다.

주소_ 8 Blackfriars St, old town EH1 1NE
요금_ 도미토리 18~20£
전화_ +44 131-558-1497

모텔 원 에든버러-로얄
Motel One Edinburgh-Royal

웨이버리 기차역에서 내려 올라가면 바로 보이는 호텔이다. 직원들이 친절해 만족도가 높고 체크아웃을 해도 짐 보관도 상당히 친절하게 알려준다. 룸 내부가 크고 특징 있는 소파에 벽난로와 회색빛 입구가 인상적이다. 창밖으로 보이는 풍경도 스코틀랜드에서 인상적이어서 여행자들이 좋아한다.

로열 마일 백패커스
Royal Mile Backpackers

작은 규모이지만 로열 마일 거리에 위치해 하이 스트리트 호스텔과 가장 여행자에게 인기를 끄는 백패커스로 사랑받고 있다. 기차역을 이용하는 관광객이 가장 좋아하는 숙소텔이다. 3층 건물에 가정집 분위기로 최근에 늘어난 관광객으로 빨리 예약해야 한다.

주소_ 105 High Street old town EH1 1SG
요금_ 도미토리 18~20£
전화_ +44 131-558-1497

주소_ 18-21 Market Street, old town, EH1 1BL
요금_ 트윈 룸 105£~
전화_ +44 131-220-0730

시티 룸즈 에든버러
Cityroomz Edinburgh

2014에 오픈한 가장 최신 시설을 가지고
있는 호텔이지만 시내 중심에서 떨어져
있다. 포크롭스키 성당이 있는 곳이어서
아르바트거리까지는 20분 이상 걸어가야
하기 때문에 불편하기는 하지만 직원들
이 친절하고 조식의 맛이 특히 좋다. 1층
의 오그넥 레스토랑의 인기가 높으며 비
즈니스 고객들이 많다.

주소_ 25-33 Shandwick Place
요금_ 트윈 룸 71£~
전화_ +44 131-229-6871

헤이마켓 호텔
Haymarket Hotel

위치가 시내에서 약간 멀다는 단점에도
숙소는 깨끗하며 룸 내부가 안락해 숙소
를 편안하게 만들어준다. 조식도 좋고 영
어를 못해도 상당히 친절한 직원까지 단
점을 찾기 힘들다. 가구가 락함을 느끼게
하여 가족단위의 여행자가 특히 좋아한
다. 호텔의 홈페이지를 이용하면 5%의 할
인을 받을 수 있다.

주소_ 1-3 Coates Gardens EH12 5LG
요금_ 트윈 룸 83£~
전화_ +44 131-337-1775

헤이마켓 호텔

주리스 인 에든버러
Jurys Inn Edinburgh

최근에 새로 오픈하여 최신 시설을 자랑하지만 한 명의 직원이 조금 친절하지 않다. 다른 직원들은 친절하다. 대한민국 여행자가 많이 찾는 호텔로 중급 정도의 호텔 시설을 가지고 있다. 로열마일 거리와 가까워 여행하기에 좋아 많은 여행자들이 찾는 호텔이지만 작은 공간이 불편한 단점이 있다

주소_ 43 Jeffrey Street old town EH1 1DH
요금_ 트윈 룸 83£～
전화_ +44 161-74-0724

바비스 벙크하우스
Bobby's Bunkhouse

간단한 조리시설인 전자렌지와 인덕션 등이 있어 조리가 가능해 자유여행자에게 인기가 높은 호스텔이다. 에든버러 기차역에서 5분 정도의 거리에 있어 시내 중심인데 처음에 찾아가기가 쉽지 않다. 구글맵을 이용해 찾아가야 헤매지 않는다. 일단 위치를 알면 찾아가는 것은 어렵지 않다.

주소_ 9 Merchant Street old town EH1 2QD
요금_ 트윈 룸 12£～
전화_ +44 7825 874552

에든버러(Edinburgh) 전망을 바라보는 포인트 Best 3

에든버러의 아름다운 전경을 볼 수 있는 대표적인 3곳은 에딘버러 성Edinburgh Castle, 칼튼 힐Calton Hill, 아서 시트Arthur's Seat의 3곳으로 반드시 올라갈만 한 곳으로 추천한다. 날씨가 좋다면 여행자에게 가슴이 뻥 뚫리는 시원함과 잊지 못할 전망을 선사할 것이다.

땅거미가 어둑하게 깔리기 시작하는 시간에 기차역을 빠져 나와 마주한 에든버러는 묵직한 느낌이 드는 도시이다. 해리포터의 음침한 느낌이 이해가 되는 도시로 많은 관광객들이 마음에 들어 하는 관광지이다. 유럽 전역에는 널리고 널린 게 예쁜 도시들이고 중세와 고딕 풍의 위풍당당한 석조 건물들이 늘어선 거리 풍경이 비슷하여 각각의 도시가 마음에 든다고 말하기 위해서는 단순한 아름다움 외에 더 필요한 분위기가 있는데, 에든버러는 독특한 '무게감과 견고함'으로 매력을 한껏 어필하고 있다.

1. 에든버러 성(Edinburgh Castle)
험준한 바위산에 세워 잉글랜드와의 전쟁을 위해 만들기 시작한 성은 잉글랜드와의 전쟁으로 앵글 족의 공격을 받아 함락되었다. 이때부터 '에든버러'라는 영어이름으로 불리게 되었다. 황량한 바위산의 중턱부터 정상까지 세워진 성은 오랜 세월 스코틀랜드 왕가의 자리를 지켜왔으나, 계속된 전쟁으로 건물의 대부분은 몇 번이나 파손되어 재건작업을 해 지금에 이르렀다.

적의 동태를 파악하기 위해 에든버러에서 가장 높은 위치에 만들어진 만큼 에든버러가 한눈에 들어온다. 에든버러를 상징하는 아름다운 성으로 예전이나 지금, 앞으로도 에든버러를 한눈에 파악하기에 가장 좋은 장소이다.

2. 칼튼 힐(Calton Hill)

나폴레옹 전쟁의 승전을 기념하는 전쟁 전몰자 기념물이다. 1882년에 만들기 시작했지만 예산이 부족해 파사드 부분만 세워진 채 지금까지 완성되지 못하고 있다. 에든버러의 건축가 윌리엄 플레이페어William Playfair가 아테네의 파르테논 신전을 모방해 만들었다는 미완성의 이 건축물은 미완성이라서 언덕에 더 잘 어울리는 것 같다. 미완의 기둥은 언덕 위에서 하늘을 떠받치고 있는 듯 당당하고 즐기고 싶은 많은 시민들은 계단을 올라서 있다.

칼튼 힐에서 아서 시트 가는 방법

내셔널 모뉴먼트(National Monument of Scotland)를 더 걸어 지나가면 건너편에 홀리루드 파크의 정상이 보인다. 탁 트인 듯 시원한 전망에 비스듬한 산 사면이 인상적이다. 저 비탈진 산 정상에 아서 시트(Arthur's Seat)가 있다.

3. 아서 시트(Arthur's Seat)

산책하듯 걸으면 정상에 닿는 칼튼 힐과는 달리 한나절의 시간을 들여야 정상까지 왕복이 가능한 에든버러의 명소로 에든버러의 전경 또한 일품이라 에든버러 시민들이 즐겨 찾는 곳이다.

에든버러Edinburgh여행에서 좋은 점은 낮은 언덕을 올라 아름다운 전망을 볼 수 있다는 것이다. 그러면 산을 올라가는 것은 아닌가하는 걱정도 되겠지만 높지 않은 언덕이다. 그 곳은 에든버러Edinburgh 시내 동쪽에 위치하고 있는 멋진 언덕이 아서 시트Arthur's Seat이다.

아서시트Arthur's Seat 홀리루드 궁전The Palace of Hollyroodhouse 앞으로 가면 높은 언덕이 보인다. 아서 시트Arthur's Seat은 해발 250m의 언덕이지만 처음에 볼 때는 굉장히 시간이 많이 걸려서 하루를 다 써야할 것 같은 생각이 들기도 한다. 반나절이면 올라갔다 내려올 수 있는 적당한 언덕이다.

암벽으로 되어 있어서 정상부분은 경사가 있어서 좀 힘들다. 에든버러 시민들은 30분 조깅 코스로 올라간다고 이야기하기도 했는데 약간의 '뻥'이 들어간 이야기 같다. 대략 1~2시간 정도를 생각해 올라가면 정말 멋진 풍경을 볼 수 있다.

아서 시트Arthur's Seat은 올라 가다보면 왼쪽으로 홀리루드 궁전The Palace of Hollyroodhouse이 있고 오른쪽으로는 홀리루드 공원Hollyrood Park이 있다. 공원의 정상은 암벽으로 되어 있고, 정상에만 절벽이 있어서 이 절벽이름이 샐리스버리 크랙스Salisbury Crags라고 부른다.
홀리루드 파크Holyrood Park를 오른쪽으로 끼고 돌아서 아서 시트Arthur's Seat에 올라가면 왼쪽에 호수가 있다. 홀리루드 파크Holyrood Park정상에서 에든버러의 중심지인 로열마일Royal Mile거리를 볼 수 있는데 땀을 흘린 후에 보는 멋진 풍경에 다들 감탄을 하게 된다. 에든버러는 중세의 모습을 그대로 간직하고 있어 영화의 한 장면을 직접 보고 있는 것 같다.

에든버러의 식사와 함께 할 수 있는 커피 & 카페 Best 10

1. 데아콘스 하우스 카페(Deacon's House Cafe)

올드타운에서 상당히 유명세를 치르고 있는 카페로 샌드위치와 햄버거로 발길을 사로잡는 카페이다. 실내가 크지 않지만 아기자기한 스코틀랜드풍의 디자인과 입구에 잇는 선원복장의 인형이 눈에 띈다. 아치형의 입구는 관광객의 호기심을 자극한다. 올드타운에서 신선한 디저트를 즐길 수 있어 한층 인기가 높아지고 있다.

주소_ 304 Lawnmarket 3 Brodies Close
Open_ 월~금 10~21시, 토 09~21시
전화_ +44-131-226-1894

2. 타니 모디(Tani Modi)

팬케이크가 먹고 싶다면 찾아가는 카페이다. 개인적인 느낌은 호주의 시드니 같은 팬케이크 분위기 좋은 카페로 느낀다. 커피와 브런치를 즐기는 고객이 대부분이지만 식사를 하러 오는 현지인도 상당히 많다. 먹고 나면 밥을 먹어야만 할 것 같다.

주소_ 103 Hanover Street
Open_ 08시30분~16시

3. 파피(Papii)

브런치로 유명한 카페로 11시 30분 이후로 점심 메뉴가 제공되지만 계란 브런치는 제공되지 않는다. 파니니를 오전에 한적하게 에든버러를 바라보면서 즐길 수 있는 카페이다. 직원들이 친절해 브런치를 주문할 때 상세하게 질문이 가능하다. 주말에는 인파가 몰려들지만 평일에는 브런치나 커피 한 잔으로 여유로운 하루 여행을 시작할 수 있다.

주소_ 101 Hanover Street
Open_ 월~금 08~19시, 토 09~20시
전화_ +44-131-466-2033

4. 커피 밀 카페(The Coffee Mill Cafe)

호밀빵에 계란, 버터, 소시지 등을 식사로 제공하는 카페로 10£ 이하로 가격이 저렴한 편이다. 시내에 여러 개가 있지만 관광객이 많이 가는 장소는 에든버러 서쪽 항구쪽에 있는 곳이다. 아이스 커피를 주문하면 얼음이 많이 없어 얼음을 추가로 요청하는 것이 좋다.

주소_ 54~56 West Port
Open_ 08~18시
전화_ +44-7754-121624

5. 세레니티 카페(Serenity Cafe)

매일 오후 5시까지 저렴한 커피를 제공하고 있다. 그래서 관광객보다 에든버러 시민들이 주로 찾고 있다. 현지인의 주로 찾는 만큼 활기찬 느낌의 카페를 즐길 수 있다. 커피는 우리나라와 거의 비슷한 맛으로 나온다.

주소_ Jackson's Entry
Open_ 09~17시
전화_ +44-131-556-8765

6. 소셜 바이트(Social Bite)

뉴타운에 있는 카페로 간단한 식사를 커피와 함께 제공하고 있다. 에든버러의 커피 전문점은 대부분 규모가 크지 않은데 소셜 바이트는 특히 작다.
단순한 인테리어에 커피를 한잔 마시기 좋아 연인과 친구와 커피를 마시며 밀린 이야기를 하기 좋은 장소이다. 로열마일 거리로 내려오는 도로에서 에든버러 시민의 모습을 볼 수 있다.

주소_ 131 Rose Street
Open_ 월~금 08~19시, 토 09~20시
전화_ +44-131-466-2033

7. 카페 포트레이트(Cafe Portrait)

뉴타운에 위치한 카페로 커피뿐만 아니라
케이크도 상당히 달고 맛있다. 퇴근에 맞춰
많은 사람들로 붐비는 장소로 낮 시간에 갈
것을 추천한다. 커피의 맛을 진하게 우려내
는 커피는 진한 여행 추억을 만들어 낼 수
있다. 채식주의 위주의 식단이기 때문에 식
사는 유의해 주문해야 한다.

주소_ 1 Queen Street
Open_ 10~16시 30분
전화_ +44-131-624-6421

8. 유니온 어브 지니어스(Union of Genius)

빵으로 두른 수프가 인상적인데 수프가 정
말 진하다. 수프와 간단한 식사를 할 수 있
는데 빵으로 찍어 먹으면 비가 오는 날에 특
히 가슴을 따뜻하게 한다. 거기에 덧붙여 진
한 커피를 마시면 마치 에든버러에 살고 있
는 느낌을 갖는다. 수프와 커피가 일품이며
현지인이 주로 찾는다.

주소_ 8 Forrest Road
Open_ 10~17시 30분
전화_ +44-131-226-4436

9. 훌라 주스 바 앤 갤러리(Hula Juice Bar and Gallery)

에든버러에도 웰빙이 인기를 얻고 있어
서 나이에 상관없이 찾고 있다. 신선한 과
일 주스를 팔고 있는 건강에 좋은 음료로
알려진 카페이다. 건강한 재료에 얇은 겉
을 두른 버거와 수프가 한 끼 식사로도
맛이 일품이다. 세트 메뉴는 가격이 조금
비싸다.

주소_ 103~105 West Bow
Open_ 08~18시
전화_ +44-131-220-1121

10. 레토일 살롱 드 티(L'Etoile Salon de Tea)

중간에 들렀다 가기에 좋은 지점에 위치
한 케이크 맛으로 소문난 집이다. 각종 차
와 커피가 소문나서 거의 달달한 케이크
와 커피를 마시고 간다.

주소_ 44 West Port
Open_ 08~18시
전화_ +44-131-629-2840

스코틀랜드에서 매일같이 먹는 샌드위치

영국 여행뿐만 아니라 스코틀랜드를 여행할 때도 음식을 배부르게 먹을 때가 많지는 않다. 물가가 비싸기도 하지만 영국 자체가 음식문화가 발달하지 않은 까닭이다. 스코틀랜드 여행에서 가장 많이 먹는 메뉴는 아마 샌드위치일 것이다. 그런데 그 샌드위치도 다양하다.

빵 두 장 사이에 고기, 땅콩, 버터 등을 채워 넣은 빵이나 무엇을 채워 넣은 두 장 이상이 쿠키, 크래커, 케이크 조각을 넣은 것을 샌드위치라고 한다. 샌드위치가 역사상에 등장한 것은 1세기경이다. 유대교 지도자였던 '힐렐'이 유대교 축일에 양고기와 씁쓸한 허브를 두 장의 발효하지 않은 넓적한 빵에 끼워 먹었다고 한데서 시작되었다.

가장 대중적인 샌드위치

샌드위치가 보급되기 시작한 것은 18세기에 들어서서다. 산업혁명으로 영국에는 차와 샌드위치로 대표되는 두 장의 빵 사이에 뭔가를 넣은 지금의 샌드위치와 비슷한 것이 있었다. 영국에서는 프라이드 포테이토를 '칩^{Chip}'이라고 하고 포테이토는 '크리스프^{Crisp}'라고 한다. 칩 버티는 특별한 것

없이 빵에 버터를 바르고 프라이드 포테이토를 끼우기만 하면 되는 샌드위치로 긍지가 담겨있다.

버터와 부드러운 빵, 바삭하게 막 튀긴 프라이드 포데이토의 조합이 생명이다. 스코틀랜드도 먹는 문화는 영국과 다르지 않다. 따라서 샌드위치가 한 끼 식사로 나오면 맛있게 먹는 습관을 들여야 여행이 즐겁다. 포테이토는 나라나 가게, 주방장에 따라 굵기가 다양하다. 스코틀랜드에서는 1cm 정도의 굵기로 만든다. 두 번 튀기면 고온에서 짧게 튀기는 것이 포인트이다.

튜나 & 스위트 콘

영국에서나 스코틀랜드에서 봉지에 넣은 샌드위치를 어디에서나 판매한다. 참치나 치킨 샐러드, 달걀 등 내용물이 들어간다. 참치나 콘 샌드위치, 맛도 식감도 어울리지 않는 배합이 매력이다. 치킨을 넣기도 한다.

슈터스 샌드위치

아침 일찍 나가는 주인을 보고 어떤 쉐프가 20세기 초반에 만들어낸 것이 슈터스 샌드위치이다. 둥근 시골 빵 윗부분을 잘라 속을 파내고 스테이크와 볶은 양송이 버섯을 채워 넣는다. 자른 빵으로 뚜껑을 덮고 종이에 싼 다음 누름돌로 눌러 밤새 놔둔다. 납작해진 샌드위치는 갖고 다니기 편하고 나이프로 잘라도 부스러지지 않는다. 이 샌드위치는 밖에서 일하는 사람에게 획기적인 샌드위치가 되었다.

베이컨 버티

돼지의 삼겹살을 사용하는 미국의 베이컨과는 다르게 영국에서는 돼지 등심을 사용한다. 바삭바삭할 때까지 프라이팬에 구운 다음 소스를 뿌려 하얀 식빵에 끼워 먹는다. 빵은 굽지 않은 것을 영국이나 스코틀랜드 인들은 좋아한다.

토스트 샌드위치

영국의 비튼 부인은'북 어브 하우스홀드 매니지먼트'라는 책을 출간하였다. 이 책에는 환자가 먹는 음식으로 샌드위치가 소개되어 있다. 얇은 토스트를 버터를 바른 두 장의 빵 사이에 끼운다. 소금과 후추로 간을 맞춘다. 가장 경제적이고 영양가가 높은 점심식사로 샌드위치를 고안해 냈다.

티 샌드위치

애프터눈 티Afternoon Tea는 오후 3~5시, 즉 저녁 식사 전의 간식 시간이다. 이 습관은 19세기에 귀족 사이에서 생겨났다. 이 티타임에 내놓는 것이 티 샌드위치이다. 티 샌드위치는 핑거 샌드위치라고도 한다.
가장 우아하게 먹을 수 있는 이 샌드위치는 빵 가장자리를 잘라낸 하얗고 부드러운 식빵에, 가볍게 자른 오이나 레드 래디시같은

야채나 햄, 치즈를 끼우는 것이 보통이다. 지금은 호밀빵도 사용하지만 양질의 빵과 버터는 티 샌드위치에서 없어서는 안 될 중요한 재료이다.

하이랜드 투어(High Land Tour)

스코틀랜드 국토는 도시가 형성되어 있는 남부의 서지대인 'Low Land'와 북부의 고지대인 'High Land'로 나눈다. 그런데 오래전부터 인버네스의 네스 호수에서 괴물이 살고 있다는 이야기가 돌았고 사진에 포착되기도 하였다. 지금은 괴물이 있다는 사실이 하나의 관광 상품화 되어 하이랜드High Land 투어 상품이 탄생하였다.

북부 하이랜드High Land는 트로서크스 국립공원The Trossachs, 로몬드 호수Loch Lomond 등 해안을 따라 이어지는 작은 마을부터 산과 협곡까지 인간의 손길이 닿지 않은 자연을 볼 수 있다.

다만 비가 많이 오는 스코틀랜드의 날씨 특성상 파란 하늘이 보이지는 않을 수도 있다. 스코틀랜드의 여름은 덥지 않고 날씨가 5~6월의 봄 같은 스코틀랜드에는 수많은 관광객이 찾아온다. 특히 왕가의 기품이 깃든 에든버러는 축제 열기로 뜨겁고, 스코틀랜드 최대 도시 글래스고에는 곳곳에서 예술의 정취가 묻어난다.

하이랜드High Land 투어는 프린세스 스트리트의 투어회사에서 아침 7시나 8시까지 모여 인원을 확인하고 출발한다. 중간에 휴게소를 찾을 때까지 약 2시간 이상이 소요되고 버스에 탄 투어 고객들은 하나둘씩 졸기 시작한다. 점심시간이 되면 로크몬드 호수에서 점심을 먹고 네스 호수를 배를 타고 돌아본다. 다만 로크몬드 배를 타는 것은 유료인 것이 아쉽다.

차를 몰아 하이랜드High Land를 달리면 햇살에 반짝이는 호수와 아름다운 고성, 그리고 동화 같은 마을을 만나게 된다. 어딜 가나 청량한 공기 속에 여유가 흐른다. 인간의 손길이 닿지 않은 하이랜드High Land 투어는 자연을 보는 것이 중요한 풍경이기 때문에 나이 든 고객이 많다.

하이랜드 투어에서 스코틀랜드의 자연이 어떤지 가늠할 수 있는 좋은 기회로 로몬드 호수가 내려다보이는 언덕 위에서 유유자적 돌아다니는 스코틀랜드 소Hairy Cow가 그림 같은 풍경을 만들어낸다.

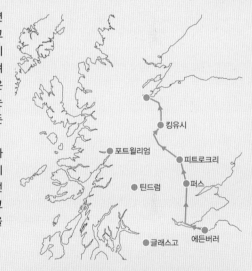

킹유시
포트윌리엄
피트로크리
틴드럼
퍼스
글래스고
에든버러

스카이 섬(The Isle of Skye) 투어

스코틀랜드는 북서부의 하이 랜드
Highland와 남동부의 로우 랜드
Lowland로 구분된다. 하이랜드High
Land 지방은 훼손되지 않은 자연,
위스키 투어 등으로 유명하여 스
코틀랜드에서 인기가 좋은 관광지
인데 더 깊게 자연으로 떠나는 스
카이 섬The Isle of Skye이 새롭게 주
목받고 있다.

스코틀랜드의 역사와 전설 속으로
여행하는 곳이 스카이 섬이다. 스코틀랜드 여행에서 꼭 가고 싶은 곳으로 인기가 상승하고
있다. 스카이 섬은 대중교통으로 가기가 힘들어서 투어를 이용해 여행을 떠나는 경우가 많
다. 이동 거리가 상당하여 2박 3일로 여행을 떠난다.

스코틀랜드 인들이 '천국'이라고 부르는 아름다운 경관의 스카이섬과 목이 긴 괴물 네시가
출현한다는 네스 호수, 스코틀랜드의 가장 아름다운 성으로 알려진 에일린 도난 성을 3일
동안 돌아보는 투어코스로 이루어져 있다.

1일차
하이랜드High Land는 이국적인 풍경으로 다른 장소에서는 볼 수 없는 풍경으로 관광객의 인
기를 지속적으로 끌어올리고 있다. 인간의 손길이 닿지 않는 자연 그대로의 자연으로 우리
에게는 낯선 풍경으로 다가온다. 대한민국은 항상 변화하는 건물 속에서 살아왔기 때문에
하이랜드 지방의 자연 그 자체는 낯설다는 이야기를 한다.
안개가 낀 광활한 초원, 양들이 풀밭에서 놀다가, 때로는 도로로 들어와 관광객을 바라보
는 장면을 보면 자연과 함께 살아가고 있는 장면에 감동받게 된다. 여행자의 스타일은 다
양하지만 하이랜드 지방은 유럽의 박물관, 갤러리, 건축물을 선호하는 관광객은 선호가 떨
어질 수 있다. 하지만 끝없이 펼쳐진 초원과 호수, 계곡, 다양한 동물들이 대자연의 감동을
느낄 수 있다.

2일차
스코틀랜드 북부에서 가장 아름다운 섬에 속한다는 스카이 섬Isle of Skye을 둘러본다. 스카
이 섬의 트레킹 코스를 따라 걷기도 하고, 비치에서 물놀이도 즐길 수 있다. 스카이 섬에는
수많은 트레킹 코스와 여름철 해수욕으로 인기 있는 비치들이 많다. 스카이 섬은 제주도의

절반 정도 크기로 해안선이 매우 복잡해 한 바퀴 돌아보는데 상당한 시간이 소요된다. 일본의 유명한 소설가인 무라카미 하루키가 추천하는 스코틀랜드 남서쪽 섬 지방으로 위스키 투어도 투어로 즐길 수 있다. 위스키는 스코티시 싱글몰트 위스키를 맛볼 수 있다.

3일차

하이랜드 지역의 수도인 인버네스^{Inveness}에 들러 전설의 동물 네스가 나왔다는 네스호^{Loch Ness}를 구경하고, 근처의 컬로든 전투지역^{Culloden Battlefield}과 티멜 강^{Tummel River}을 다시 글래스고와 에든버러로 돌아온다.

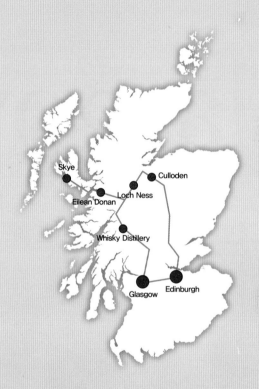

첫째날 | 로몬드 호^{Loch Lomond} → 트로서크스^{Trossachs National Park} → 래녹무어^{Rannoch Moor} → 글렌코^{Glen Coe}
→ 포트 윌리엄^{Fort William}(하이랜드에서 두 번째로 큰 도시) → 벤네비스 산^{Ben Nevis}(영국에서 가장 높은 산)
→ 에일인 도난 성^{Eilean Conan Castle} → 스카이 섬에서 1박

둘째날 | 스카이 섬^{Isle of Skye} → 트로터니시 반도^{Trotternish} → 킬트 락^{Kilt Rock} → 멜트폭포^{Mealt fall}
→ 포트리^{Portree}(위스키 증류주 공장) → 스카이 섬에서 1박

셋째날 | 네스 호^{Ness}(네스 호 보트투어) → 컬로든 전투지^{Culloden Battlefield} → 피틀로크리^{Pitlochry} → 터멜강^{River Tummel}

Glasgow

글래스고

약 70만 명의 인구가 사는 글래스고는 스코틀랜드의 수도인 에든버러처럼 화려한 풍경을 자랑하는 도시는 아니다. 글래스고는 스코틀랜드의 산업의 원동력을 제공하는 도시로 젊은이들이 많은 도시이다. 그래서 스코틀랜드 최고의 밤 문화가 펼쳐지는 도시로 관광객을 끌어 모으고 있다. 조지아와 빅토리아양식의 건축물과 활기찬 힘이 내면적으로 느껴지는 도시이다. 가장 스코틀랜드적인 분위기의 글래스고에는 우수한 박물관과 갤러리들이 많이 있으며 멋진 레스토랑과 무수한 펍Pub과 활기찬 예술의 거리들이 곳곳에 있어 여행자들을 즐겁게 한다.

글래스고 IN

버스 & 기차
런던에서 출발하는 경우 출발 편수가 많아 영국의 다른 지역보다 저렴하다. 에든버러에서 1시간정도 걸려 글래스고에 도착할 수 있다. 에든버러 중앙역에서 50분이 소요되는 기차는 15분마다 기차가 출발하여 버스보다 편리하게 글래스고로 이동할 수 있다. 그래서 기차로 에든버러에서 당일치기 여행으로 다녀오는 경우가 많다.

에든버러 VS 글래스고

1. 스코틀랜드 동쪽에 있는 에든버러는 동쪽에서 불어오는 차가운 바닷바람의 영향을 받는 것과 대조적으로 스코틀랜드 서쪽에 있는 글래스고는 맥시코 난류로 인해 비의 영향을 받는다. 에든버러보다 날씨의 변화가 작지만 비오는 날이 에든버러보다 많아 다소 우중충한 느낌이 감도는 도시이다.

2. 19세기 말 ~ 20세기 초에 산업혁명으로 경제적 부를 축적한 글래스고는 대도시의 웅장함을 나타내려고 하는 도시로 퀸 스트리트 역 앞의 조지 스퀘어 광장에 모든 건물을 집중시켜 놓았다. 에든버러는 로열마일 거리에 성과 홀리루드 궁전을 사이로 만들어진 왕과 귀족의 거리가 오랜 시간동안 도시의 이미지를 만들었다.

3. 단순한 디자인의 건축물이 고풍스런 19세기 건물들로 회색빛 중세 성벽과 수백 년도 넘은 길의 에든버러와 대조적이다.

시티투어 버스(City Tour Bus)

1시간 45분 동안 관광지를 정차하고 관광지에 대한 오디오 가이드(9개 언어)가 제공된다.

▶요금 : 1일 성인 13£, 어린이 7£
▶홈페이지 :
www.citysightseeingglasgow.co.uk

도시는 클라이드 강(Clyde River) 북부에 자리 잡은 격자형 구조를 기반으로 형성되었다. 2개의 센트럴 역(Central Station)과 퀸즈 역(Queen's Station)이 있고 버스터미널은 시의 중심광장 조지스퀘어(George Square)와 붙어 있다. 조지스퀘어(George Square) 정면으로 계속 걸으면 도시 북부의 산등성이를 따라 뻗은 사우치홀(Sauchiehall)의 동쪽 끝으로 상점들이 들어서 있고 서쪽으로 펍과 레스토랑이 있는 보행자 거리와 쇼핑가가 늘어서 있다. 로열 콘서트 홀 앞에 있는 2번째 보행자 전용 거리인 부케넌 스트리트(Buchannan St)가 지나는데 이곳에 주요 레스토랑과 커피 바(Bar)가 몰려 있다.

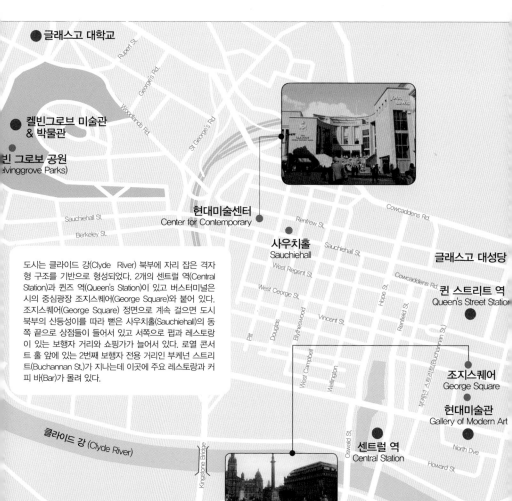

● 글래스고 대학교

Rupert St.
George's Rd.
Woodlands Rd.
St. George's Rd.

● 켈빈그로브 미술관 & 박물관

빈 그로보 공원
(elvinggrove Parks)

Sauchiehall St.
Berkeley St.

현대미술센터
Center for Contemporary

Renfrew St.
사우치홀
Sauchiehall
Sauchiehall St.

Cowcaddens Rd.

글래스고 대성당

West Regent St.
Cowcaddens Rd.
West George St.

퀸 스트리트 역
Queen's Street Station

Hope St.
Renfield St.

Vincent St.

Pitt
Douglas
Blythswood

부케넌 스트리트(Buchannan St.)

조지스퀘어
George Square

West George St.
West Campbell
Wellington

현대미술관
Gallery of Modern Art

Oswald St.

North Dve

센트럴 역
Central Station

Howard St.

클라이드 강 (Clyde River)

Kingstone Bridge

글래스고 지하철

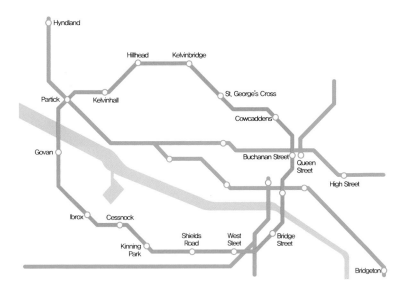

영국에서 런던 지하철을 제외하면 유일하게 지하철이 있는 도시가 글래스고이다. 노선은 유일하게 하나만 순환열차로 운영하고 있기 때문에 아주 짧은 노선이다. 길게 잡아도 대략 서울 지하철 두 칸 정도를 이어놓은 정도라고 판단하면 된다. 런던 지하철처럼 좁은 튜브 형태로 모양은 런던 지하철과 차이는 없다. 글래스고 기차역이나 버스 정류장이 있는 시내 중심가로부터 글래스고 대학교나 켈빈그로브 미술관이 있는 구간이 주로 이용하는 구간 이다.

관광안내소

글래스고에 관한 관광 자료와 함께 스코틀랜드의 정보도 얻을 수 있는 관광안내소이다. 퀸 스트리트 역 건너편의 조지스퀘어에 있다. 하이랜드를 포함한 각종 투어도 예약할 수 있다.

▶월~토요일 09:00~18:00, 일요일 10:00~18:00

무료로 글래스고 여행하기

글래스고에 있는 대부분 박물관은 무료이고 보통 10~17까지 운영한다. 조지스퀘어(George Square) 주변에는 우체국, 은행 등이 멋진 빅토리아 건물들이 몰려 있고 동쪽으로 화려한 19세기 시 의회 건 물이 있다.

글래스고 핵심도보여행

스코틀랜드 최대의 도시인 글래스고Glasgow는 문화, 건축, 음식, 라이브 음악과 스포츠로 유명하다. 스코틀랜드 수도인 에든버러 서쪽, 클라이드 강둑에 자리한 글래스고Glasgow는 과거 공업 도시였지만 지금은 스코틀랜드의 문화 중심지로 자리매김했다.

글래스고 시내는 대중교통을 이용해서 여행할 수 있지만 걸어서 여행할 수 있을 정도의 규모이다. 10여 개의 조각상과 위풍당당한 건축물로 둘러싸인 넓은 조지 광장은 관광을 시작하기에 좋은 장소이다. 11월 30일에는 스코틀랜드의 수호성인인 세인트 앤드류St. Andrew를 기념하는 행사가 열리고 12월 31일에는 한 해를 마무리하는 기념행사가 거리에서 열린다.

스코틀랜드 지역에는 비가 자주 내리지만 글래스고에는 실내 관광 명소가 많아서 날씨에 영향을 덜 받는 편이다. 비가 올 때에는 고딕풍의 글래스고 대성당이나 20여 개에 이르는 박물관에 들러 보자. 더 헌터리언The Hunterian과 켈빈그로브 미술관과 박물관, 현대 미술관은 각각 다채로운 예술, 역사적 경험을 해 볼 수 있는 곳이다.

디자인 중심지인 더 라이트하우스The Lighthouse에서는 글래스고의 유명 건축가인 찰스 레니 매킨토시의 작품을 볼 수 있다. 글래스고 과학센터에 있는 거대한 쳇바퀴 같은 양방향 전시물은 관람객의 마음을 빼앗는다.

강가에 자리한 글래스고 그린은 화창한 날에 방문하기 가장 좋은 곳이다. 글래스고에서 가장 오래된 공원인 피플스 팰러스와 윈터 정원에서 산을 사진으로 남기고, 아이들이 플레이 빌리지를 오르는 모습을 지켜볼 수 있다.

근처에는 글래스고에서 가장 오래된 펍Pub인 스코티아 바가 있다. 싱글 몰트 위스키나 흑맥주를 맛보고 현지인에게 레인저스와 셀틱 축구팀의 점수를 물어볼 수도 있다. 축구 명예의 전당은 스코틀랜드 국립 축구장인 햄프덴에 있다. 라이브 음악 공연장으로도 사용되기도 하고 친숙한 킹 투츠 와와 헛은 많이 알려진 글래스고의 콘서트홀이다.

도심을 벗어나 둘러보고 싶다면 글래스고에서 자동차로 한 시간 거리인 로치 로먼드 & 더 트로사크 국립공원을 방문해서 스코틀랜드의 고지대가 보여 주는 자연의 다양한 매력을 볼 수 있다.

조지 광장
George Squre

글래스고 시민들이 사랑하는 넓은 중앙 집회장소는 조각상이 가득 서 있고 커다란 건축물과 레스토랑으로 둘러싸여 있다. 조지 3세의 이름을 딴 조지 광장에 들러 글래스고의 중심부에 서 보면 선구적인 스코틀랜드인들의 조각상과 조각을 보고 역사적인 건축물을 감상할 수 있다. 조지 광장은 세인트 앤드류 기념일(11월 30일)과 크리스마스 카니발, 학생 축제, 12월 31일 같은 대규모 기념일에 사람들이 모여드는 곳이다.

조지 광장은 한때 진흙투성이 황무지였지만 1700년대 후반 조지 왕조풍의 타운하우스에 맞닿은 개인 정원으로 모습을 바꾸었다. 19세기 후반이 되어서야 모두가 이용할 수 있는 광장으로 바뀌어 지금, 조지 광장에는 관광안내소가 있어 글래스고 여행을 시작하기에 가장 좋은 장소로 알려져 있다.

조지 광장에서 가장 눈에 띄는 건축물인 글래스고 시티 채임버는 19세기에 세워진 것으로, 광장 동쪽에 있다. 이전에는 스코틀랜드 왕립은행이 있었지만 지금은 펍 Pub과 레스토랑이 들어서 이탈리아 르네상스 스타일의 건물이 대부분이다.

조지 광장에는 영국 문화에서 유명한 인물의 조각상 수십 개가 자리해 있다. 이 중에는 전쟁 기념비를 비롯해 빅토리아 여왕과 앨버트 공의 조각상, 세계적으로 유명한 스코틀랜드 출신 발명가 제임스 와트의 조각상이 있다. 중앙의 큰 기둥은 위대한 시인 월터 스콧 경에 대한 존경의 표시로, 그 아래에는 올드 랭 사인의 노랫말을 쓴 시인 로버트 번스의 조각상이 서 있다.

조지 광장에서는 백파이프 연주자와 로컬 밴드의 라이브 연주를 감상할 수 있는 기회도 가질 수 있다. 세인트 앤드류 기념일과 12월 31일에는 시민들과 서로 어깨를 맞대고 축제를 즐길 수 있다.

글래스고 중심부에 자리한 조지 광장은

등대 및 현대 미술관 등의 주요 관광 명소 여러 곳까지 걸어서 갈 수 있는 거리에 있다. 조지 광장 근처의 공공 버스 정류장과 글래스고 센트럴 기차역, 글래스고 퀸 스트리트 기차역 모두 걸어서 멀지 않은 거리에 있다.

시청
City Chambers

궁정처럼 화려한 글래스고 시청은 에든버러 성보다 더 왕궁처럼 보인다. 시청으로 들어가는 입구도 마치 이집트 신전처럼 고급스럽게 꾸며 놓았다. 계단은 고급 재질로 만들어져 상당히 놀라게 만든다. 시청의 하이라이트는 시의회장으로 실제

회의를 이곳에서 한다는 가이드의 설명에 관광객들이 앉아보고 싶어 할 정도이다. 가이드투어는 무료이며, 약 30분 동안 영어로 이루어진다.

홈페이지_ www.glasgow.gov.uk
주소_ 80 George Square
전화_ +44(141) 287 2000

글래스고 대학교
lasgow University

건물부터 남다른 고풍스러운 중세의 대학교로 넓고 쾌적한 캠퍼스와 고풍스러운 건물들이 인상적이다. 1451년 설립된 당시 글래스고 대학은 스코틀랜드의 왕 제임스 2세가 제기한 대학 설립 안에 대

해 교황 니콜라우스 5세가 설립을 허가하는 칙서를 내림으로써 설립되었다.

이 대학은 스코틀랜드에서 세인트앤드루스 대학에 이어 두 번째로 역사가 오래되었다. 설립 당시 법학, 신학, 학예, 의학 분야의 학부가 설치되었고, 글래스고 대성당에서 수업을 했다. 18세기에 의학을 교육하기 시작했으며, 19세기에 과학, 공학 등으로 교육 분야로 확대되었다. 1870년 캠퍼스를 길모어힐로 이전했다.

홈페이지_ www.gla.ac.uk/hunterian
주소_ Glasgow University Avenue West End
시간_ 10~17시
전화_ +44(141) 330-2000

지금의 글래스고 대학교

연구 중심의 명문 공립대학으로 영국의 상위 20위권 대학에 포함된다. 2010년 학제 간 연구를 강화하고 경쟁력을 높이기 위해 조직을 개편했다. 현재 학예대학, 의학·수의학·생명과학대학, 과학·공학대학, 사회과학대학과 대학원으로 구성되어 있다. 대학마다 여러 학부가 있으며, 세부 전공분야로 인문학, 현대 언어·문화, 생명과학, 의학, 화학, 공학, 전산학, 지질학·지구과학, 물리학·천문학, 심리학, 경영학, 법학, 교육학 등이 있다.

더 헌터리언
The Hunterian

고대 이집트 미라와 상어 화석, 유명한 유럽 장인이 그린 그림이 역사, 자연, 예술에 관심이 많은 관광객을 스코틀랜드의 가장 유서 깊은 공립 박물관으로 끌어들이고 있다. 1807년에 개관한 더 헌터리언은 스코틀랜드에서 가장 오래된 공립 박물관이다. 전시된 수백 만 점의 예술품을 감상하며 네덜란드 출신 거장 램브란트의 작품 중에는 옛 수입관이 유명하고 샤르댕의 차 마시는 여인과 글래스고의 유명 건축가 찰스 레니 매킨토시의 삶을 알 수 있다.

윌리엄 헌터 박사는 1783년 자신의 개인 소장품을 글래스고 대학에 기증했다. 당시 헌터 박사의 개인 소장품은 방대해서 박물관을 채우고도 남을 정도였다고 한다. 현재 박물관에는 헌터리언 박물관, 헌터리언 미술관, 매킨토시 하우스, 동물학 박물관, 해부학 박물관 등 다양한 전시관이 있다. 글래스고 대학 안에 있기 때문에 전시관을 쉽게 둘러볼 수 있다.

헌터리언 박물관에서 고대 이집트, 그리스, 로마 시대의 오래되고 진기한 유물 중에는 기원전 600년경 사망한 이집트 여인의 미라인 셉-엔-호르 여사Lady Shep-en-Hor가 있다. 강아지와 함께 산책하던 현지인이 글래스고 개울에서 찾은 비어스덴 상어Bearsden Shark 화석도 유명하다. 스코틀랜드 동쪽에서 서쪽 해안을 따라 로마의 침략을 막기 위해 건축된 로마 시대 방벽, 안토니 월Antoine Wall의 잔해도 볼 수 있다.

매킨토시 하우스에는 글래스고 출신 건축가 찰스 매킨토시와 아내 마가렛 맥도날드의 자택에서 가져온 가구와 나무 공예품이 전시되어 있다.

아이와 함께 방문했다면

특히 동물학 박물관에 전시된 동물을 관찰하며 즐거운 시간을 보낼 수 있다. 이곳에서 살아 있는 뱀과 도마뱀, 유대목 동물과 미세한 해양 생물을 볼 수 있고 인체에 관심이 많다면 해부학 박물관에서 놀라운 체내 메커니즘을 알아볼 수 있도록 프로그램이 만들어져 있다.

더 라이트하우스
The Light House

글래스고 출신 대표적인 건축가 찰스 레니 매킨토시의 디자인과 건축의 중심지에서 전문가와 함께 이야기를 나눌 수 있는 공간으로 1999년에 문화 센터가 되었다. 더 라이트하우스에 가면 글래스고 최고 유명한 건축가 매킨토시가 쌓은 필생의 업적을 살펴보고, 선사 시대부터 내려온 글래스고의 역사를 알 수 있다. 나선형 계단을 올라가면 아름다운 도시의 전경도 볼 수 있다. 글래스고 출신 건축가인 찰스 레니 매킨토시는 글래스고 헤럴드 신문의 의뢰로 1895년, 오래된 창고 건물을 디자인했다. 찰스 레니 매킨토시의 첫 번째 공공건물 설계 의뢰였기 때문에 남다른 의미가 있다.

중앙 기둥을 둘러싼 곡선의 하얀 유리화면 뒤로 걸어가면 전시관에 들어서게 된다. 매킨토시 인터프리테이션 센터에서는 더 라이트하우스가 창고에서 디자인 센터로 어떻게 변모했는지 알 수 있다. 벽에 그려진 매킨토시 디자인의 글래스고 유명 건축물을 감상하면서 매킨토시의

삶과 작품에 대한 설명을 들을 수 있다. 6층의 건물에는 영구 소장품과 임시 소장품이 나누어 전시되어 있다.

워터 타워까지 이어지는 나선형 계단은 화재로부터 건물을 보호하기 위해 설계되었다. 전망대까지 오르면 글래스고의 탁 트인 전경을 볼 수 있다. 6층에 마련된 또 다른 전망대에는 엘리베이터를 타고 올라갈 수 있다.

파운데이션 전시관에는 선사 시대부터 공업 도시를 거쳐 지금의 유명한 관광 도시가 된 글래스고의 성장을 담은 영화가 바닥에 영사되어 상영된다. 바닥에 표시된 지도를 따라 걸으며 글래스고를 살펴보는 데 아이들이 의외로 큰 흥미를 느낀다.

매사추세츠 주 공과대학(MIT)에서 영감을 얻어 마련된 마크랩MAKLab은 건축가와 발명가에게 매력적으로 다가오는 공간으로 전문가에게 자신의 디자인 아이디어를 보여 주고 전 세계 90개가 넘는 기관과 공유할 수 있다.

위치_ 글래스고 센트럴 기차역에서 걸어서 1분

> **가이드 투어**
>
> 40분간 진행되는 가이드 투어를 통해 더 라이트하우스를 자세히 둘러볼 수 있다. 가이드투어에는 요금을 지불해야 하지만 투어가 끝난 뒤 카페에서 차나 커피를 마실 수 있는 기회가 있다.

매킨토시 하우스
Mackintosh House

"삶이 푸른 잎사귀라면, 예술은 아름다운 꽃이다" 글래스고가 디자인과 건축의 도시라는 명성을 얻는 데 큰 공헌을 한 인물이 찰스 레니 매킨토시Charles Rennie Mackintosh다.

건축과 디자인, 인테리어 등에 흥미가 있다면 '매킨토시 워킹 투어'를 추천한다. 매킨토시 트레일 티켓에는 1일 동안 매킨토시와 관련된 관광지가 무료 입장이며 대중교통도 무료로 사용할 수 있다.

제가 되기도 했다. 제2의 매킨토시를 꿈꾸는 학생들이 공부하고 있으므로, 사전에 예약하지 않으면 투어가 불가능하다. 1층에는 신인 디자이너들의 작품을 판매하는 숍이 있다.

홈페이지_ www.gsa.ac.uk
관람시간_ 매킨토시 빌딩 투어
9월 17일~10월 31일 / 11, 13, 15, 17시
11월 1일~2013년 2월 28일 / 11, 13, 15시
(12월 22일~2013년 1월 3일 휴관)
입장료_ 성인 8.75£(학생 4£, 5세 이하 무료)
전화_ 0141-353-4500

:::
매킨토시 워킹 투어
:::

글래스고 아트 스쿨 Glasgow School of Art

식물을 모티프로 한 곡선 디자인 아르누보를 개척해 유럽을 넘어 미국에서까지 각광받는 디자이너였던 그가 모교를 위해 직접 설계한 학교로, 경사진 도로에 우뚝 서 있는 기하학적 기법이 화

더 라이트 하우스 The Light House

매킨토시가 글래스고 헤럴드 신문사 사옥으로 설계했지만, 대대적인 리노베이션을 거쳐 1999년 스코틀랜드 디자인 건축센터로 용도가 바뀌었다.

건물 전체가 전시 공간으로 사진과 시청각 자료 등을 중심으로 매킨토시의 작품 외에도 전 세계 건축가들의 건축, 인테리어,

공업 디자인 등의 전시가 열린다. 6층에는 전망대가 있어 글래스고 시내를 한눈에 볼 수 있다.

홈페이지_ www.thelighthouse.co.uk
운영시간_ 월~토요일 10:30~17:00,
　　　　　　 일요일 12:00~17:00
입장료_ 성인 3£(학생 1.5£)
전화_ 0141-276-5360

더 윌로우 티룸 The Willow Tea Room

간판의 서체부터 장미 문양의 창문과 등받이가 긴 의자, 벽의 문양까지 매킨토시 디자인이 남아 있는 윌로우 티룸은 매킨토시가 처음으로 상업적인 인테리어 디자인을 해준 곳으로 유명하다. 오랜 시간을 거치면서 그대로 남아 있지는 않지만, 밝고 산뜻한 화이트로 칠해진 티룸에서 맛보는 티 세트는 저렴해도 퀄리티를 보장한다.

홈페이지_ www.willowtearooms.co.uk
운영시간_ 월~토요일 09:00~17:00,
　　　　　　 일/공휴일 11:00~17:00
입장료_ 아침 3.85~7.95£
　　　　　 (애프터눈 티 12.75£, 베이커리 1.75~6.75£)
전화_ 0141-332-0521(소키홀 스트리트점),
　　　　 0141-204-5242(뷰캐넌 스트리트점)

글래스고대학 옆에 있는데, 여기에서는 글래스고 낳은 예술가인 매킨토시의 모든 것을 볼 수 있다. 안에 있는 가구들이 모두 매킨토시가 직접 디자인한 것들이다. 가이드의 감독 없이 전시관 안에 들어갈 수 없고 사진도 촬영할 수 없어서 가이드 투어(무료)를 통해 매킨토시 하우스에 얽힌 다양한 이야기를 들을 수 있다.
매킨토시가 디자인한 가구는 보면 살짝만 만져도 삐끗해서 망가질 수 있을 것 같다. 예술적으로는 인정해도 약해 보이는 매킨토시의 가구들은 생활 중심의 튼튼한 실용적 가구가 아니다. 일상을 예술로 승화시킨 예술가의 작품이다.

집과 가구들, 그가 남긴 스케치들을 천천히 감상하며 나는 얼핏 완벽주의로 보이는 그의 디자인 속에서 살짝살짝 수줍게 드러나는 그의 인간적인 따뜻함을 느낄 수 있었다.

디자이너였던 아내 마거릿 맥도날드 매킨토시와 함께 집안의 거울이나 그림의 장식 하나하나까지 상의해가며 만든 매킨토시의 민감한 감성이 깃든 집이다. 매킨토시가 항상 가슴에 품었던 아포리즘 중에 이런 문장이 있다.
"정직한 실수에는 희망이 있지만, 차가운 완벽주의에는 희망이 없다." 매킨토시의

헌터리안 갤러리

홈페이지_ www.gla.ac.uk/hunterian
주소_ Glasgow University Avenue
시간_ 10~17시
전화_ +44 141 330 4221

매킨토스 하우스

주소_ 82 Hillhead St.
시간_ 10~17시
전화_ +44 141 330 4221

현대 미술관
Gallery of Modern Art

인상적인 18세기 건축물에는 스코틀랜드와 영국 국내외 예술가들의 순회 전시를 관람하거나, 미술관 안 카페와 도서관을 둘러볼 수 있다. 글래스고의 현대미술관 GoMA은 스코틀랜드와 전 세계 예술가를 위한 문화 예술 센터이다. 비정기 전시회는 3개 층에서 개최되는데, 사진과 조각에서부터 판화와 그림에 이르는 광범위한 예술품을 전시하고 있다.

현재 신고전주의 건축 양식의 현대미술관 GoMA 건물은 원래 부유한 스코틀랜드 출신 담배 상인의 저택으로, 1996년 박물관이 되기 전 스코틀랜드 왕립은행에서 런던 증권 거래소로 소유권이 넘어갔다.

갤러리의 코린트식 기둥과 모자이크 파사드, 돔형 탑이 어우러진 건축물은 사진을 찍기에 좋은 장소이다.

들어간 뒤에는 사진 촬영이 가능한지 문의해야 하는데, 보통 삼각대나 플래시를 사용하지 않으면 촬영이 허용된다. 예정된 전시회와 행사는 현대미술관GoMA 홈페이지에서 확인할 수 있다. 전시회가 계속 바뀌기 때문에 매번 새로움을 느낄 수 있다.

스코틀랜드 출신 조각가 칼라 블랙Karla Black의 전시가 언론의 관심을 받았다. 칼라는 17톤에 이르는 톱밥으로 매트리스 같은 조각품을 만든 작가이다. 이 갤러리는 많은 생각을 하게 만드는 전시품을 선정하는 곳으로 잘 알려져 있다. 현대미술관GoMA은 미국 출신의 예술가 앤디 워홀처럼 국제적으로 아주 유명한 작가의 작품을 전시하는 곳으로 글래스고 국제 시각예술 페스티벌 기간 중에 주요 전시장으로 활용되고 있다.

로열 익스체인지 스퀘어에 있는데 가까운 거리에 조지 광장이 있다.

홈페이지_ www.glasgowlife.org.uk
영업시간 _ 월~수/토요일 10:00~17:00
　　　　　　목요일 10:00~20:00
　　　　　　금/일요일 11:00~17:00
전화_ 0141-287-4350

토요일 아트 클럽(Saturday Art Club)

3~12세의 어린이가 워크숍에 방문해 꼬마 예술가들이 펼치는 다양한 페인팅 기법을 실험해 보는 재미에 빠지게 된다. 때로는 전시 중인 작가가 자신의 작품에 대해 설명해 주기도 한다. 성인과 어린이 모두를 대상으로 진행된다.

글래스고 그린 공원
Glasgow Green Park

글래스고를 가로지르는 클라이드 강 남
서쪽에 위치한 약 55만㎡의 공원으로 아
늑한 경험을 할 수 있다. 글래스고 그린은
15세기 영국 스튜어드 왕조의 제임스 2세
가 식물원을 만들면서 시작해 현재 놀이
터와 공연장 등을 갖춘 글래스고 시민들
의 쉼터 역할을 한다.

홈페이지_ www.glasgow.gov.uk

피플스 팰리스
People's Palace

글래스고와 글래스고의 시민에 대해 살
펴보고, 열대 식물을 둘러보며, 사회사 박
물관 / 시민 공원에서 백파이프 연주를
들을 수 있다. 피플스 팰리스 & 윈터 가든
People's Palace & Winter Gardens에 가면 1750
년부터 현재까지 글래스고 시민들의 사
회, 문화적 역사를 확인할 수 있다.
1898년 글래스고 그린 공원 안에 개관한
피플스 팰리스는 글래스고의 역사를 담고
있는 중요한 건축물로, 누구나 이용할 수
있다. 우뚝 솟은 테라코타 분수, 덜튼 분
수 덕분에 정문을 쉽게 알아볼 수 있다.
싱글 엔드 전시관에 가면 1930년대 글래
스고 현지 가족의 생활을 알 수 있다. 당
시 일반적이었던 1인용 침실에서의 생활
을 재구성한 모습을 볼 수 있게 만들었
다. 구상 화가인 켄 커리Ken Currie가 그린

천장 벽화, 글래스고 역사 벽화가 유명하며, 1787년 방직공 대학살과 20세기 후반의 실업난 등 글래스고의 과거를 나타낸 장면의 설명도 자세히 기록해 놓았다. 박물관 정문 뒤편에는 이국적인 꽃으로 가득한 빅토리아 왕조풍의 온실인 윈터 가든이 있다. 커다란 열대식물 사이에 있는 따뜻한 카페 아트리움에 앉아 커피를 즐기다 보면 어느새 어딘가 멀리 떨어진 천국에 있는 듯하다.

홈페이지_ www.glasgowlife.org.uk
위치_ Glasgow Green
전화_ +44 141 276 0788

바나나 부츠
한 켤레 찾을 수 있는데, 이 부츠는 세계적으로 유명한 스코틀랜드 출신 코미디언, 빌리 코놀리(Billy Connolly)가 1970년대에 떠난 투어에서 착용한 신발이다.

초상화
부유한 담배 상인 존 글라스포드(John Glassford)와 가족을 그린 초상화에는 원래, 화가 아치볼드 맥로클란(Archibald McLauchlan)이 배경에 노예를 그렸지만 지금은 지워버렸다.

글래스고 대성당
Glasgow Cathedral

글래스고의 발상지를 나타내는 중세풍 대성당은 스코틀랜드에서 가장 아름다운 중세 교회로, 웅장한 스테인드글라스가 단연 눈에 띈다. 글래스고 대성당에 들러 스코틀랜드에서 가장 추앙받는 중세 건축물 중 하나와 인상적인 스테인드글라스를 볼 수 있다. 스코틀랜드 중세 역사의 흔적을 살펴보고 오랫동안 듣지 못한 영웅의 이야기에 귀 기울여 보자.

글래스고 대성당은 글래스고의 자존심으로 현재 대성당 건물은 12세기부터 건축되었다. 1560년 종교 개혁에서 살아남은 스코틀랜드 본토 유일의 중세 성당으로 전설에 따르면 세인트 켄티건, 즉 세인트 뭉고St. Mungo가 7세기 초 대성당 자리에 묻혔다고 한다. 세인트 켄티건St. Kentigun은 고대 영국 왕국인 스트래스클라이드 최초의 대주교로서 글래스고의 수호성인이다.

세인트 켄티건St. Kentigun의 무덤에 포함되어 있다는 지하실을 보면 전설적인 윌리엄 윌리스와 로버트 브루스를 후원한 위샤트 대주교의 조각상도 있다. 용감무쌍한 스코틀랜드의 영웅들이 30년에 걸쳐 잉글랜드로부터의 독립 전쟁을 이끌었다. 성당 건축물에 관심이 많다면 아케이드와 아치형 천장의 통로를 거닐며 진행되

는 무료 가이드 투어가 마음에 쏙 들 것이다. 자원봉사자들이 건축물과 역사를 설명해 준다. 글래스고 대성당에서 최근에 완성된 스테인드글라스인 밀레니엄 창(Millennium Window)도 지나치지 않고 말자. 1999년에 공개된 작품은 과거 1000년의 역사가 반영되어 있다. 창의 장면은 성장을 나타내는데, 성경에서 발췌한 내용이 포함되어 있다.

15세기 대주교의 이름을 딴 블랙애더 아일Blackadder Aisle의 목재 천장 장식을 찾아볼 수도 있다. 일요일 오후 늦게 방문하면 저녁 예배에 참석할 수 있다. 대성당 뒤편에 있는 빅토리아 시대 묘지인 글래스고 공동묘지를 거닐며 유명한 글래스고인의 무덤을 찾아보는 것도 좋은 방법이다.

홈페이지_ www.glasgowcathedral.org.uk
관람시간 _ 4~9월 월~토요일 09:30~17:30, 일요일 13:00~17:00/10~3월 월~토요일 09:30 ~16:30, 일요일 13:00~16:30(4~9월 자원봉사자들이 안내하는 성당 가이드 투어 이용가능)
전화_ 0141-552-8198

켈빈그로브 공원
Kelvingrove Park

서쪽으로 나있는 넓은 켈빈그로브 공원은 글래스고 여행에 지칠 때 쉴 수 있는 피로회복의 공원이다.

공원주변에는 글래스고 대학과 켈빈그로브 미술관 & 박물관 등 많은 박물관이 있어 글래스고 대학생들과 시민들의 문화쉼터 역할을 담당하고 있다.

글래스고 공동묘지
Glasgow cemetery

글래스고 대성당 뒤편에 있는 인상적인 빅토리아시대 묘지에는 유명한 스코틀랜드인의 무덤을 비롯한 수만 개의 무덤이 있다. 2시간 정도면 글래스고 공동묘지를 볼 수 있는데 15Ha 규모의 대지 위에 조성된 묘지는 글래스고 도심에서 가장 넓은 녹지 중 하나이다. 3,000개의 묘와 수만 개의 무덤이 있지만 글래스고 공동묘지는 중세 묘지에서 연상되는 이미지처럼 으스스하지 않다.

글래스고 공동묘지는 1831년에 개장한 뒤 도심 공원이자 수목원으로 새롭게 단장했다. 여기에 처음 묻힌 사람은 유대계 보석상인 요셉 레비Joseph Levi로 알려져 있다. 현재 공동묘지에는 예술가 제임스 해밀턴James Hamilton과 건축가 찰스 매킨토시Charles Mackintosh 등 호평 받는 글래스고인이 설계한 기념물이 많이 있다.

매킨토시의 켈트 십자가와 글래스고 왕립 극장의 전직 관리자 존 헨리 알렉산더John Henry Alexander의 바로크 양식 무덤이 있다. 높이 21m의 존 녹스 기념비를 올려다보고, 인도에서 복무한 군 사령관 아치볼드 더글라스 몬티스Archibald Douglas Monteath의 마우솔레움 묘에 있는 인도 괴물 석상도 유명하다.

장엄한 글래스고 대성당과 세인트 먼고 종교 예술 박물관, 글래스고 공동묘지를 함께 묶어서 둘러볼 수 있다. 모두가 글래스고의 중요한 역사적 건축물을 보여주는 글래스고헤리티지 트레일에 포함되어 있다.

위치_ 글래스고 공동묘지는 조지 광장에서 걸어갈 수 있다. 하이 스트리트 역 하차

도보 가이드 투어

글래스고 공동묘지에 대해 풍부한 정보를 갖춘 자원봉사자들이 글래스고 공동묘지의 무덤과 역사적 특징, 건축가에게 얽힌 이야기를 들려준다. 도보 가이드 투어 비용은 무료이지만, 글래스고 공동묘지를 보존하는 데 쓰이는 기부금을 내도 좋다. 예정된 투어 시간은 1시간 이내이다. 아니면 공동묘지에서 가장 유명한 60개의 기념물을 설명한 포켓 가이드를 다운로드해 직접 둘러봐도 좋다.

글래스고 과학 센터
Glasgow Science Center

수백 가지의 대화형 전시물을 직접 경험해 보고 별자리에 대해 알아보며, 흥미로운 라이브 과학 쇼의 매력에 빠질 수 있다. 글래스고 과학 센터에 가면 손으로 직접 조작해 볼 수 있는 기술/과학 전시물을 둘러보고 커다란 화면에서 은하계를 탐험하며 영화를 감상할 수 있다. 3개 층에 다양한 전시물이 구성되어 있는 대화형 박물관은 2001년 클라이드 강 남쪽 강둑에 둥지를 틀고 문을 열었다. 글래스고 과학 센터는 과거 상업용 부두로 쓰이던 퍼시픽 퀘이에서 진행 중인 재개발 프로그램의 일환이다.

페스티벌 파크 바로 북쪽에 자리한 글래스고 과학 센터는 도심에서 자동차로 10분 거리에 있다. 엑시비션 센터 역에서 내려 도보로 밀레니엄 브리지를 지나 클라이드 강을 건너가도 된다. 정문에서 조금만 걸어가면 버스 정류장도 있다.

위치_ 글래스고 과학센터는 3월 말~10월까지 개관. 동절기 월, 화요일 휴관

센터 층별 소개

1층
아프리카에서 온 곤충을 볼 수 있는 층으로 가장 유명한 마다가스카르 휘파람 바퀴벌레는 신기한 곤충으로 인기가 높다. 7세 미만의 아이들은 꿈틀대며 파이프를 통과하고 화물선 Big Explorer에서 물에 대해 배우면서 크레인을 운전해 볼 수 있다. 천체 관에서 9,000개가 넘는 별과 별자리를 살펴보는 시간을 가질 수 있다. IMAX 영화관에서 2D, 3D 영화도 관람하고 영화 상영작에는 애니메이션, 다큐멘터리, 할리우드 블록버스터 등이 있다.

2층
2층에는 활발한 상호 작용을 통해 큰 재미를 느낄 수 있다. 지진을 직접 경험해 보고 과학 때문에 발생하는 사회, 도덕, 윤리적 문제에 대해서도 알아보는 프로그램이 있다.

3층
엘리베이터를 타고 3층까지 올라가면 신체 예술 작품 전시부터 관람할 수 있다. 이곳에서 직접 조작 가능한 전시물을 통해 인체가 어떻게 움직이는지 알아볼 수 있다. 거대한 쳇바퀴 안에서 달리며 시뮬레이션 부검을 실시해 보고, 기억력 시험을 통해 자신의 두뇌를 테스트해 볼 수도 있다. 아이들은 라이브 랩에서 과학자의 실제 실험을 돕는 재미에 빠질 수도 있다.

성 뭉고 종교 박물관
St. Mungo's Museum of Religious Life &Art

글래스고 대성당의 바로 옆에 있는 유명한 종교 박물관이다. 기독교, 불교, 이슬람교, 유대교 등 세계의 종교의 모습을 모아 놓은 박물관이다.

18~19세기에 제작된 힌두교의 신 '춤추는 시바 신'의 청동상은 우리가 모르는 종교의 대한 생활과 미술을 전시해 종교에 대한 이해를 높일 수 있다. 1층은 기념품 가게와 카페가 있고, 전시장은 2층으로 올라가야 한다. 전시장 입구의 오른쪽에는 세례자 요한의 동상이, 왼쪽에는 인도의 신, 가네샤의 동상이 세워져 있다.

홈페이지_ www.glasgowlife.org.uk
주소_ 2 Castle St. G40RH
시간_ 10~17시(금, 토는 11시 개관)
전화_ +44(141) 276-1625

켈빈그로브 미술관 & 박물관
Kelvingrove Art Gallery & Museum

20가지 테마로 구성된 갤러리에 전시된 8,000점의 예술품과 공예품을 무료로 관람할 수 있는 관광 명소로 탈바꿈한 곳이다. 3개 층에 걸쳐 22개 갤러리를 갖춘 켈빈그로브 미술관 및 박물관에는 8,000점에 이르는 작품이 전시되어 있다. 유럽 예술, 도자기, 갑옷, 은, 자연사, 스포츠 관련 전시물과 조각으로 구성된 귀중한 전시물이 다양하여 놀라울 정도다. 건축 애호가라면 스페인풍 바로크 양식으로 지어진 건물 자체만으로도 매력적으로 다가올 것이다.

1854년 글래스고 장인인 아키볼드 맥렌란Archibald McLellan이 글래스고 시에 개인 소장하고 있던 그림 400점을 기증했다. 이를 토대로 나머지 전시가 마련되었고, 1901년 일반인을 대상으로 개관하기에 이르렀다.

입장료는 무료이고 미술관과 박물관의 사진은 모두 촬영이 가능하다는 장점과 렘브란트, 라파엘로, 고흐, 보티첼리, 모네, 피카소 등의 작품이 전시돼 볼만하다.

층별 안내

지하 1층
비정기적으로 전시회를 열고 자연계와 고대 유물을 전시해 놓았다. 1800년대 후반 인도에서 가져온 아시아 코끼리 상 로저 경(Sir Roger)은 가장 유명하다. 나일 강 근처에서 발굴된 이집트 관의 천장에는 제2차 세계대전 당시 사용된 비행기가 매달려 있다.

디스커버리 센터
글래스고 국제 박람회를 기념하기 위해 1901년에 제작한 오르간이 놓여 있어 매일 30분간 연주를 감상할 수 있다.

2층
유럽 예술가들이 만든 작품을 전시한 곳으로 프랑스 인상파 화가, 네덜란드의 르네상스 미술가 전용 갤러리는 전문가 사이에서도 칭찬이 자자하다. '살바도르 달리'의 '자가에 달리신 성 요한의 예수'와 '산드로 보티첼리'의 '수태고지'가 있다. 부처의 생애에 대한 이야기가 새겨진 코끼리 상아도 유명하다.

박물관 입구의 파이프 오르간은 월/토요일 13시, 일요일 15시와 15시 45분에 연주한다.

홈페이지_ www.glasgowlife.org.uk
위치_ 조지 광장에서 걸어서 30분
관람시간 _ 월~목/토요일 10:00~17:00
　　　　　　금/일요일 11:00~17:00
전화_ 0141-276-9599

스타일 마일
Style mile

글래스고는 산업혁명의 상공업 도시로
발달하였기 때문에 지금도 쇼핑 등이 발
달해 "스타일 마일Style mile"이라는 이름
이 생겨났다. 퀸 스트리트 역에서 나와 뷰
캐넌 스트리트Buchanan Street로 나오면 길
게 늘어선 상점들이 보인다. 북쪽의 소키
홀 스트리트Sauchiehall St.를 시작으로 뷰캐
넌 스트리트Buchanan St.를 거쳐 아가일 스
트리트Argyle St., 강 건너의 잉그램 스트리
트Ingram St.까지 이어지는 쇼핑거리이다.
프린세스 스퀘어, 세인트 에녹센터St. Enoch
Center, 아가일 아케이드Argyll Arcade, 로열

익스체인지 스퀘어, 머천트 시티Merchant
City에 대형 쇼핑몰 뷰캐넌 갤러리와 존 르
위스John Lewis, 프레이저Fraser백화점을 비
롯해 자라, H&M, 러쉬, 바디샵, 프라이마
크, 나이키 등 익숙한 매장이 있다.

홈페이지_ www.glasgowstylemile.com

글래스고 식물원
Glasgow Botanic Gardens

100년 된 나무가 우거진 공원과 수목원을 둘러보거나, 잔디밭에서 피크닉을 즐기는 시민들을 볼 수 있는 장소이다. 콘서트를 관람하거나, 19세기 온실에서 한가로이 꽃을 보는 나이든 사람들을 볼 수도 있다.

글래스고 식물원에서 이국적인 식물을 찾아보고, 켈빈 강둑을 따라 산책을 즐기며, 푸르른 잔디밭에서 피크닉을 만끽해보자. 글래스고 출신 식물학자 토마스 홉커크Thomas Hopkirk는 1817년에 핵심 식물

3천 종을 심어 식물원을 세웠다. 1839년에 현재 위치로 이전한 뒤 1842년에 회원 전용 식물원으로 문을 열었지만 현재, 현재 매년 약 50만 명의 관광객이 모여드는 공원으로 자리를 잡았다.

키블 궁전 안에 있는 헤리티지 트레일 지도를 들고 2시간 정도면 천천히 둘러볼 수 있다. 다리와 기차역을 비롯한 역사적인 장소를 30곳이나 볼 수 있어서 인기가 높다. 주말에는 공예품 시장이나 연극, 도서 전시회, 콘서트 같은 행사도 즐길 수 있다.

홈페이지_ www.glasgowbotanicgardens.com
위치_ 730 Great Western Road, 도심에서 걸어서 40분/ Hill Head지하철역에서 5분 거리
요금 _ 무료
전화_ +44-141-334-2422

온실
키블 궁전에서 시작하는 온실은 식물원 면적의 20Ha를 차지하고 있다. 발명가이자 엔지니어인 존 키블(John Kibble)은 개인적으로 거주할 생각으로 1860년에 구조물을 설계했다.
온실에 들어가면 남반구 양치식물 무리와 스코틀랜드 출신의 유명 조각가 조지 헨리 폴랭(George Henry Paulin)의 작품인 시칠리아의 로버트 왕을 비롯한 조각과 조각상을 볼 수 있다. 1880년대에 건축된 빅토리아풍 건축물, 메인 레인지 하우스에서는 난초와 베고니아, 열대식물을 찾아볼 수 있다.

수목원
키가 크고 검은 오크나무와 가지가 늘어지고 수령이 200년이나 된 물푸레나무가 있고 온실 앞 잔디밭에서 피크닉을 만끽하거나 식물원 카페에서 점심을 즐겨도 좋다.

퀸즈 파크
Quees Park

레크리에이션 시설과 아열대 실내 정원, 파충류, 물고기가 노니는 연못이 있고 라이브 음악이 흐르는 퀸즈 파크 Quees Park 는 여름과 겨울에 가장 인기 있는 글래스고의 관광지이다.

퀸즈 파크 Quees Park 에서 여유를 만끽하거나 잘 관리된 잔디밭에서 피크닉을 즐기는 시민들을 쉽게 볼 수 있다. 커다란 온실 속을 산책하면서 이국적인 야생동물과 토착 새를 찾고 스포츠와 라이브 음악 행사에도 참가할 수 있다.

1800년대 후반 60헥타르의 대지에 잉글랜드 출신 유명 건축가, 조지프 팩스턴 경 Sir Joseph Paxton 이 설계했다. 스코틀랜드의 메리 여왕을 기념하기 위한 이름을 붙인 공원에는 글래스고의 멋진 전경을 감상할 수 있는데, 화창한 날이면 캠시 펠즈 힐과 벤 로몬드 산까지 보인다.

그림 같은 도심 공원의 모습이 담긴 엽서와 사진에는 근처 중세 교회가 포함된 경우가 많다. 이들 교회 중에는 프랑스 양식의 캠프힐 처치와 스코틀랜드의 퀸즈 파크 처치가 있다. 연못에 가서 조용히 노는 백조와 털이 촘촘한 오리, 물속에 드나드는 하는 청둥오리를 만나고 벤치나 잔디 위에 앉아 피크닉을 만끽하는 장면도 볼 수 있다. 커다란 장미 정원은 글래스고에서 개최된 세계 장미 대회를 마친 후 조성된 곳이다.

축구장, 크리켓 경기장, 테니스 코트, 잔디 볼링장에서 운동을 하고 겨울철에 눈이 내린 뒤에는 아이들을 위한 썰매를 탈 수도 있다. 조용한 공원 한쪽 귀퉁이에 자리한 가장 유명한 온실, 디스플레이 하우스는 아열대 기후의 꽃과 선인장을 감상할 수 있어서 인기가 높다. 실내에 마련된 젠 가든에서 휴식을 취하거나, 아이들을 파충류 사육장으로 데려가 유리 용기에서 안전하게 사육되고 있는 뱀, 도마뱀, 거미를 볼 수도 있다. 거북이와 커다란 달팽이도 놓치지 말자. 퀸즈 파크에서는 매년 봄 인기 많은 사우스사이드 페스티벌 같은 문화, 음악 행사가 정기적으로 열린다.

주소_ 520 Langside Road

셀틱 파크
Celtic Park

글래스고^{Glasgow}에서 동쪽으로 약 40분 정도 이동하면 셀틱 파크^{Celtic Park}가 나온다. 스코틀랜드 사람들의 축구사랑은 대단하다. 이제 유럽 내에서도 중위권 정도의 리그로 판단되지만 축구는 스코틀랜드 여행에서도 빼놓을 수 없다. 글래스고의 도시 외곽에 있는 셀틱 경기장은 바람이 많이 불어 바람막이와 목도리는 준비하는 것이 좋다.

홈페이지_ www.celticfc.net
주소_ 1524 London Road
전화_ +44(871) 226 1888

클라이드사이드 디스틸러리
The Clydeside Distillery

스코틀랜드에 왔다면 위스키 양조장을 한번은 방문해야 후회하지 않는다. 다른 유럽을 여행하면서 맥주양조장 투어는 많이 하지만 위스키 양조장을 방문하여 차이점를 찾는 것노 좋은 여행이 될 수 있다. 위스키 양조장의 설명 중에 가장 자세하게 친절하게 해준다. 다만 영어로만 진행되는 것이 단점이다.

홈페이지_ www.theclydeside.com
주소_ 100 Stobcross Road The Old Pumphouse, Queen's Deck
전화_ +44(141) 212-1401

버렐 컬렉션
Burrell Collection

스테인드글라스와 고딕풍의 유물, 태피스트리와 유럽 장인들의 공예품으로 구성된 버렐 컬렉션Burrell Collection에 가면 세잔의 그림과 로댕의 조각품부터 동양의 도자기와 카펫에 이르는 8,000여 점의 다양한 예술품을 감상할 수 있다. 유리와 벽돌로 만든 놀라운 건축물은 도심 공원에 푸른 잔디와 숲 지대에 닿아 있어 인파로부터 벗어나 여유를 만끽할 수 있다.

글래스고 선박업계의 거물인 윌리엄 버렐William Burrell 경은 1944년 글래스고 시에 자신의 개인 소장품을 기증했다. 이후 한 귀족 가문이 1967년 스페인 예술품 컬렉션과 함께 광활한 사유지를 박물관에 기증했다. 이 건축물은 1970년대에 잉글

랜드 출신 건축가 게리 바순Garry Basson이 설계했는데, 원래 버렐 컬렉션의 오래된 석조 출입구가 세워져 있었다. 엘리자베스 2세 여왕이 1983년 폴록 컨트리 파크에 있는 박물관을 대중에게 공개하면서 지금에 이르렀다.

유리로 덮인 안뜰을 가로질러 로댕의 유명한 청동 조각상 생각하는 사람의 복제품과 200년 전 이탈리아 작품 워릭 베이스가 가장 유명하다. 홀에 들어가면 그리스 장신구와 이집트 조각상을 비롯한 여러 고대 문명의 유물을 둘러볼 수 있다. 후기 인상파 화가 폴 세잔이 그린 메당의 성 같은 유명한 작품도 유명하다.

스코틀랜드에 소재한 과거 버렐 성의 복제품 전시 공간인 휴톤 룸에는 가구, 무기류와 중세 시대의 무기류가 전시되어 있다. 멀리 떨어진 문화권의 전시품을 관람하려면 중국과 이슬람 공예품을 살펴보면 된다.

기차와 버스가 폴록 컨트리 파크 정문까지 걸어갈 수 있는 거리에 정차한다. 정문에서 표지판을 따라가면 공원을 지나 즐겁게 산책하면서 박물관까지 갈 수 있다.

워크숍

큐레이터의 예술사 이야기나 가족을 위한 워크숍은 방문객이 폴록 컨트리 파크 안에 있는 숲, 노스 우드를 아침이나 오후에 산책하는 일정을 함께 진행하는 행사이다.

주소_ 2060 Pollokshaws Road Pollok Park
요금_ 무료
전화_ +44-141-287-2550

보스웰 성
Boswell Castle

스코틀랜드에서 가장 거대한 13세기 석조 건축물에는 중세 시대 영국의 과거를 엿볼 수 있다. 클라이드 강을 배경으로 성의 잔해가 보여 주는 강렬한 이미지에 마음을 빼앗기게 된다. 원래 모레이의 월터Walter of Moray라는 귀족이 건축한 보스웰 성Boswell Castle은 잉글랜드 독립 전쟁 당시 정복당해 파괴되었다. 더글러스 백작이 다시 지어 올린 1360년대까지 버려져 있었다.

폭풍우가 몰아치는 날이면 성의 으스스한 광경이 성의 역사와 꼭 맞아 떨어져 무섭기도 하다. 용감무쌍한 전투를 재현한 공연을 관람하거나 글래스고에서 가장 크고, 인상적인 중세 시대 방어 요새의 홀을 거닐 수 있다.

원통형 내성의 잔해에는 처음 건축하던 당시 이 거주용 탑은 높이가 30m, 직경이 20m에 달했다. 탑 서쪽으로 뚫려 있는 공간은 잉글랜드군의 포위를 차단하기 위해 파괴시킨 곳이다. 제3대 더글라스 백작, 아치볼드 그림Archibald the Grim이 세운 대강당과 예배당에서 21개의 계단을 올라 대강당에 도착하면 깜짝 놀랄 만한 14세기 건축학적 업적에 매료된나.

> **중세 전투의 재현**
> (www.historicscotland.com)
> 기사와 소작농으로 분장한 사람들이 중세 시대 전투를 재현하는 모습을 살펴보거나 성의 방과 홀을 둘러볼 수 있다. 역사적인 전투를 재현하는 특별 행사가 준비된 날에 성을 방문하면 어린아이들이 좋아한다. 활 시위를 당겨보고 옛날에 거행되던 각양각색의 패션 퍼레이드도 볼 수 있다.

위치_ 글래스고 도심에서 자동차로 20분 거리
버스나 기차로 어딩스턴역에서 하차
시간_ 4~10월 매일 개방(11~3월 토~수요일까지만)

로크몬드 국립공원
Loch Lomind National Park

글래스고에서 북쪽으로 차를 몰면 불과 1시간 거리에 있는 로크 로몬드 앤드 트로삭스 국립공원은 스코틀랜드에서 가장 아름다운 경관 중 하나이다. 풍부한 역사와 전설을 지니고 있으며, 많은 레스토랑은 현지에서 생산된 농산물로 음식을 제공하고 있다. 길이 37㎞, 폭 8㎞의 이 호수는 여러 세대에 걸쳐 수상 스키, 수영, 낚시 장소로 이용되었다.

1935년에 조성된 아가일 포레스트는 영국에서 가장 오래된 삼림 공원이다. 강을 따라 아가일 포레스트의 블루벨 숲을 거쳐 하이킹을 하거나 자전거를 가져와서 크로스컨트리 산악자전거 도로망을 이용해 볼 수 있다. 비콘 산의 벤 로몬드의 동쪽에는 야생의 협곡과 반짝반짝 빛나는 호수로 이루어진 지역인 트로삭스가 있다. 17세기에 유명한 무법자가 당국의 추격을 피해 이곳에 숨었던 사건 때문에 '롭 로이 컨트리Rob Roy Country'라고 불린다.

로크 로몬드 앤드 트로삭스 국립공원에 있는 마을 대부분은 기차와 버스로 찾아갈 수 있다.

로크 로몬드 호수
Loch Lomond

수상스포츠, 자연 트레일, 중세 주택이 있는 그림 같이 아름다운 호수의 절경을 감상할 수 있는 산꼭대기로 올라가 보자. 로크 로몬드 호수Loch Lomond는 스코틀랜드 고원의 언덕 사이에 있는 경치 좋은 민물 호수이다. 길이는 10.5㎞이며 스털링, 퍼스, 킨로스의 경계로 뻗어 있다.

로큰 헤드 기지에서 수상스키, 카누, 세일링 등 다양한 스릴 넘치는 수상 활동 중 하나를 선택해 즐겨볼 수 있다. 커다란 호수 둘레를 따라 하이킹을 하고 그 위로 우뚝 솟아있는 산들을 올려다 볼 수 있다. 로큰 헤드의 남동쪽에는 16세기에 지어진 장엄한 에디넴플 성이 있다. 돈을 지불하지 않기 위해 건축업자를 옥상에서 밀었다고 전해지는 성의 주인, 블랙 던컨 캠벨Black Duncan Campbell에 대한 이야기를 들어보고 계속해서 아드보리치 하우스와 같은 위풍당당한 저택들을 더 많이 보려면 동쪽으로 향해야 한다.

호수의 남쪽에 985m 높이로 솟아 있는 산, 벤 보리크를 올라가서 꼭대기에서 호수, 성, 주변 고원의 탁 트인 전망을 볼 수 있다. 고요하고 차분한 호수에서 기슭에 자리를 잡거나 보트를 타고 무지개 송어와 갈색 송어 낚시를 해보자.

호수의 남동쪽에는 여러 수상 활동을 즐길 수 있는 하는 9헥타르의 로크 로몬드 호수Loch Lomond 레저 파크가 자리해 있다. 멋진 경치를 즐기면서 9홀 코스에서 골프를 즐기고 레스토랑에서 식사하고 바에서 휴식을 취하고 미니 마켓에서 쇼핑할 수도 있다.

로크 로몬드 호수^{Loch Lomond}은 로큰헤드 마을의 바로 동쪽에 있으며 로크 로몬드 앤드 트로삭스 국립공원의 일부로 아드보리치, 세인트 필란과 같은 스코틀랜드 고원의 여러 작은 마을을 가로질러 뻗어 있다.

칼란더
Callander

칼란더^{Callander} 주변과 호수 지역의 날씨는 매우 습하다. 4월에 가장 건조하고 7월에 가장 따뜻하다. 현지 언어는 영어이지만 일부 학교에서는 여전히 게일어를 가르치고 있다. 글래스고에서 북쪽으로 1시간 동안 차를 몰거나 에든버러에서 북서쪽으로 90분 동안 차를 몰면 칼란더 마을에 도착할 수 있다. 버스를 이용하거나 기차인 스코트레일^{ScotRail}을 통해 영국 전역에서 기차로 찾아갈 수 있다. 칼란더^{Callander}는 스코틀랜드의 호수와 고원 주변을 탐험할 수 있는 출발점이 될 것이다. 칼란더^{Callander}에는 이용 가능한 숙소의 수가 비교적 적은 편이다.

하이랜드^{Highland} 고원으로 가려면 중간에 머무는 관문이 있다. 머물면서 수많은 호수와 신나는 가족 활동을 즐길 수 있는 무수한 삼림 공원 안에서 트레킹을 해볼 수 있다.

칼란더^{Callander}는 다양한 국립공원 지역의 중심부에 있는 매력적인 마을이다. 수많은 호수들이 삼림 지역을 장식하고 있으며 호숫가 주변에서 사이클링과 하이킹을 즐길 수 있다. 시내 중심가의 타이스 강의 둑을 따라 한가로이 거닐면서 고풍스럽고 경치 좋은 환경을 감상할 수도 있다.

마을에 우뚝 솟아있는 칼란더 크레그 산^{Callander Crag Mountain}을 올려다 보면 한 폭의 그림 같이 아름다운 시골을 볼 수 있다. 마을의 서쪽 편에는 로크 로몬드 앤드 트로삭스 국립공원과 퀸 엘리자베스 산림 공원의 호수, 산, 다양한 지형이 이어져 있다.

트레일
또한 자연 트레일 길은 동쪽의 칼란더 골프 코스를 지나 Allt a' Choire Bhric 강과 Bracklinn 폭포까지 이어진다. 강둑 옆을 거닐면서 폭포에서 이어지는 작은 폭포들을 볼 수 있다.

트로삭스(Trossachs) 맹금류 트레일
다양한 종의 올빼미를 볼 수 있는 야생 동물 관찰 루트에는 자전거 도로와 물수리, 송골매, 독수리, 황조롱이를 볼 수 있는 관찰 지점이 많이 있다.

로크 카트린
Loch Katrine

글래스고Glasgow와 에든버러Edinburgh에서 가까운 거리여서 주민들의 당일치기 여행지로 인기가 높다. 그림 같은 국립공원을 트레킹하며 아름다운 물의 세계, 다양한 야생동물, 식물, 천연 트레일을 즐길 수 있기 때문에 인기가 높다. 로크 카트린 Loch Katrine은 언덕과 녹색 초목에 둘러싸인 거대한 수역이다. 천연 산책로와 자전거 트랙부터 크루즈와 역사 가이드까지 여러 가지 활동을 할 수 있는 고요하면서도 유익한 휴가지이다. 흥미로운 증기선의 역사와 스코틀랜드 전통 문화에 대해 알 수 있다.

호수 동쪽의 트로삭스 피어Trossachs Pier는 매력적인 숲 지역에서 호수 전망을 보면서 피크닉을 즐길 수 있다. 이 부두에는 지역 관련 기념품을 판매하는 선물 가게가 있다. 증기선 월터 스콧 경Steamship Sir Walter Scott에 오르면 오래된 교통편에서 호수의 아름다움 감상할 수 있다. 스코틀랜드 댄스 음악 때문에 종종 중단되기도 하지만 확성기 가이드의 내용에 귀 기울이면 호수에 있는 작은 섬들에 대해 자세히 알 수 있다.

호수의 길이는 13km이며 폭은 1.6km 정도이다. 자전거를 대여해 둘레를 돌면서 여러 각도에서 호수를 둘러보는 방법도 있지만 2시간 정도 소요되므로 시간을 확인하고 타는 것이 좋다. 로크 카트린이 하늘의 변화에 따라 극적인 색을 반영하는 시

간인 일출 때가 가장 아름답다. 식당에서 휴식을 취하며 빵과 차, 푸짐한 식사를 할 수도 있다. 잔잔한 물결의 경관을 보면서 하이커와 자전거 타는 사람들과 지역의 스코틀랜드 에일을 마셔보는 경험을 추천한다.

호수의 이름은 지역에서 악명 높은 스코틀랜드 카우보이를 참조한 게일어로 "소도둑"을 뜻한다. 호수 북쪽 끝에서 태어난 롭 로이 맥그리거Rob Roy MacGregor 등 가축 도둑들의 이야기를 들을 수 있다. 호수의 아름다움이 어떻게 영국 문학 거장, 사무엘 콜리지Samuel Coleridge와 윌리엄 워즈워스William Wordsworth에게 영감을 주었는지 알 수 있다.

로크 로몬드Loch Lomond와 트로삭스 국립공원Trossachs National Park 사이에 있는 로크 카트린은 칼란더Callander에서 서쪽으로 32km 이동해야 한다. 로크 베나차르Loch Venachar, 로크 드렁키Loch Drunkie, 로크 아크레이Loch Achray를 지나는 경치 좋은 경로를 운전해서 오면 차로 약 1시간 걸려 도착한다.

주소_ Trossachs Pier Loch Katrine'
전화_+44-1877-376315

로크언 헤드
Lochearn Head

로크언 헤드는 고원의 그림 같은 호수, 산맥, 민속 역사를 둘러볼 수 있는 재미있는 지역이다. 파도가 일렁이는 호수에서 수상 스키를 타고 성과 구름다리를 하이킹하면서 지역의 풍부한 역사에 대해 알 수 있다. 로크언 헤드Lochearn Head는 스코틀랜드 고원의 대형 호수 서쪽에 자리한 그림 같은 마을이다. 이곳은 호수의 주요 수상 스포츠 거점으로 보트와 장비를 대여하는 센터가 있다. 쾌적한 마을을 따라 걸으며 현지인과 대화를 하고 호수 뒤로 솟아 있는 산의 멋진 풍경을 볼 수 있다.

보트를 타고 호수를 건너면 호수로는 흔하지 않게 조수와 파도가 있어 호수 표면 위로 바람이 미끄러지듯 지나간다. 수상 스키, 카누, 낚시가 이곳에서 가장 인기가 높다. 호수 연안을 따라 남동쪽으로 트레킹을 하면 16세기에 지어진 에디넴플 성에 닿게 된다. 985m 높이의 벤 보를리치 산에 올라 보면 호수, 주변의 산, 매력적인 마을을 볼 수 있다.

클렌 오글 트레일을 따라 자전거를 타고 글렌 오글 구름다리에 들러 남아 있는 유적을 볼 수 있는 트레일은 캘리도니언 철도 회사의 옛 철도를 따라 나있다. 호수에서 서쪽으로 가면 악명 높은 범법자 Rob Roy MacGregor와 그의 가족 무덤이 있는 발쿠더 교회가 있다.

고풍스러운 마을은 스코틀랜드 중부 스털링 지역의 로크 언Lochearn 서쪽에 있다. 로크 로몬드 앤드 트로삭스 국립공원의 경계 안에 있는 스코틀랜드 고원의 아름다운 지역이다. 에든버러에서 북서쪽으로 112km를 운전하면 2시간 이내에 닿을 수 있다.

발퀴더 교회
Balquhidder Church

중세 교회의 유적과 그 교회를 대체한 현대적인 건물 옆에 있는 스코틀랜드에서 가장 악명 높은 무법자 중 한명의 무덤을 볼 수 있는 1853년에 세워진 교회이다. 발퀴더 교회Balquhidder Church는 또 다른 옛 교회의 유적 옆에 우아한 종교적인 집을 지었다. 브레이스 오브 발퀴더Balquhidder의 숲과 산들이 으스스한 묘지와 돌담에 아름다운 배경으로 그의 아내와 두 아들의 무덤 옆에 악명 높은 무법자 롭 로이 맥그레거Maccgreger의 무덤이 있다.

이 소도둑은 스코틀랜드 고원 지대에서 로빈 후드로 알려져 있다. 그의 매혹적인 생애와 그가 아직 살아 있을 때 만들어진 전설에 대해 알 수 있다. 중세 구교회의 유적을 배경으로 교회 묘지에는 가족과 유명 인물의 흥미로운 무덤과 성지를 볼 수 있다. 이 장소는 1631년에 '소교회'라고 불리는 옛 건물을 대체하기 위해 건설되었다.

교회 안의 현대적인 실내 장식은 교회를 둘러싸고 있는 유적이나 묘비와 극명한 대조를 이룬다. 천장, 설교단, 성찬대에 풍부하게 사용된 목재와 돌은 7세기에 이 지역에 기독교를 가져온 것으로 인정받는 성 앵거스의 무덤을 표시했다. 마을의 종교적 역사를 도표로 보여주는 금속판에는 묘비에 대한 배경 정보가 포함되어 있다.

발퀴더 교회Balquhidder Church는 매력적인 마을 발퀴더Balquhidder의 중심에 있는 로크 보일의 북쪽에 있다. 로크언 헤드에서 서쪽으로 11㎞ 차를 몰고 가면 20분 후에 교회에 도착할 수 있다.

주소_ Two Miles past Auchtubh

카페 스트레인지 브루
Cafe Strange Brew

글래스고에서 아침과 점심식사에 가장 평범하게 먹는 장소로 간단한 음식으로 젊은이들이 많이 먹는다. 얇은 베이컨과 계란, 채소에 빵을 곁들여 먹기 때문에 브런치와 후식으로 먹기 위해 많이 찾는다.

주소_ 1109 Pollokshaws Road
영업시간_ 09~17시
요금_ 10~20£
전화_ +44(141) 440-7290

빌슨 일레븐
Bilson Eleven

분위기 있는 셰프의 음식을 맛볼 수 있는 레스토랑으로 배를 채우러 가는 음식점은 아니다. 정갈하고 깔끔하게 나온 메뉴 하나하나에 정성을 다했다는 생각을 하게 된다.

영어로 대화를 나누며 데이트를 즐기는 이들이 주로 찾는 곳이다. 신선한 재료로 만든 음식이라 무조건 맛있겠다라는 생각이 든다. 오랜 시간을 계속 먹기 때문에 주말에는 미리 가서 자리를 잡고 있어야 한다.

주소_ 10 Annfield Place **영업시간_** 17~21시
요금_ 20~30£ **전화_** +44(141) 554-6259

케이칼 키친
Kcal Kitchen

퀸 스트리트 역에서 글래스고 대학으로 걸어가면 보이는 케이칼 키친은 젊은이들이 간단하게 먹는 카페이다. 음식은 카페테리아 스타일로 햄버거와 치킨과 감자칩이 보기 좋게 나온다. 글래스고에서 인기가 있지만 일반적인 햄버거와의 차이는 없는데 저렴하여 많이 찾는 것이 아닌가라는 생각이 들기도 한다.

홈페이지_ kcalkitchen.co.uk
주소_ 130 W Regent St, Glasgow G2 2RQ
영업시간_ 10~20시
요금_ 10~20£
전화_ +44(141) 230-1033

다코타 바 & 그릴
Dakota Bar & Grill

분위기 있는 레스토랑으로 글래스고에서 현재 가장 인기가 있는 스테이크와 생선 요리 전문점이다. 분위기를 맞추려는 듯이 내부 인테리어가 고급스러워 젊은 데이트를 즐기는 연인부터 가족들이 생일 파티를 하기 위해서도 많이 찾는 레스토랑이다. 연회장 같은 분위기로 고급 레스토랑 같지만 음식은 미국 스타일의 스테이크 음식이 주메뉴이다. 단체 예약이 많아 주말에는 파티 공간으로 사용이 되기도 한다.

주소_ 179 West Regent St.
영업시간_ 07시 30분~15시, 17~22시
요금_ 20~30£
전화_ +44(141) 404 3680

대영제국의 미지의 세계로 도전은 스코틀랜드가 담당했다.

근대는 미지의 세계에 대한 도전 정신으로 다양한 탐험이 이루어진 시기이다. 아무도 가보지 못한 곳을 가장 먼저 두 눈으로 직접 확인하기 위해 힘들고 어려운 시기를 겪었던 탐험가들의 이야기가 전해진다. 먼저 세계 지도의 1/3을 차지하고 있는 태평양의 지도를 완성한 제임스 쿡의 세 차례를 걸친 항해가 있었다. 또 아프리카를 탐험하며 크리스트교를 전파하던 리빙스턴은 힘들고 어려운 여건 속에서도 탐험에 온 생애를 바치기도 했다. 남극점을 먼저 정복한 아문센과 달리 한발 늦은 스콧 일행은 폭풍우에 갇혀 목숨을 잃기도 했다. 많은 탐험가들은 새로운 지역에 대한 탐험과 함께 그 지역에 살고 있는 원주민들의 문화를 이해하고자 많은 노력을 했다.

제임스 쿡

1768년 영국 왕실은 남태평양 타히티 섬으로 보낼 과학 탐사대의 선장으로 제임스 쿡을 임명했다. 영국에서 타히티 섬으로 과학 탐사대를 보내려 한 것은 천문학자들이 1769년 6월에 금성이 태양면을 지나갈 것이라고 예언했기 때문이다. 즉 지구의 여러 곳에서 이것을 관찰함으로써 지구에서 태양까지의 거리를 정확하게 계산할 수 있다고 생각했던 것이다. 그리고 제임스 쿡에게는 또 하나의 임무가 주어졌는데, 그 임무는 바로 미지의 남방 대륙을 찾아 영국의 땅으로 만드는 일어났다. 고대부터 지리학자들은 남반구에 큰 대륙이 있을 것이라고 믿었기 때문에 확인하고 싶었던 것이다.

제임스 쿡은 예전에 석탄을 운반하는 배에서 일하면서 항해사 일을 배웠다. 또 27세 때는 해군에 입대해 지도 설계와 천체 관측에서 뛰어난 능력을 보였다. 제임스 쿡은 탐험에 쓸 배로 넓고 튼튼한 석탄 운반선을 골랐다. 이 배에는 94명의 선원과 천체학자 1명, 화가 2명, 동식물 전문가 2명이 함께 올랐다. 제임스 쿡 일행이 탐험하는 동안 과학자들은 새로운 동식물뿐만 아니라 알려지지 않은 민족에 대해 조사하고 기록했으며, 수천 개의 식물 표본을 채취했다. 제임스 쿡은 항해 일지에 태평양에 사는 민족들에 대한 정보를 기록했다.

제임스 쿡을 훌륭한 선장으로 부르게 된 것은 그가 선원들의 삶을 크게 향상시켰기 때문이다. 이전에 선원들은 비타민이 부족해 발생하는 괴혈병 때문에 목숨을 잃는 경우가 많았다. 그런데 제임스 쿡은 자신의 경험을 토대로 신선한 채소를 먹을 수 있도록 했다. 또 위생 문제에도 엄격해서 날마다 선원들이 잘 씻었는지 검사했다고 한다. 이렇게 철저히 선원들의 건강을 챙겼기 때문에 세 차례의 탐험에도 괴혈병으로 목숨을 잃은 선원은 단 한 명도 없었다.

남쪽의 거대한 대륙을 찾는 데 실패한 제임스 쿡은 항해 도중에 뉴질랜드 해안에 도착했다. 제임스 쿡은 6개월 동안 3,800km에 이르는 뉴질랜드 해안을 탐험하면서 뉴질랜드가

두 개의 섬으로 이루어져 있다는 것을 밝히고 해안의 모습을 지도로 만들었다.

제임스 쿡은 1769년 타히티 섬에 간 것을 비롯해 1777년 여름, 세 번째 탐험까지 태평양의 여러 섬에 가 보았다. 그는 타히티 섬 부근에서 매우 친절한 원주민들이 사는 소시에테 제도와 통가 제도를 발견했고, 하와이 제도에도 가 보았다. 그러나 제임스 쿡은 하와이에서 큰 보트를 원주민들에 도난당하자 화가 나서 부하들과 함께 원주민 전사들과 전투를 벌였다. 이 전투에서 그는 칼을 맞고 쓰러져 세상을 떠나고 말았다. 제임스 쿡은 비록 남쪽에 있는 대륙을 찾는 데는 실패했지만 태평양의 여러 섬들에 관한 지식을 크게 발전시키면서 태평양 지도를 완성하게 한 뛰어난 탐험가였다.

리빙스턴과 스탠리

스코틀랜드 노동자의 아들로 태어나 혼자 힘으로 선교사가 된 리빙스턴은 1840년에 남아프리카로 떠났다. 탐험의 목적은 아프리카에 기독교를 전파하기 위해서였다. 첫 탐험은 1841년 우마차를 타고 칼라하리 사막을 횡단하는 험한 길이었다. 탐험 도중에 만난 부시먼 족은 그에게 칼라하리 사막 너머에 큰 강이 흐른다고 말해 주었다. 그 강은 비옥한 땅에 물을 대 주는 잠베지 강이었다.

이 이야기를 들은 리빙스턴은 잠베지 강을 다음 탐험 지역으로 계획하게 되었다. 이후 리빙스턴은 1853년부터 20년간 희망봉에서 시작하여 적도로 거슬러 올라가는 탐험을 했는데, 그동안 유럽인들이 한 번도 가보지 못한 아프리카의 여러 곳을 탐험하였다. 그는 잠베지 강을 일주하다가 원주민들에게는 '천둥소리를 내는 연기'로 알려진 거대한 폭포를 발견하고 그 폭포에 영국 여왕의 이름을 붙였다. 그 폭포가 바로 세계 3대 폭포 중의 하나인 빅토리아 폭포이다.

그런데 1866년에는 동아프리카 탐험을 하던 리빙스턴이 실종되어 소식이 끊기게 되었다. 수년 동안 종적을 감춘 그를 찾아 미국의 신문기자 스탠리가 아프리카에 갔다. 그로부터 10개월이 지나서야 탕가니ㅏ 호 근처에서 드디어 리빙스턴을 찾는 데 성공하였다. 이렇게 만난 두 사람은 함께 나일 강이 시작되는 곳을 찾아 호수를 탐험하기도 했다.

아프리카를 탐험하던 리빙스턴은 결국 1873년 나일강의 발원지를 찾아 나선 마지막 탐험에서 건강이 나빠져 세상을 떠난다. 그의 죽음은 많은 아프리카 인들에게 슬픔을 안겨 주었다. 그는 진정으로 아프리카를 사랑하여 노예제도에 반대했고 아프리카 주민들의 생활 향상을 위해 노력했기 때문이다.
이후 리빙스턴의 아프리카 탐험은 스탠리에 의해 완성되었다. 스탠리는 1874년 대규모의 탐험대를 이끌고 아프리카로 떠나 콩고 강을 탐험하기 시작했다. 탐험을 위해 그는 길이 13m의 배인 레이디 앨리스를 분해해서 운반했고, 유럽 선원들을 고용했다. 1874년 아프리카 동부 해안을 걸어서 출발한 탐험대는 빅토리아 호수에 도착했다. 탐험대는 호수 근처에서 원주민 2,000여명의 공격을 받아 26명이 목숨을 잃기도 하는 등 어려움을 겪었다. 그러나 탐험 끝에 스탠리는 카게라 강에서 물이 공급되는 빅토리아 호수가 나일 강의 발원지, 즉 강이 시작되는 곳이라고 증명하게 되었다.

리빙스턴과 스탠리에 의해 아프리카 내륙의 사정이 유럽에 알려지자 유럽의 열강들은 앞다투어 아프리카로 몰려들기 시작했고, 1914년까지 대부분의 아프리카를 유럽의 식민지로 만들어 버렸다.

스코틀랜드 스카이 섬(Isle of Skye) VS 아일랜드 모허절벽(Cliffs of Mother)

같은 영국연방에 속해 있는 스코틀랜드와 아일랜드는 풍경이 비슷한 장소가 상당히 많다. 그래서 여행을 하다보면 아일랜드와 스코틀랜드는 혼동되는 지형이 많다. 그 중에 항상 여행을 하면서 혼동되는 풍경은 스코틀랜드의 스카이 섬과 아일랜드의 모허절벽이다.

스카이섬

모허절벽

285

Stirling

스털링

스코틀랜드의 진면목은 퍼스 북쪽 부근에 가서야 볼 수 있다고 생각하는 관광객이 많지만 경계지역 부근의 성, 숲, 협곡도 나름대로 장관을 이루고 있다. 이 지역은 수세기의 침략과 전쟁을 경험한 곳으로 로버트 번스와 월터 스코트에 의해 낭만적으로 묘사되기도 했다.

스코틀랜드 고원으로 이어지는 관문 도시, 스코틀랜드의 강인한 심장으로 비유되는 스털링은 스코틀랜드에서 유서 깊은 도시 중 하나로, 중세 시대의 명소, 그림 같은 구시가지와 커다란 공원을 품고 있다. 역사와 문화의 도시인 스털링은 스코틀랜드 중부의 포스 강Forth River을 끼고 있으며 경이로운 스코틀랜드 고원으로 향하는 관문이기도 하다.

스털링 Stirling

에든버러에서 기차로 50분, 버스로 2시간 30분 거리의 소도시 스털링은 영화 브레이브 하트Brave Heart의 실제 주인공 윌리엄 월레스가 활동의 근거를 두었던 곳으로 기차역은 도시 중앙에 있지만 볼거리는 영화에도 소개된 스털링 브릿지 전투의 현장과 스털링 성이 있다. 철도역에서 내려 홀리루드 교회를 거쳐 스털링 성을 올라가면 관광지 모두 볼 수 있다. 13~14세기에 윌리엄 월레스와 로버트 브루스가 이끄는 스코틀랜드 군이 잉글랜드 군을 무찌르고 독립을 달성할 때 스털링을 지배하면 스코틀랜드를 지배한다고 할 정도로 중요한 지역이었다.

1일 루트
스코틀랜드 심장부에 있는 스털링은 에든 버러에서 64㎞ 정도 떨어져 있다. 스털링은 스코틀랜드 고원과 다른 도시를 관광하는 동안 거점도시로 머물기에 좋은 도시이다. 또한 케언 곰 국립공원과 로크 로몬드 앤드 트로삭스 국립공원을 모두 하루 일정으로 여행할 수 있다.

한눈에 스털링 파악하기

스털링 성Stirling Castle으로 올라가면 언덕 정상에 서 있는 스털링 성에서는 도시와 주변 전원 지역의 탁 트인 전망을 감상할 수 있다. 성에서 내실과 정원을 돌아보며 스코틀랜드의 메리 여왕 같은 왕족들의 생활양식에 대해 알 수 있다. 호그마니 축제Hogmanay Celebration 기간에 스털링 성을 방문하면 주민들과 함께 새해를 기념할 수 있으며 불꽃놀이와 라이브 공연도 구경할 수 있다.

성 아래의 구 시가지는 자갈길을 따라 명소가 줄 서 있는 한적한 마을이다. 백워크 Back Walk 주변을 산책하면 흥미로운 장소를 만날 수 있다. 아가일스 로징에서는 1600년대에 살았던 스코틀랜드 귀족들의 삶을 체험할 수 있고, 맞은편의 홀리루드 교회Holy Rude Chursh에서는 전통 의상을 입은 현지 가이드가 진행하는 구 시가지의 스털링 도보 투어Stirling Walking Tour of the Old Town에 참여할 수 있다. 코미디와 드라마가 어우러진 투어에 참여하는 것도 좋은 방법이다.

아름다운 울타리로 유명한 킹스 노트 King's Knot의 왕립 정원을 방문하고 인접한 킹스 파크King's Park에는 골프장, 어린이 놀이터와 스케이트 파크가 있다. 어린이를 염두에 두고 설계한 엘리스 가든 Allie's Garden이 있는 스미스 미술관 & 박물관은 언제나 무료로 개방되고 있다. 세계에서 가장 오래된 축구공을 비롯한 흥미로운 전시물이 아이들의 호기심을 자극하고 있다.

배틀 오브 배넉번 익스피리언스Battle of Bannockburn Experience는 중세의 전투 광경과 소리를 직접 느끼도록 제작되었다. 3D 상영관 안의 관람객은 로버트 1세가 영국을 상대로 승리한 전투 장면의 한가운데에 서 있는 착각을 느낄 수 있다. 스코틀랜드의 영웅인 윌리엄 월리스를 기념하는 국립 월리스 기념비에서는 246개의 계단을 따라 꼭대기로 올라가 스털링의 아름다운 전망을 감상할 수 있다.

스털링 성
Stirling Castle

스털링 성은 기차역에서 언덕을 따라 20분 정도 올라가면 나온다. 인상적인 스털링 성은 절벽으로 둘러싸인 언덕 꼭대기에 자리해 있다. 언덕 위의 잘 보존된 스털링 성Stirling Castle은 요새이자 왕의 거처로 사용되어 옛 스코틀랜드 왕들의 삶을 엿볼 수 있다. 성은 수백 년에 걸쳐 스코틀랜드 독립 전쟁에서 최소 8번의 포위 공격을 받았다.

마을이 한 눈에 보이는 사화산 바위에 장엄하게 자리한 스털링 성Stirling Castle은 수백 년 동안 스코틀랜드의 왕과 지배자들이 거주하던 곳이다. 왕과 여왕이 대관식을 거행했던 성이 방어 요새역할도 했던 것이다. 스털링 어디서든 눈에 띄는 성은

내부 또한 마찬가지로 밝은 색상의 방들이 완벽하게 보존되어 스코틀랜드의 왕들이 과거에 어떻게 살았는지 알 수 있다. 다양한 전시를 통해 왕들의 탄생과 결혼, 죽음에 대해 알 수 있는 좋은 기회이다.

의상을 차려입은 안내자들이 스털링 성Stirling Castle의 역사에 대해 설명하고 성에서의 삶에 대해 이야기를 들려준다. 지금의 건물 대부분은 16세기에 지어진 것으로, 르네상스 시대의 영향을 많이 받았다.

위치_ 시내의 철도역에서 약 30분 정도
Open_ 4~9월 9시30분~18시
10~3월 9시30분~17시(12/25, 26 휴무)
요금_ 16£ 학생 13£
전화_ 786-450-000

스털링 성 관람순서

1. 먼저 주위의 회색 건물들 속에서 눈에 띄는 황백색 건물 그레이트 홀부터 보게 된다. 건축될 당시 이 건물은 스코틀랜드에서 가장 큰 홀이었다고 한다. 촛불을 밝힌 연회장에서 귀족들이 모여 파티를 하던 모습을 상상하게 된다.

2. 궁전 안에서는 천장을 꾸미고 있는 오크재 메달인 스털링 헤드의 복제품을 볼 수 있다. 목재에 양각으로 새긴 장식품은 신화 속 영웅과 스코틀랜드 귀족들을 표현하고 있으며 2011년에 만들어진 복제품이다. 원본은 윗 층에서 보관하고 있다. 성 안에는 정교한 장식이 돋보이는 침실과 벽에 거대하고 섬세한 태피스트리가 걸려 있는 면접실도 있다.

3. 왕실 예배당에서 왕자들이 세례를 받던 곳도 살펴보고 주방으로 향하고, 이어서 지하 감옥으로 내려가서 방어 시설 주위를 걷게 된다. 옆의 언덕에 있는 윌리엄 월래스 기념탑도 보인다. 킹스 올드 빌딩(Kings Old Building)에 자리한 연대 박물관에서는 스코틀랜드 전사들의 공적에 대해서도 살펴볼 수 있다.

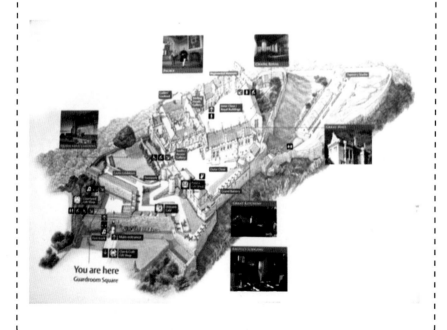

스털링 스미스 미술관&박물관
Stirling Smith
Art Gallery & Museum

로마네스크 양식의 박물관 외관은 모습이 우아하고 거대한 기둥과 페디먼트가 특징인 스미스 미술관 및 박물관에 들러 스털링지역의 고고학, 근대사와 현대 예술에 대해 볼 수 있는 곳이다. 스미스 미술관 및 박물관에는 지역의 예술적, 역사적 유물들이 소장되어 있다.

1874년 설립된 박물관은 스털링에서 대량의 현대 예술작품을 소장하고 있는 대형 박물관으로 상설 전시와 특별 전시를 자주 하고 있다. 모양이 같은 가로등 기둥이 대칭을 이루며 나란히 서있는 박물관 내 주요 전시관은 고고학과 예술을 통해 도시의 지난 1,000년 역사를 재조명하고 있다. 브리티시 퓨터에 소장된 1700년대 금속제 접시, 칼붙이와 장난감이 있다. 지역 역사관에서는 스코틀랜드의 하이랜드와 로우랜드를 연결하는 도시의 발전 과정을 살펴볼 수 있다.

세계 문화관에서는 현지인들과 관련된 세계 무역과 전쟁의 역사를 보여줍니다. 사진 섹션, 스털링 스토리 섹션과 스털링 헤즈 섹션을 둘러보면 세상을 보는 시야가 넓어집니다. 지역의 예술성을 담은 다양한 특별 전시회가 마련되어 있습니다. 박물관에는 강의실과 회의실도 마련되어 있습니다.

홈페이지_ www.smithartgallery.demon.co.uk
주소_ 21 Albert Place, Stirling, Stirling FK8 2RF
Open_ 10:30~17:00 / 일요일 14:00~17:00
월요일 12/24~1/3(휴무)

홀리루드 교회
Holy Rude Church

스털링 교외의 아름다운 풍경을 배경으로 자리한 교회에서 정교한 스테인드 글라스를 볼 수 있다. 홀리 루드 교회는 묘석으로 꾸며진 구불구불한 오솔길 앞에 놓인 매우 독특한 15세기 교회이다. 스튜어트 국왕들은 스털링에서 가장 오래된 명소 중에서 홀리루드 교회를 세례와 대관식 장소로 삼았다. 교회의 기원은 1129년으로 거슬러 가지만 지금 교회의 가장 오래된 부분은 1400년대에 건축되었다.

1651년 스털링 성 포위에서 교회는 많이 손상되어 머스킷 총탄 자국이 아직도 남아 있다. 공동묘지의 1500년대 비석에는 사체 절도가 조각된 매우 독특한 비석이 있다. 해부용 시체를 파는 무덤 도굴꾼의 범죄 현장이 그려져 있다.

스코틀랜드 국왕 제임스 4세의 1567년 유아 대관식이 역사적으로 가장 특이한 대관식으로 전해 온다. 웨스트민스터 수도원 옆에 위치한 교회는 현재도 영국에서 유일하게 대관식을 거행하는 교회이다.

홈페이지_ www.holyrude.org
주소_ St. John Street
전화_ +441(786) 475-275?

국립 윌리엄 월리스 기념비
Walliam Wallace

캠버스 케네스 애비 위쪽 험준한 화산 바위로 된 스털링 북동쪽에 위치해 있다. 언덕 위에 서 있는 웅장한 탑의 신전 계단을 오르면 전설적인 스코틀랜드 영웅의 검을 볼 수 있다. 국립 월리스 기념비는 애비 크레이그 언덕 위에 자리한 고딕 복고풍 양식으로 설계된 탑이다. 1869년에 스코틀랜드 독립 전쟁을 이끈 스코틀랜드의 영웅인 윌리엄 월리스 경을 기리는 기념비는 스코틀랜드의 국가 정체성과 자부심을 보여주는 주요 상징물이다. 높이가 67m인 사암 탑은 월리스 경이 영국 군대와 맞서 전투태세를 갖추었던 지역을 기리기 위해 세워졌다.

가파른 언덕을 오르면 기념비가 보이고 한쪽 모퉁이에는 빅토리아풍의 월리스 경 동상이 잘 보존되어 있다. 탑 안에 들어가 영국 군대에 맞서 승전보를 거둔 스코틀랜드 전설을 기념하는 전시물을 구경할 수 있다. 무기전시실에는 스털링 브리지 전투에 대한 전시물과 동영상이 있다.

영웅 전시실에는 무시무시한 월리스 경의 검이 보관되어 있다. 로버트 번즈와 로버트 1세 등 중세 시대 전쟁 영웅들의 전시물을 둘러보고 꼭대기 층에는 탑 건축에 관한 전시관이 꾸며져 있다. 탑 꼭대기에서 로크 로몬드, 펜틀랜드 힐스와 퍼스 오브 포스의 탁 트인 전망을 볼 수 있다.

스코틀랜드 전설에서 영감을 얻어 1996년에 멜 깁슨 주연의 영화 '브레이브 하트 Brave Hearts'가 제작되었다. 멜 깁슨의 얼굴을 본떠 한 예술가가 영화 캐릭터를 조각품으로 만들었다. 조각품은 몇 년간 주차장에 설치되어 있다가 주민들의 반대로 다른 곳으로 옮겨졌다.

홀리 루드 교회
Holy Rude Church

스털링 도심에서 북서쪽으로 걸어가면 스털링 교외의 아름다운 풍경을 배경으로 자리한 교회가 보인다. 홀리 루드 교회 Holy Rude Church는 묘석으로 꾸며진 구불구불한 오솔길 앞에 놓인 매우 독특한 15세기 교회이다. 스코틀랜드의 스튜어트 국왕들은 스털링에서 가장 오래된 명소 중에서 교회를 세례와 대관식 장소로 삼았다. 앞 전경에는 교회의 공동묘지 모습을, 뒤의 풍경에는 물결치는 들판 모습을 사진에 담을 수 있다.

교회의 내부를 둘러보면 성경 속 인물과 성경 이야기를 그린 스테인드글라스를 감상하는 것도 교회를 관람하는 하나의 재미이다. 공동묘지 주위를 거닐며 1500년대 비석을 보면 시체 절도가 조각된 독특한 비석이 있다. 해부용 시체를 파는 무덤 도굴꾼의 범죄 현장이 그려져 있다. 알렉산더 핸디사이드 리치가 제작한 아름다운 조각상이 19세기에 증축된 밸리 세미터리에 전시되어 있다.

몇 차례에 걸쳐 전쟁에 관여한 교회는 총탄 자국이 아직도 남아 있다. 결정적으로 1651년 스털링 성 포위에서 교회는 대부분 손상되었다. 스코틀랜드 국왕 제임스 4세의 1567년 유아 대관식이 열린 웨스트민스터 수도원 옆에 위치한 교회는 현재도 영국에서 유일하게 대관식을 거행하고 있다. 교회의 기원은 1129년으로 거슬러 가지만 현재, 교회의 가장 오래된 부분은 1400년대에 건축되었다.
입장료는 없지만 기부금을 받고 있다.

홈페이지_ www.holyrude.org
주소_ St. John Street
전화_ +44-1786-475-275

아가일스 로징
Argyll's Lodging

스털링 북서 지역의 윈드 성 기슭에 있는 아가일스 로징Argyll's Lodging은 스털링 성과 아가일 & 서덜랜드 하이랜더스 군사 박물관에서 걸어서 10분거리에 있다. 화려한 객실과 가구를 보면 스털링 성이 보이는 언덕 위에 자리한 웅장한 저택의 유서 깊은 역사를 생각해 볼 수 있다. 아가일스 로징Argyll's Lodging은 르네상스 시대 외관, 우아한 내실과 홀을 갖춘 매혹적인 17세기 저택이다. 웅대한 첨탑에서 조망하면 저택 정문을 지나 스털링 성으로 이어지는 숲길이 보인다. 언덕과 절벽을 배경으로 위엄 있게 서있는 저택을 사진에 담는 관광객이 많다.

잘 보존된 외관과 동화 속에 나오는 인상적인 탑의 모습을 보고 저택에 들어가면 1600년대 가구와 유물이 전시되어 있다.

이 중 특히 아름다운 장소는 인상적인 그림으로 꾸며진 최고급 식당이다. 응접실에는 웅장한 난로와 군주의 예식용 의자가 있습니다. 정교한 태피스트리가 재현되어 있다. 마이 레이디스 클로젯은 여주인 안나 맥켄지의 캐노피 침대가 달린 작은 방이다. 저택에 살았던 귀족 중 아가일 가문의 아홉 번째 백작인 아키볼드 캠벨Akibold Cambell이 여장한 채로 네덜란드로 도주하기 전에 찰스 2세에 의해 저택에 감금된 이야기의 설명을 볼 수 있다.

아가일스 로징Argyll's Lodging은 이후 국군 병원과 유스호스텔로 사용되었다. 로징은 근처 언덕 위에 자리한 스털링 성 여행 패키지에 포함되어 있다.

///

홈페이지_ www.instirling.com
주소_ Argylls Lodging Castle Wynd Stirling Old Town
위치_ 버스를 타면 저택 바로 옆 정류장에서 하차
전화_ +44-1786-431319

스털링 대학교
University of Stirling

1967년에 영국 스코틀랜드의 중세도시인 스털링에 설립된 국립종합대학교로 시 중심가에서 약 3㎞ 떨어진 알랜 다리 Bridge of Allan이라는 곳에 위치하고 있다. 스털링시에는 스코틀랜드 왕James VI가 머물었던 스털링성Stirling Castle과 월러스 장군의 기념탑Wallas Monument이 있다.

스털링대학교의 캠퍼스는 아름다운 자연환경속에 자리하고 있는데, 애비 크레이그Abbey Craig와 오칠 언덕the Ochil Hills 자락 아래에 위치하고, 300에이크(1.2평방키로)의 광활한 대지위에 중세시대에 지어진 고성Airthrey Castle이 있고 그 주위에 골프장과 호수가 있는 완벽하게 친 환경적인 캠퍼스의 모습을 보이고 있다.

아이더리Airthrey 호수를 중심으로 한쪽은 강의실 건물, 도서관, 식당, 콘서트 홀, 상점, 은행, 우체국 등이 있고, 다른 한쪽은 수십동의 기숙사 건물들이 줄지어 있다. 모든 건물들은 하얀색으로 되어있어서 초록색의 자연과 멋진 조화를 이룬다.

호수가에 위치한 아름다운 도서관에는 50만권의 장서와 1만 종류의 잡지들이 소장되어 있어 학생들의 학구열을 충족시켜주고 있다.

약 10,000명 정도의 전교생에게는 기숙사 독방single room이 제공되며 기숙사 마다 주방시설이 구비되어있어 일년 내내 캠퍼스 안에서의 생활이 가능하다. 캠퍼스 안에서 모든 것이 가능하기 때문에 학생들이 시내에 나가지 않고도 편리한 생활을 할 수 있다.

전 세계 80개 국가에서 1,200명의 외국학생들이 유학을 와서 공부하는 국제적인 대학이며, 대규모 과학공원을 유치하여 현재 40여개의 회사들이 연구와 개발에 전념하고 있다. 그리고 국제회의나 학회들이 이곳에서 많이 열리고 있다.

유명학과로는 양식학과(유럽 최고 수준), 교육학과, 심리학과, 회계학과, 영문학과, 영화학과, 역사학과 등이 우수한 분야로 인정을 받고 있다.

스포츠 시설로는 골프장, 가노치Gannochy 국립테니스센터, 실내 수영장, 베드민턴, 스쿼시센터, 체조실 등 스코틀랜드에서 가장 우수한 체육시설을 갖추고 있다

스털링 다리 전투

스털링 다리 전투는 제1차 스코틀랜드 독립 전쟁의 전투이다. 1297년 9월 11일 앤드루 드 모레이Andrew de Moray와 윌리엄 월리스William Wallace가 서리 백작 7세 존 드 워렌John de Warenne, 7th Earl of Surrey과 휴 드 크레싱햄Hugh de Cressingham이 지휘하는 잉글랜드군을 스털링의 포스 강 근교에서 쳐부수었다. 스털링 다리 전투는 잉글랜드의 완벽한 패배였다. 이 싸움은 지형에 따라 보병이 기병보다 더 유리하다는 것을 보여주었다. 스코틀랜드 군이 교훈을 완벽하게 알게 되는 데 어느 정도 시간이 걸렸다.

이 전투에서 앤드루 드 모레이를 뺀 스코틀랜드 군 사상자는 정확히 알려져 있지 않다. 모레이가 전투 중에 심각한 부상을 입었고, 전투 뒤 몇 주 동안 명목상 윌리엄 월리스와 같이 지휘권을 행사하다가 11월 쯤 패혈증으로 결국 죽은 것으로 알려졌다.

1300년 11월 모레이의 삼촌 보드웰의 서 윌리엄 드 모레이Sir William de Moray of Bothwell사건 심문기록처럼 앤드루 모레이가 '스털링에서 전투 중 죽음을 당했을 가능성은 별로 없어 보인다. 월리스는 잉글랜드 북부에 여러차례 과감한 선공을 가했는데, 이 싸움이 스코틀랜드 독립 전쟁의 향배를 좌우하지는 못했으나, 군대 사기에는 많은 영향을 끼쳤다.

1298년 3월 월레스는 이 전투의 공로로 스코틀랜드의 수호자Guardian of Scotland의 지위에 올랐다. 월리스가 세력을 넓혀가자 잉글랜드 왕 에드워드는 자기 영토를 보호하기 위해 플랑드르에서 북쪽으로 진격하였고 월리스와의 싸움을 준비했다. 둘은 1298년 여름 폴커크(Falkirk) 평원에서 마주쳤는데, 이때는 윌리엄 월리스가 졌다.

왕좌의 게임 촬영지 윈터펠- 둔 성(Doune Castle)

스털링샤이어Stirlingshire에 위치한 14세기의 고성인 둔 성Doune Castle은 시간 여행을 하는 듯한 느낌을 받는다. 유명한 HBO 드라마인 '왕좌의 게임' 윈터펠은 스코틀랜드의 둔 성에서 촬영되었다. 13세기에 지어진 이후로 크게 변하지 않은 장소로 성의 내부에는 산책로가 아름다워 다른 영화에서도 많이 촬영되고 있다.

〈Winter is Coming〉은 왕좌의 게임에서 시리즈를 이어가는 가장 중요한 대사가 아닐까? 스타크 가문의 윈터펠은 시즌 1에서 모여 즐거운 시간을 보내는 장면으로 시작한다. 그러나 많은 일이 일어나면서 흩어져 고생을 하다가 시즌 7에서 다시 윈터펠로 모인다. 시즌 8에서 스타크 가문의 반격이 시작되고 왕국을 모두 통일하는 과업을 이어간다.

Sas founders memorial

스털링 하이랜드 게임즈

299

킬린
Killin

킬린Killin은 야생 동물과 흐르는 물소리를 즐길 수 있는, 훼손되지 않은 시골의 휴양지로 언덕이 많은 고원 지대를 구경하고 폭포로 유명한 고풍스러운 마을이다. 울퉁불퉁한 언덕이 많은 지형은 테이 호수Tei Lake의 서쪽 측면에 위치한 매력적인 킬린Killin 마을에 극적인 배경을 더하며 주변 산책로와 수로는 이 지역을 탐험할 만한 매력적인 장소로 만들어 준다. 이곳은 재커바이트의 반란에 참여했던 악명 높은 맥냅 일족의 본거지였다.

마을의 도차트Dochart 강변을 따라 걸으며 차분한 분위기를 느끼고 폭포 위로 지나가는 다리를 건너면서 도차트 폭포Dochart Falls를 만날 수 있다. 이 작은 폭포는 본연의 아름다움과 흥미로운 역사로 전국에서 스코틀랜드 방문객을 끌어들이고 있다.

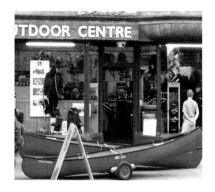

폭포 옆에 있는 인치부이에 섬의 묘지에 중세의 전사와 두 개의 18세기 흉상을 기리는 신전을 비롯한 으스스한 기념물이 있다. 근처에는 1840년에 지어진 3층짜리 건물인 킬린Killin 물레방앗간이 있다.

많은 활동이 길이가 23km 이상인 테이 호수Tei Lake를 중심으로 이뤄지며 킬린 아웃도어 센터와 등산용품점에서 보트나 장비를 대여할 수 있다. 호수에서 연어 낚시를 하거나 카약을 타거나 산악자전거로 호수 주변을 돌아볼 수 있다.

남쪽으로 약 20분 정도 가면 수상 스포츠로 인기 있는 로크 언에 도착하게 된다. 산과 호수로 둘러싸인 킬린Killin은 스코틀랜드 중부의 스털링에 위치하며 인근 도시로는 발퀴더와 크리프가 있다. 차를 몰고 남쪽으로 90분 정도면 글래스고에, 남동쪽으로 1시간 40분 정도면 에든버러에 도착할 수 있어서 주말 관광객이 많다.

도차트 폭포
Dochart Falls

도차트 폭포Dochart Falls는 킬린의 중심부에 있는 도차트 강에 있으며 테이 호의 서쪽 끝에 있다. 우아한 다리와 고요한 폭포 옆에 위치한 맥냅 씨족과 으스스한 그들의 매장지가 더해져 유명해진 도차트 폭포는 스코틀랜드의 역사와 그림 같은 자연 풍경이 어우러진 장관이다. 폭포는 맥냅 씨족의 매장지가 있는 섬 옆에 있다. 경치 좋은 도차트Dochart 강을 따라 하이킹을 하면 다리 밑으로 물이 흐르는 지점이 나온다.

폭우가 쏟아지면 폭포수의 물살이 더 거세어진다. 비가 많이 오는 지역이기 때문에 빠른 물살을 볼 수 있다. 폭포를 볼 수 있는 바위투성이 강둑에 앉아 한적하게 여유를 즐기고 바위 위로 기어 올라가 숲지대로 쏟아지는 폭포에 더 가까이에서 볼 수 있다.

시골 지대에 사는 야생 동물들 사이에서 붉은 다람쥐가 많아서 쉽게 볼 수 있다. 마을의 조용함 속에서 울려 퍼지는 야생 동물의 소리와 세차게 흐르는 물소리에 귀를 기울이면 마음의 평화를 얻기도 한다. 이곳은 단풍이 드는 가을에 명상을 즐기기에 이상적인 장소이다.

맥냅 씨족을 더 알고 싶다면 인치부이 섬에 들어가면 된다. 그들은 14세기와 1700년대 재커바이트의 반란 사이에서 중요한 역할을 차지했다. 양쪽 끝에 석상이 있는 매혹적인 매장지에 있는 15개의 무덤을 표시하는 비석을 볼 수 있다. 이 중 9개는 씨족장의 시신이 묻힌 무덤이다.

강을 따라 북동쪽으로 걸어가면 테이 호Tei Lake에 다다르게 된다. 긴 호수를 둘러싼 바위투성이가 언덕의 사진을 찍고 겨울에는 눈 덮인 산에서 겨울에는 큰 파이크 낚시를, 봄에는 연어 낚시를 즐길 수 있다.

St. Andrews

세인트 앤드류스

세인트 앤드류스

아름다운 세인트 앤드류스St. Andrews는 독특한 분위기의 해변마을로 중세 유적지와 골프광들, 바람 부는 해안 경치, 화려한 관광지, 대규모 대학 등이 뒤섞여 있는 곳이다. 세인트 앤드류스St. Andrews는 한때 스코틀랜드의 종교적 수도인 적도 있었지만 지금은 성과 성당이 모두 폐허가 된 상태이다.

대다수 사람들에게 골프의 본거지로 인식되고 있는 대로, 이곳은 로열 골프 클럽 Royal & Ancient Golf Club이라는 골프경기 이사회 본부와 세계에서 가장 유명한 골프장인 16세기 올드 코스Old Course 있는 곳이다. 세인트 앤드류스St. Andrews 구시가지역에서 가장 중요한 곳은 버스 역 동쪽 편으로, 걸어서 쉽게 다닐 수 있는 곳이다.

세인트 앤드류스 성당
St. Andrews catholic church

도시 중심을 흐르는 키네스 번Kines River 강에서 서쪽에 위치한 세인트 앤드류스St. Andrews Catholic Church 대성당은 12세기 중세 시대 유적을 간직한 곳이다.

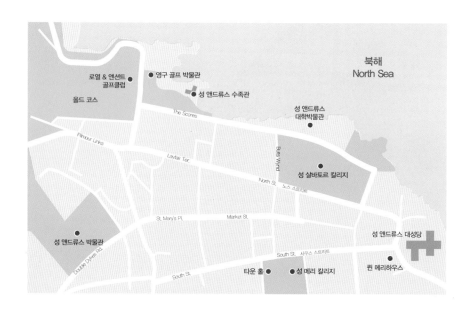

이 성당은 스코틀랜드에 지어진 교회 중 가장 높은 교회이다. 지금은 중세 시대 조각품과 성당의 유물이 전시된 박물관을 갖추고 수세기를 버텨온 거대한 벽을 살펴보면 스코틀랜드 저항의 역사를 알 수 있다.

성당보다 더 오래된 세인트 룰스 타워는 높이가 33m에 이른다. 타워 꼭대기에 올라가면 파이프의 시골 전경과 북해가 바라다 보이는 멋진 전망을 감상할 수 있다. 사암 마름돌로 만들어져 외관이 독특하고 높이 솟아 있어 시내 어디서든 보인다. 탑 꼭대기에서는 시내 전경은 물론 바다도 보인다. 수백 년 동안 이 성당은 스코틀랜드 기독교에서 가장 중요한 곳 중의 하나였으며 지금은 이 높은 타워를 보기 위해 관광객이 끊임없이 찾아온다.

박물관에는 8세기의 무덤인 성 앤드류의 석관이 유명하다. 사자를 막 죽이려고 하는 사냥꾼을 섬세하게 묘사하고 있다. 또한 수도원 벽으로 둘러싸인 묘지를 따라 거닐며 수백 년 전으로 거슬러 올라가는 묘비도 인상적이다.

주소_ St. Andrews Cathedral the Pends
관람시간_ 9시 30분~17시 30분
전화_ +44(133) 447-2563

세인트 앤드류스 성
St. Andrews Castle

북동쪽에 해변과 북해가 바라보이는 곳에 자리한 13세기 유적인 세인트 앤드류스 성St. Andrews Castle은 아름답고 목가적인 풍경으로 스코틀랜드의 여러 성 중에서 가장 많은 관광객이 찾는 곳이다. 세인트 앤드류스의 대주교들이 살기도 했고 악명 높은 수많은 죄수들이 갇혀있었던 흥미로운 과거 역사가 궁금해지는 성이다. 지하에는 광산과 으스스한 지하 감옥이 있는데 바닷가에 위치하여 탈출이 거의 불가능했다고 전해진다.

예쁜 다리를 건너면 성에 들어가실 수 있는데 바위를 깎아 만든 지하 감옥은 중세 시대 영국에서 가장 악명 높은 곳 중의

골프박물관
British Golf Museum

세인트 앤드류스 성의 해안 도로를 따라 가면 수족관과 골프박물관이 나오고 근처 에는 올드 코스Old Course가 있다. 영국의 골프 박물관으로 4~10월 매일 개관한다.

하나였다. 지하 감옥은 화형과 교수형 등 무시무시한 과거 역사와 얽혀 조지 위샤 트와 존 녹스 등의 종교 개혁가들도 갇혀 있기도 했다. 희미한 불빛이 켜진 으스스 하고 좁은 길을 따라 걸어가면 나오는 성 아래의 광산 갱도에는 1500년대 개신교 와 천주교 사이에 있었던 긴장 상태를 보 여주고 있다. 잔디가 깔린 마당에는 동그 란 우물도 있고 바닷가의 고요한 분위기 도 만끽할 수 있다.

주소_ St. Andrews Castle the scores
관람시간_ 9시 30분~17시 30분
전화_ +44(133) 447-7196

홈페이지_ www.richardmurphyarchitects.com
주소_ East Newhall Farm, Kingsbarns
관람시간_ 10~17시
전화_ +44(133) 345-1300

브리티시 오픈 골프(British Open)

디 오픈 챔피언십(The Open Championship)은 골프의 세계 4대 메이저 대회의 하나이며, 영국의 골프 경기 단체 R&A (로열 앤 에이션트 골프 클럽) 주최로 매년 7월 중순에 개최되는 골프 대회가 브리티시 오픈British Open이다. 4대 메이저 대회 가운데 가장 역사와 권위가 있는 대회로 일반적으로 브리티시 오픈(British Open) 또는 디 오픈(The Open)이라고도 한다.

매년 7월에 개최되는 '디 오픈(The Open Championship, 브리티시 오픈)' 골프대회는 4월 미국에서 열 리는 마스터스 토너먼트, 6월 US 오픈, 8월 PGA 챔피언십과 더불어 세계 4대 메이저 골프대회 중 하나 로 불린다. 전 세계 골프 규칙을 관장하는 영국왕립골프협회(R&A)가 주관하고 인위적으로 만들어진 코 스가 아닌 오랜 세월 자연이 빚어낸 코스만을 고집하기 때문에 스코틀랜드 해안 근처에 위치한 모래언 덕의 황야 지대에서만 대회가 열린다. 1860년 스코틀랜드 프레스트 위크에서 창설돼 골프 메이저 대회 중 가장 오랜 역사를 자랑한다.

세인트 엔드류스 골프장
St. Andrews Golf Course

15세기부터 사람들은 유서 깊은 세인트앤드루스 골프장에서 골프를 쳤다. 오늘날 "골프의 본고장"은 일곱 개의 골프 코스, 파빌리온, 상점과 레스토랑으로 구성되어 있다. 캐슬 클럽하우스의 고요한 분위기 속에서 휴식을 취하며 세인트앤드루스 베이의 멋진 경관을 감상할 수 있다.

세인트앤드루스 골프장은 도심에서 동쪽으로 3.2㎞ 떨어져 있다. 버스를 타면 15분 이내에 골프장에 도착할 수 있다. 키네스 번Kines Burn을 따라 천천히 걸으면 1시간 이내에 코스에 도착할 수 있다. 전 세계에서 가장 대표적이고 오래된 골프 코스는 올드 골프 코스Old Golf Course이다. 프로골퍼가 함께 하는 가이드 걷기 투어를 통해 골프의 역사 및 의미를 더 깊이 이해할 수 있다.

그림 같은 풍경을 자랑하는 1번, 17번, 18번 홀을 둘러보면서 페어웨이를 정복한 유명한 골퍼에 대한 이야기를 들어볼 수 있다. 2008년에 건축가 데이빗 맥레이 키드가 설계한 멋진 캐슬 코스에서 게임을 즐길 수 있다. 골프 클럽 동쪽 절벽 위에 자리한 캐슬 코스에서는 도시와 바다의 아름다운 장관을 감상할 수 있다.

코스와 식사가 포함된 패키지 상품도 준비되어 있다. 가격은 시즌에 따라 다르며, 4월 중순부터 10월 중순까지가 요금이 가장 비싸다. 캘러웨이 골프 볼이 포함된 도보 투어에는 소정의 입장료가 부과된다. 겨울철에는 도보 투어를 이용할 수 없다.

세인트 앤드류스 대학교
St. Andrews University

넓은 광장과 꽃밭 사이로 곳곳에 자리한 인상적인 여러 건물로 유명한, 오랜 역사를 지닌 세인트 앤드류 대학교는 영어권에서 가장 오래된 대학교 중 하나이다. 대학교에서 처음으로 지어진 곳 중의 하나는 스쿨 & 유나이티드 칼리지이다. 건물 안으로 들어가면 옛날 강의실과 식당을 볼 수 있다. 건물은 세인트 살바토르의 사각형 안뜰 주변에 자리하고 있다. 바닥에는 흑백 타일이 깔려 있고 벽의 나무 장식과 종교적 예술 작품 등이 있어 경건하면서도 아늑한 분위기를 연출한다.

캠퍼스 내 레스토랑에서 커피를 마시면서 지나가는 학생과 교수들을 구경하는 것도 재미있다. 이 대학교의 학생이었던 영국의 윌리엄 왕세손과 케이트 미들턴이 처음 만났다는 카페는 관광객이 즐겨 찾는 곳이다.

대학교 캠퍼스는 도심 곳곳에 분산되어 있고 버스 노선이 대학교의 여러 입구에 정차하기 때문에 어렵지 않게 대학교를 둘러볼 수 있다.

홈페이지_ www.st-andrews.ac.uk
전화_ +44(133) 447-6161

스코틀랜드 소도시

남서부
하이랜드 동부
하이랜드 서부
하이랜드 북부와 섬 지역
스카이섬

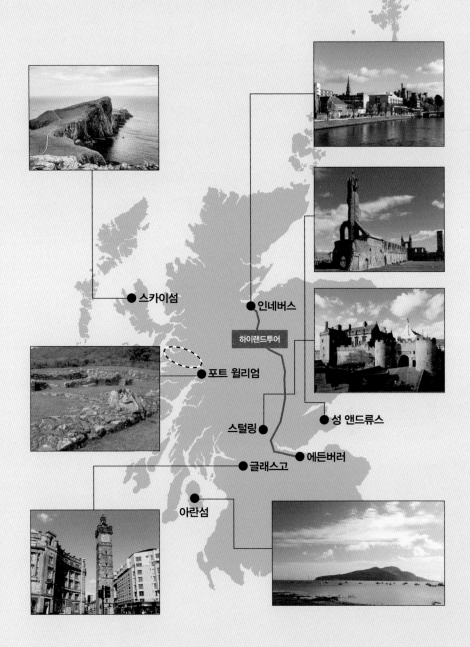

스카이섬

인네버스

하이랜드투어

포트 윌리엄

스털링

성 앤드류스

에든버러

글래스고

아란섬

Southwest

남서부

경이로는 스코틀랜드의 남서부는 북쪽의 높은 지역인 하이랜드(Highland)에서만 장대한 산과 해안 경관이 있을 거라고 생각한 관광객에게 신선한 충격이 될 것이다.

아란섬
Isle of Arran

다양한 경치로 인해 스코틀랜드의 축소판으로 불리는 이곳은 글래스고에서 쉽게 갈 수 있는 아르드로산Ardrossan에서 페리로 1시간 거리에 있다. 이곳에는 600m가 넘는 봉우리가 10곳이나 있으며 하이킹을 하기에도 좋은 지역이다. 또 이 섬을 둘러싸고 있는 해안도로는 자전거 여행에 더없이 좋은 장소이다.

여름의 성수기에는 많은 차량이 이동하므로 주의를 요한다. 이곳의 주요도시인 브로딕Brodick에 관광안내소가 있어 다양한 여행정보를 받을 수 있다.

스트랜레어 & 캐언라이언
(Stranraer & Cairnryan)

스트랜레어는 일반 페리항보다 매력적이지만 당일치기여행으로 충분하다. 버스, 기차, 숙소 등이 페리 터미널 가까이 위치해 있다.

Eastern Highlands

하이랜드 동부

Eastern Highlands

이곳의 해안선은 남쪽으로는 퍼스^{Perth}와 태이^{Tay}강 하구사이로 북쪽 바다를 향해 돌출된 모양이며 북쪽으로는 인버네스^{Inverness}와 모래이^{Moray} 강 하구 사이로 돌출된 모양이다. 디 ^{Dee}강 계곡은 여왕이 거처했던 발모랄^{Balmoral} 지역 때문에 로열 디라고 부른다. 이곳의 경치는 여왕이 인정하는 장소이다.

에든버러^{Edinburgh}에서 인버네스^{Inverness}로 가는 주요 버스와 기차는 퍼스^{Perth}를 지나 북행하거나 해안을 따라 애버딘^{Aberdeen}과 북서지역으로 우회해 내륙의 인버네스^{Inverness}로 들어가게 된다. 퍼스에서 인버네스로 가는 기차는 2시간 15분 정도 소요되어 도착한 곳의 경치는 스코틀랜드에서 가장 멋진 노선 중 하나이다. 에든버러와 글래스고에서 애버딘까지는 2시간 30분, 애버딘에서 인버네스는 2시간 15분까지 가는 기차편이 있다.

그램피언 컨트리-내륙지방

브래마르와 헌틀리, 해안 동쪽 사이에 위치한 이 지역은 성이 있는 지역으로 발로랄이라는 여와의 거주지가 있다. 발모랄 성은 부활절에서 8월 초까지 개방하여 여름에 관광객이 집중되는 곳이다. 퍼스와 브래마르로 가는 도로는 매우 아름답지만 대중교통으로 이동하기에 제한된다.

애버딘
Aberdeen

애버딘은 오묘한 회색지대로 도시 대부분이 화강암으로 되어 있다. 햇빛을 받으면 도시 건물은 은색으로 반짝여 동화 속의 나라 같지만 먹구름과 비가 오게 되면 자칫 우울한 도시 분위기가 된다. 여행자들에게 가장 기분 좋은 이 도시의 매력은 화려한 나이트라이프이다.
기차와 버스정류장은 구일드^{Guild} 스트리트 부근에 붙어있으며, 가까이 페리 항구가 있다.

Western Highlands

하이랜드 서부

Western Highlands

이 고산지역은 관광버스로 붐비는 지역이지만 오염되지 않은 반도와 고립감을 느낄 수 있는 고요한 산들도 있다. 이곳의 경치는 더할 나위 없이 장관을 이룬다. 벤 네비스는 영국에서 가장 높은 1343m로 귀족의 대학살 사건을 가진 슬픔이 있다.

윌리암 요새Fort William는 그레이트 글렌Great Glen 남쪽 끝 지대에 있으며, 가장 관광객이 몰리는 곳으로 버스와 기차로 쉽게 갈 수 있다. 서해안에 있는 오벤Oben은 이너Inner와 아우터 헤브리드Outer Herbrides 군도로 가는 대표적인 페리항구이다.

포트 윌리엄
Fort William

기분좋게 여행을 다녀올 수 있는 작은 마을로 이 지역 산행을 하기에 좋은 시작점이 된다. 그러나 돌아다닐 만한 지역은 아니다. 마을은 로크 린체Loc Linnhe 주변을 따라 몇 마일 계속 된다.

얼마 되지 않는 상점들과 노점식당, 펍이 있는 중심가는 모두 걸어 다닐 수 있다.

포트 윌리엄은 서부 하이랜드 도로 북쪽 끝에 있으며 멋진 153㎞하이킹코스에는 스코틀랜드에서 빼어난 경치이 지역이 포함되어 있다.

오반
Oban

볼거리가 그리 많지 않은 이곳에 사람들이 몰리는 이유는 서해안에서 가장 중요한 페리 항이기 때문이다.
하이랜드 지역에서는 꽤 큰 도시이지만 이곳은 걸어 다닐 수 있는 작은 마을이다. 버스와 기차, 페리터미널은 모두 항구 옆에 모여 있다.

Northern Highlands & Islands

하이랜드 북부과 섬 지역

Northern Highlands & Islands

이곳은 유럽의 마지막 대황야 중 하나이며 상상할 수 없을 만큼 아름다운 곳이다. 동해의 해안선도 인상적이지만, 북해와 서해는 산과 바다가 절묘하게 조화를 이루어 더할 나위없는 경치를 펼치고 있다. 이곳은 외지고 인구도 거의 없는 지역이므로 대중교통을 이용하면 철저한 계획을 세워야 하며 여유있게 시간을 잡아야 한다. 9월 이후로는 교통편이 현저히 줄어든다. 인버네스Inverness와 오반Oban, 스톤웨이Stornway 등에서는 차량 렌트를 해서 다니기에 좋은 곳이다.

인버네스
Inverness

하이랜드 지역의 수도인 인버네스 Inverness는 이 지방 교통의 요지로 주요볼거리는 없지만 여유롭게 지내기 좋은 곳이다. 여름철에 특히 많은 관광객들로 붐비지만 다행히도 대부분이 사냥꾼들이며, 그들의 다음 목적지는 로크 네스Loch Ness와 포트 윌리엄Fort William이다.

버스와 기차역, 숙소들은 네스 강 동쪽에 몰려 있으며 모두 10분도 안 되는 거리에 있다.

동해안
East Coast

발달된 산업도시 인베르고돈을 뒤로 하고 이곳에 도착하면 이 해안이 주는 묘미는 유별날 것이다. 히스로 가득 덮인 거대한 언덕들이 황량한 북해 위로 솟아올라 있으며 그 가장 자리에 도노크와 헬스데일 같은 마을이 불규칙하게 자리 잡고 있는 풍경을 보게 된다.

오크니 군도
Orkney Islands

스코틀랜드 북부 해안에서 10km정도 떨어진 이 신비스런 섬들은 극적인 300m절벽에서 백사장 해변으로 이어지는 해안경치와 풍부한 해양 조류들이 유명하다. 이곳의 70여개 섬 중 17개에만 사람이 거주한다. 키르크월이 대표적인 마을로 스트롬네스가 주요항구이다.

Skye
스카이 섬

Skye

안개가 자욱한 산봉우리에서 바다 절벽과 이끼로 뒤덮인 계곡에 이르기까지 바람이 몰아치는 이 스코틀랜드 섬은 야생의 거친 아름다움을 만나 볼 수 있는 장소이다. 인기 있는 관광지임에도 불구하고 아일 오브 스카이Isle of Skye는 모든 것에서 멀리 벗어난 듯한 외딴 분위기를 간직하고 있다. 한산한 하이킹 트레일에서 고요함을 즐기고 옛 시절을 환기시키는 성터 유적을 탐험하고 카약을 타고 극적인 해안선을 볼 수 있다. 저녁 시간에는 신선한 해산물을 맛보고 아늑한 술집에서 가슴이 따뜻해지는 스카치위스키 한 모금을 마시는 즐거움은 상당하다.

고대 북유럽에서는 블랙 쿨린의 봉우리에 끈질기게 매달려 있는 신비한 안개를 가리켜 이 장소를 "sky-a"(구름 섬)이라고 불렀다. 험준한 산들을 멀리서 감상하거나 암벽 등반 트레일에 도전할 수 있지만, 암벽 등반 코스 대부분은 경험이 풍부한 사람을 위한 것으로, 자갈 비탈을 기어 올라가고 좁은 산등성이를 횡단할 각오를 해야 한다.

스카이 최고의 관광명소는 자연 경관이다. 섬의 북쪽에 있는 트로터니쉬 반도로 향해 바위 투성이 경사지에 서있는, 키가 크고 울퉁불퉁 비틀린 뾰족 바위인 올드 맨 오브 스토르를 사진에 담을 수 있지만 현실을 담아내기는 힘들다. 근처에는 험준한 바위 덩어리들과 범상치 않은 생김새의 화산암이 여기저기 널려 있는 비현실적인 풍경의 쿠이라잉 산이 있다. 더 남쪽으로 가면 글렌 브리틀 가까이에 다채로운 개울과 폭포가 연이어 있는, 유명한 페어리 풀스가 있다.

아일 오브 스카이Isle of Skye의 역사와 문화에 대해 자세히 파악하려면 섬 생활 박물관에 보존되어 있는 초가지붕을 얹은 작은 농가들을 돌아다니면 된다. 전시는 19세기 후반 스카이에서의 삶을 기록하고 플로라 맥도날드의 이야기에 대해 간단히 다루고 있다. 플로라 맥도날

드는 보니 프린스 찰리가 컬로든 전투에서 재커바이트에 대패한 후 스카이로 피신하는 것을 도왔주었다. 폐허가 된 던툴름 성과 장엄한 호반의 던베건 성 등 스카이의 오래된 요새들도 역사 애호가에게 매력으로 다가온다.

대부분의 관광객들은 섬의 가장 큰 마을인 포트리를 거점으로 삼는다. 여기에서 항구에 면해 있는 다양한 해산물 레스토랑 중 한 곳에 들어가거나 활기찬 펍에서 지역 주민들과 어울릴 수 있다.

스카이의 날씨는 변덕스럽기 때문에 비가 오거나 화창하거나 그 밖의 모든 날씨에 대비해야 한다. 스카이 브리지나 페리를 이용해 섬에 들어갈 수 있으며 섬에도 버스가 운행되지만 렌터카를 빌리면 훨씬 더 자유롭게 돌아다닐 수 있다. 편도 차선 도로가 존재하지만 쉽게 운전해 다닐 수 있도록 2대가 통과할 수 있는 넓은 장소가 마련되어 있다.

로크 던베건
Loch Dunvegan

로크 던베건Loch Dunvegan의 해안에 있는 아주 작은 이 도시는 저명한 하이랜드 가문의 족장의 중심지인 유명한 시조가 된 성으로 가장 잘 알려져 있다. 던베건Dunvegan은 상점, 레스토랑, 숙박 시설이 십여 개 정도에 불과한 작은 마을이다. 이곳을 찾아 로크가 내려다보이는 전망을 감상하고 잘 알려진 맥레오드MacLeod가문의 중심지, 던베건 성을 둘러보면 된다.

성은 마을 바로 북쪽에 있는 바위투성이 노두 위에 서 있다. 섬에서 가장 인기 있는 명소 중 하나인 상징적 요새는 이곳을 방문했던 월터 스콧 경Sir Walter Scott에서부터 플로라 맥도널드Flora MacDonald에 이르

기까지 스코틀랜드 역사상 중요한 인물들과 함께한 매혹적인 역사를 가지고 있다. 성 안의 여러 방을 지나가면서 가족 초상화, 유물, 검 등의 전시물을 둘러보는 것을 잊지 말자.

성의 정원을 산책하고 길은 숲 속을 누비고 정연한 정원 안을 지나 작은 계단식 폭포로 이어진다. 3월 하순에서 9월 하순 사이에는 로크 던베건 밖으로 떠나는 보트가 성 근처 부두에서 물개 관찰이나 낚시 여행을 떠난다.

성에서 북쪽에 있는 한 폭의 그림같이 아름다운Claigan Coral Beach까지는 차로 불과 10분 거리에 있다. 해변은 사실상 화석화되고 햇볕에 탈색된 조류의 일종인 매엘maerl로 이루어져 있다. 해안선을 따라 거닐면서 카마스 반Camas Ban 해변의 황금빛 모래사장까지 펼쳐진 전망을 감상할 수 있다.

마을로 돌아와 자이언트 맥아스킬 박물

관Giant MacAskill Museum을 방문하면, 오래된 작은 농가에 자리 잡은 박물관은 키가 2m 36cm에 달했던 19세기 스코틀랜드 태생의 '거인Angus MacAskill'의 삶에 대해 다루고 있다.

스카이 섬에 살았던 소작농들의 생활양식을 보여주는 콜보스트 크로프트 박물관Colbost Croft Museum도 둘러볼만한 곳이다. 타는 토탄 냄새를 맡아보고 잘 보존된 소작농의 작은 농장 주위를 둘러보자. 콜보스트Colbost 지역 주위를 드라이브 하면서 섬에서 제작된 켈트족 스타일의 은제품 장신구를 선물하고 싶다면 던베건에 있는 가족이 운영하는 크로프트 스튜디오Croft Studio에서는 현지 풍경에서 영감을 얻은 독창적인 그림, 카드, 프린트 등을 찾으면 된다.

던베건은 스카이 섬의 북서쪽 모퉁이에 있다. 던베건 행 버스는 포트리에서 출발하고 차로는 포트리에서 약 30분 정도 소요된다.

던베건 성
Dunvegan Castle

던베건 호수Dunvegan Lake가 내려다보이는 현무암 바위 꼭대기에 자리한 역사적인 요새는 8세기의 유명한 산악 씨족 족장의 고향이다. 던베건 성Dunvegan Castle은 섬에서 가장 상징적인 관광명소 중 하나로 이미지는 스카이의 엽서 및 홍보물에 등장할 만큼 아름답다. 유화와 보물들을 구경하고 호수로 보트 여행을 떠나보자.

대부분의 현재 건물들은 19세기에 복원된 것으로, 클랜 매클라우드의 씨족들이 살았던 이 요새는 하나의 가문이 지금까지 거주하는 스코틀랜드 성 중 가장 오래된 것으로 알려져 있으며 1933년부터 대중에 공개되기 시작했다.

성 내부를 둘러보고 전시 중인 다양한 물건들을 살펴보며 초상화와 유명한 요정 깃발 등의 유화를 볼 수 있다. 우아한 실크 배너는 4세기에서 7세기 것으로 매클라우드 씨족이 전투 중에 힘을 과시하는데 사용되었다고 한다. 가문이 소유했던 아름다운 은으로 된 식기와 검을 감상하고 찰리 왕자의 것으로 추정되는 웨이스트 코트와 머리카락 뭉치 등 희귀한 유물과 중세에 사용되었던 던베건Dunvegan 컵도 놓치지 말자.

연못과 개울 주변으로는 다양한 꽃이 펼쳐진 정원이 있으며 이곳 부두에서 보트를 타고 호수 연안을 따라 여행할 수 있다. 로맨틱한 크루즈 여행을 하거나 낚싯배를 타고 대구, 고등어 등을 낚시하고 바다표범의 서식지를 가까이에서 관찰할 수 있는 바다표범 탐방도 호수에서 진행된다.

던베건 성은 던베건 마을에서 북쪽으로 약 2㎞ 떨어진 스카이 북서쪽에 위치해 있다.

위치_ MacLeod Estate Isle of Skye
시간_ 10~17시 30분(4/1~10/15일, 10/16~3/31일까지 예약된 단체 여행객만)
요금_ 5£
전화_ +44-1470-521-206

탈리스커 증류주 공장
Talisker Distillery

탈리스커 증류주 공장Talisker Distillery은 섬 서쪽에 있는 카보스트Carbost에 위치해 있다. 탈리스커 해안가Talisker Bay를 관광할 때 함께 방문하는 것을 추천한다. 카보스트Carbost 마을에서 출발해 가파른 언덕을 따라 약 6㎞ 정도 앞으로 걸어가면 증류

주 공장이 나온다. 도로 끝에서 표지판을 따라가면 탈리스커 베이Talisker Bay에 도달할 수 있다.

탈리스커 증류주 공장Talisker Distillery을 견학하여 스코틀랜드에서 생산한 스모크 향은 진하지만 맛은 달콤한 싱글 몰트 위스키를 시음해 보는 경험을 할 수 있다. 위스키는 스코틀랜드 문화의 일부이며 탈리스커Talisker는 스코틀랜드에서 가장 유명한 위스키 생산지 중 하나이다. 증류주 공장을 가이드 투어하면서 스카이 섬 위스키의 제조 과정에 대해 자세히 알 수 있다. 투어가 끝날 무렵 사랑의 묘약인 위스키를 시음하고 기념품으로 고급 위스키를 구입하는 투어 고객이 많다.

탈리스커 증류수 공상Talisker Distillery은 현지 목사의 반대에도 불구하고 1830년대 설립되었다. 1898년경 이곳에서 생산된 위스키는 스코틀랜드에서 가장 잘 팔리는 싱글 몰트 위스키 중 하나로 손꼽힌다. 스카이 증류주 공장에서도 수상 경력이 화려한 위스키를 시음한 다음 구입할 수 있다.

증류주 공장을 견학하면서 탈리스커 Talisker 위스키 제조 과정의 숨겨진 이야기를 들을 수 있다. 가이드는 발효부터 숙성과 보틀링까지 여러 제조 단계를 설명하면서 공정 시설 주변을 안내한다. 투어가 끝나고 탈리스커Talisker 스카치 위스키를 한 모금 시음할 수 있는 기회가 주어진다.

가이드가 안내하는 증류주 공장 견학과 강습 시음회가 포함된 탈리스커 시음 투어를 선택하면 투어를 자세히 즐길 수 있다. 5가지 다른 맛의 탈리스커 위스키를 시음하면서 각 제품의 특징에 대해 알 수 있는 시간이 주어진다.

증류주 공장을 나와 잠시 시간을 내어 하포트 호 너머로 펼쳐진 아름다운 경치를 보면 호수 물을 뒤로 하고 블랙쿨린 산맥의 아름다운 봉우리가 보인다.

시간_ 10~16시30분
전화_ +44-1478-614308

스코틀랜드가 계속 독립하려는 이유

스코틀랜드인들은 잉글랜드와는 분리된 종족이라고 생각한다. 스코틀랜드의 강한 민족적 자부심은 로버트 번즈, 소설가 월터 스코트 경과 수많은 발명가들과 혁신가들을 비롯해 커다란 업적을 남긴 스코틀랜드인들의 업적에서 비롯되지만 역사적인 요인도 상당히 좌우한다.

1707년 스코틀랜드와 잉글랜드의 의회가 통합되고 연합왕국을 형성한 이후 잉글랜드는 스코틀랜드의 고지대의 전통 의상, 무기, 군대를 금하는 등 강압적으로 정치적, 민족적 힘을 없애고자 했다. 그러나 18세기의 산업혁명에서 스코틀랜드의 문화는 오히려 더 잉글랜드에 영향을 미치게 된다. 에든버러는 계몽주의 사상의 시작점으로 아담스미스나 데이비드 흄과 같은 철학자들은 로버트 번즈 같은 독창적인 시인과 함께 수세대 동안 사상가들에게 영향을 미쳤고, 도시는 신합리주의에 근거한 새로운 양식의 건축물이 들어서 유럽에서 가장 아름다운 곳으로 손꼽히게 되었다. 이러한 문화유산은 잘 유지되어 지금도 에든버러는 세계에서 가장 아름다운 도시 중 하나로 남아 있다.

19세기에 이르러 스코틀랜드는 산업혁명의 주도적 역할을 담당하였고 글래스고는 강력한 국제적 상업도시이자 런던 다음의 대영제국 제2의 도시로 성장하였다. 하지만 2차 세계대전 후 점차 산업이 쇠퇴하면서 잉글랜드 인들은 형제국가인 스코틀랜드를 2등 시민으로 대우하면서 둘 사이의 골이 점점 깊어지기 시작했다.

1970년대부터 국가주의의 열정이 커지기 시작하면서 스코틀랜드 국민당(SNP)은 영국 의회에서 세력을 키워 자치를 얻기 위해 계속해서 영향력을 발휘하기 시작했다. 1980년대의 경기 쇠퇴와 정부의 무능으로 많은 스코틀랜드인들은 변화를 요구하는 목소리를 높였고 분리주의자는 점점 늘어났다. 1997년 처음으로 스코틀랜드 자치에 대한 국민 투표가 실시되었고 1999년 스코틀랜드 의회의 새 대표자들이 선출되었으며 입법권이 점점 강화되는 추세이다.

1999년 스코틀랜드 의회가 부활하면서, 스코틀랜드는 외교권과 국방권을 제외한 거의 대부분의 국정 운영 권한을 영국 중앙정부로부터 이양받은 자치정부를 갖게 되었다. 2007년 스코틀랜드 의회 총선에서 승리하고 2011년 총선에서 단독으로 과반 의석을 차지한 스코틀랜드 국민당(SNP)은 당론으로 영국에서 스코틀랜드가 분리 독립하는 것을 추진해 왔다. 2013년 5월 스코틀랜드 자치정부와 영국정부는 배넉번 전투 700주년이 되는 2014년 9월 18일에 스코틀랜드의 독립 찬반을 묻는 국민 투표를 실시하기로 합의하였다. 당초 독립 반대가 우세할 것으로 예측되었으나, 투표일이 가까워 오자 여론조사 결과에서 독립 찬성이 반대를 앞지르기도 하는 등 혼전양상으로 전개되어 갔다. 그러나 최종적으로는 독립 반대가 55.3%로 찬성 44.7%를 앞질러 독립안은 부결되었다.

2015년 독립투표는 영국이 잉글랜드와 스코틀랜드로 나누어질지 모른다는 예상이 현실화될 정도로 독립의 물결은 거셌다. 영국 의회는 독립의 불길을 잠재우기 위해 당근을 제시하면서 가까스로 독립은 무산되었지만 앞으로도 계속 독립을 향해 나아갈 것으로 보인다.

조대현

63개국, 298개 도시 이상을 여행하면서 강의와 여행 컨설팅, 잡지 등의 칼럼을 쓰고 있다. KBC 토크 콘서트 화통, MBC TV 특강 2회 출연(새로운 나를 찾아가는 여행, 자녀와 함께 하는 여행)과 꽃보다 청춘 아이슬란드에 아이슬란드 링로드가 나오면서 인기를 얻었고, 다양한 여행 강의로 인기를 높이고 있으며 "해시태그 트래블" 여행시리즈를 집필하고 있다. 저서로 하노이, 달랏, 나트랑, 푸꾸옥, 베트남, 체코, 크로아티아, 아이슬란드, 몰타, 오스트리아, 런던 등이 출간되었고 북유럽, 스페인 이탈리아 등이 발간될 예정이다.

폴라 http://naver.me/xPEdID2t

스코틀랜드

인쇄 ㅣ 2024년 5월 22일
발행 ㅣ 2024년 6월 12일

글 ㅣ 조대현
사진 ㅣ 조대현
펴낸곳 ㅣ 해시태그출판사
편집 · 교정 ㅣ 박수미
디자인 ㅣ 서희정

주소 ㅣ 서울시 강서구 허준로 175
이메일 ㅣ mlove9@naver.com

979-11-93839-26-3(03920)

※ 일러두기 : 본 도서의 지명은 현지인의 발음에 의거하여 표기하였습니다.